文化自信语境下的国学电视传播研究

以《百家讲坛》和《问津国学》为中心

田全喜◎著

湖北经济学院学术专著出版基金资助

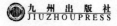

九州出版社
JIUZHOUPRESS

图书在版编目（CIP）数据

文化自信语境下的国学电视传播研究：以《百家讲坛》和《问津国学》为中心 / 田全喜著.—北京：九州出版社，2021.5

ISBN 978-7-5225-0020-1

Ⅰ.①文… Ⅱ.①田… Ⅲ.①国学－电视－传播－研究－中国 Ⅳ.①G229.2

中国版本图书馆CIP数据核字（2021）第093104号

文化自信语境下的国学电视传播研究：
以《百家讲坛》和《问津国学》为中心

作　　者	田全喜　著	
责任编辑	周红斌	
出版发行	九州出版社	
地　　址	北京市西城区阜外大街甲35号（100037）	
发行电话	（010）68992190/3/5/6	
网　　址	www.jiuzhoupress.com	
印　　刷	天津中印联印务有限公司	
开　　本	710毫米×1000毫米　16开	
印　　张	15.5	
字　　数	221千字	
版　　次	2021年6月第1版	
印　　次	2021年6月第1次印刷	
书　　号	ISBN 978-7-5225-0020-1	
定　　价	59.00元	

序

　　田全喜生长在河南省中部的扶沟县（古称桐丘），北宋著名的理学家、教育家程颢曾在该县当过知县，创办过书院，即现在的大程书院。全喜在当地最好的中学县一中接受基础教育，高考时却出现意想不到的事情，他本人对体育不太感冒，却阴错阳差地被武汉体育学院体育新闻专业录取。大学毕业后，他考入武汉理工大学攻读传播学硕士，毕业后进入湖北经济学院信息管理与统计学院工作。全喜是那种求学愿望很强烈的青年。2014 年，身为大学教师的他，报考我指导的文化传播学博士生失利，并不气馁，次年继续报考，如愿以偿。我喜欢青年人具有不畏挫折、执着前行的精神。

　　我指导研究生有一些惯例要求，其中一点是每位同学进校后要分别用文言文、现代汉语和英语写一篇自传，这也是借鉴我的老师南京大学程千帆先生的一个做法。我一般都会认真地把研究生的自传读几遍，过几年后还可能回看，可以加深对该生的了解。三种不同文本的自传，颇能看出一个人的经历和素养。在我指导的研究生中，田全喜有一个鹤立鸡群的优势，那就是身高，他是我的弟子中长得最高的一位帅哥。他的文言文自传的开头一段"自画像"给我印象很深："余身长八尺，貌虽不至潘安，亦不达武植，长相斯文，且架眼镜，极有书生之相。平生多愁善感，喜蹙额眉，时常满脸疑云。吾自幼居村落，观乡间之静美，汲黄河之灵气，故心境阔达。余虽不才，然为人厚直，结交广泛，待人以随和，行事以斟酌。不斤斤于得失，不争争于屑小。"可谓甚有"自知之明"。

全喜读博如同他考博，不是一帆风顺，而是经过一番周折。最初，他确定的博士论文选题是《中国自媒体发展演进研究——以博客、播客、微博、微信为中心》，并花大力气对自媒体的文献进行了广泛收集、整理和分析，试图对国内自媒体研究有一个全景式的把握。他以媒介赋权为理论支撑，采取思辨分析法，探寻自媒体在放纵与疯涨、规制与管理的综合作用下发展演进的基本动力，用强烈的规律意识和理性的自觉探究自媒体形态演进的基本原则与发展趋势。想法是好的，并且通过了开题报告评审会，可当他深入写作后，很快发现自己并不能很好地驾驭这个题目，写作陷入困境。好在他及时调整心态，更换了选题。在周晓明教授和彭涛教授的建议启发下，以及在华中师大文化传播学专业博士生指导小组各位导师的支持下，在我这位身兼"国学院副院长"头衔的导师帮助下，他改弦更张，以《文化自信语境下的国学电视传播研究》作为自己的博士论文题目。一般而言，写博士论文的大忌是中途更换题目，推倒重来，往往会导致读博的延期。但让我感到欣慰的是，全喜更换题目后的写作非常努力，废寝忘食，努力克服了学业、工作、家庭等方方面面的诸多困难，按时完成了论文写作，并顺利通过盲审和答辩。博士毕业后，他吸收了盲审专家以及答辩委员会老师们的意见，继续修改、完善其博士论文，现终于付梓出版，我由衷为他感到高兴。

我在华师文学院指导研究生的"主营业务"是古典文献学，因各种偶然的工作原因，参与创办了文化传播学的二级学科的自设博士点，并先后带了三届共五位文化传播学的博士，全部按期顺利毕业。第一届的王光艳，其博士论文《湖北当代纪录片研究》，2019年已在中国电影出版社正式出版；第二届的金雷磊，其博士论文《宋代闽本图书出版传播研究》也即将正式出版，加上田全喜的博士论文的出版，则意味着已有三本书文化传播学的博士论文会公开接受学术界同仁和读者的评价。我始终坚持一个观点：博士论文是代表一个人求学生涯中最高学术水准的作品，只要不涉密，在条件允许的情况下，都应该争取公开出版。博士论文的出版是检验博士培养质量最重要的途径之一。

现在，我简要评介一下本书的主要观点和思路，以便有兴趣的读者对本书有一个初步的了解。

近些年，随着国学热的涌起，国学题材的电视节目越来越多。国学电视传播成为文化传播研究的重要领域之一，但迄今的相关研究不够系统、深入，因此，本书的研究具有一定的开拓性。作者在展开研究的过程中，坚持问题导向。

首先，他指出由国学电视传播面临的困境带来两个问题：第一，电视作为生产大众文化的媒介如何表现国学这种精英文化？第二，国学作为电视传播的对象又具有大众文化特点，它如何适应消费社会中受众身份与文化消费方式的转变？接着，从这两个交织在一起的问题出发，作者遵循的问题意识与论述思路是：当下，国学与电视联姻的必然性与可行性是什么？电视媒介主要以什么样的节目形态和策略传播国学？哪些国学内容进入了电视媒介传播视域？为什么电视媒介选择国学的这些内容予以传播？国学电视传播效果如何？目前，国学电视传播存在哪些问题，又该如何解决？

围绕这些问题，本书展开了系统、深入的研究，既有对国学电视传播的宏观把握，又有对《百家讲坛》和《问津国学》两档国学电视栏目的个案分析。其中，我个人认为有价值的观点或看法有以下几个方面：

　　作者在开头一章辩证地分析了国学与电视联姻的现实性与可行性，认为电视媒介为国学的再激活找到了新的突破口，而国学的思想文化价值与现实意义则为电视媒介开启了新的增长点。国学的媒介化生存是艰难的，电视传播却是国学大众化的契机。

　　之后，他从历时性和共时性交汇的视角，梳理了国学电视栏目的嬗变轨迹，其发展过程划分为荒芜期、萌芽期、浅滩试水期和蓬勃发展期四个阶段。依据传播形式的不同，把现时存在的国学电视栏目大致分为讲坛类、竞赛类和访谈类三类，在此分类基础上，对三类国学电视栏目的传播策略分别剖析。从央视到地方电视台，几乎所有的国学电视栏目都被作者进行了梳理和分类总结。

　　作者进而分析了国学电视传播的特点、受众心理与传播效果。他归纳出国学电视栏目的五个特点，分别是：原创性、祛魅化、消费属性、多元价值和"季播"现象。作者认为受众收看国学电视栏目的心理动机主要有娱乐消遣的狂欢体验、趋同心理下的跟风收看、求知欲催生的自我提升、文化基因的"习性"兴趣以及内心焦灼下的文化慰藉等五个类别。形式多样的国学电视栏目的传播效果集中表现为：推动国学热潮持续升温、拉动国学出版产业增长、促使电视知识分子概念"合法化"以及激发新媒体对传播国学的热情。这一部分的研究，体现了作者传播学的理论素养和基本功。

　　国学电视传播的个案分析是本书的一个亮点。作者抓住央视的《百家讲坛》和武汉电视台的《问津国学》两个案例，重点考察了两档栏目的传播内容和传播效果。央视的《百家讲坛》曾造就好几位广受欢迎的学术明星，武汉电视台的《问津国学》也办得有声有色，但外地观众不太了解。作者按照古籍的经史子集四部分类法对两档栏目所传播的国学内容进行分类和比较分析，发掘出两个栏目传播国学内容的不同特点，对两档栏目传播效果的分析采用了焦点小组研究法。选择两档栏目中主题一致的一期节目进行焦点小组访谈。通过对访谈内容的解码，作者认为，国学电视传播的困境有以下四个方面：国学电视栏目播出时间设置；国学电视传播话语陌生化程度的把握；国学电视传播的误传与误读；国学电视传播的形式与效果。这一方面的研究极具现实意义。

作者最后指出国学电视传播存在的问题并提出优化策略。国学电视传播有两大症结性问题：文化消解与市场至上。针对这两大问题，应从增强文化自信，复兴中华文化的宏观层面来实现优化国学电视传播的策略：整合传播渠道，在媒介竞争中强化融合传播；注重价值引领，在文化认同中坚守内容为王；围绕受众特点，在时代语境中创新传播方式。

且不说作者优化国学电视传播的策略是否能解决当下国学电视传播存在的问题，作者的思考对于仍在从事国学电视传播事业的人士来说，确有一定的参考价值。

正如国学热存在许多争议一样，国学电视传播也存在许多争议，因此，本书的部分观点或看法也可能引发争议。正常的学术争议是推动学术进步的动力之一。本书的研究和表述也一定存在这样或那样的缺点和问题，期待学界同仁批评指正。

是为序。

张三夕

2020 年 12 月 15 日

于武昌大华寓所

目录

图表目录

绪　论

一、研究背景及问题的提出

国学，这个延续数千年几经变更的历史名词，在近年变得炙手可热，甚至可谓最近十余年来中国思想文化界的高频关键词。进入 21 世纪以来，国学热持续高涨。国学为什么现在很热？国学热的形成又有哪些深层次的原因？对此，研究者见仁见智，比较具有代表性的有这样一些观点：清华大学国学院院长陈来认为，国学热"必定由很多因素促成，其中一定跟中国崛起、经济发展、国民文化自信的增强有关，和社会对文化的需求、认识有关系"[①]；干春松认为，"国学热"的出现有它的合理性，"它是全球化和多元化矛盾在中国当下的集中体现，同时也是中国当下政治合法性和道德重建的内在需要的体现"[②]；赵林提出，近年来国学热的出现，"与现代传媒的巨大影响和快餐文化的明星效应有内在联系，也与全球性的文化保守主义潮流相适应，但是它更是近年来中国综合国力增强、大国理想复苏、民族精神振兴等现实状况在文化上的必然要求"[③]。这些观点基本是从正面对国学热进行充分肯定。

有的学者则从道德失范、价值真空与社会问题等角度看待国学热的兴起。如贾松青认为国学热是在经济繁荣而道德失范背景下，人们在原有的意识形态不足以完全填补价值真空和抚慰灵魂的时候，寻求的文化支撑和精神

---

①　陈来. 新世纪国学热的发展 [J]. 北京大学学报（哲学社会科学版），2011（6）：43.

②　干春松."国学"：国家认同与学科反思 [J]. 中国社会科学，2009（3）：61.

③　赵林."国学热"的文化反思 [J]. 中国社会科学，2009（3）：66.

家园①；李中华认为国学热是文化自觉与文化认同的需要②；周桂钿认为国学的复兴是为了解决当代社会问题③；王学谦则认为是一种文化浪漫主义倾向④。

还有的学者认为国学热的出现，是多种力综合作用的结果。如何志鹏认为，"现代的国学热在很大程度上是商业追逐利润的愿望、学人价值认同的诉求、受众求取真知的热情和政府价值缺失的忧虑相互磨合、共同营造的结果"⑤；何爱国则从六个方面深刻剖析了当下国学热的根源："一、文化多元、文化认同与文化软实力的需求；二、市场经济的人文诉求，大众媒介的传播；三、思想解放的不断深化；四、海外儒学与海外华人的文化反哺；五、西方后现代主义传播与苏联式马克思主义的挫折；六、现行教育科研体制的深刻缺陷"⑥。

尽管思考角度不同，语言表述各异，对国学概念的争论依旧纷争不断，但学者们普遍有这样一种共识："回首这股热潮的形成，我们看到：是学术、教育、社会团体和传媒等各界的共同努力，才使国学热成为现实。"⑦与此同时，人们正深切地感受到："当下盛行的国学热，除了具有与20世纪90年代国学热相同的特征之外，还表现出新的特征，这就是大众传媒的广泛介入。"⑧

1992年，北京大学中国传统文化研究中心成立，并开始筹备《国学研究》杂志。1993年8月16日，《人民日报》第3版发表整版文章《国学，在燕园又悄然兴起》。8月18日，《人民日报》又在头版"今日谈"栏目发

---

① 贾松青.国学现代化与当代中国文化建设［J］.社会科学研究，2006（6）：1.

② 李中华.国学、国学热与文化认同［J］.北京行政学院学报，2007（3）：100.

③ 周桂钿.国学精神与当代社会［J］.北京行政学院学报，2007（3）：92.

④ 王学谦.新国学运动：跨世纪的文化浪漫主义——对新国学的文化确认与功能分析［J］，求是学刊，2008（2）：13.

⑤ 何志鹏.新国学：中华文化的时代表达［J］.江西社会科学，2013（4）：234.

⑥ 何爱国.人文与市场的纠结——第三次国学思潮反思［J］.福建论坛·人文社会科学版，2008（6）：67.

⑦ 包礼祥.数字时代国学研究的大众化与保真问题［J］.江西社会科学，2007（8）：23.

⑧ 李宗桂.国学与时代精神［J］.学术研究，2008（3）：21.

表了题为《久违了，"国学"》的短评文章。同年 10 月 14 日，《光明日报》发表文章《国学与国学大师的魅力》。随后，《中国青年报》也于 11 月 30 日发表报道《国学：在蓦然回首中》。① 从传播学"议程设置"理论的视角来看，正是集中一段时间内关于国学的报道频频见诸报端，营造出国学走热的现象，才让人觉得国学忽如一夜春风来，又开始在知识界翻卷起来。甚至有学者把《人民日报》长篇文章《国学，在燕园又悄然兴起》作为中华人民共和国成立后国学热的标志，但究其实，"国学热是虚热、假热"②，当时的国学热是借力于传媒的暖风劲吹。张三夕教授认为，"学界与传媒共同营造着某种国学复兴的势头或氛围"③。无论媒介在推动这波国学热中有多大影响，"可以肯定的是，传媒界谋定而后动，对这股国学热的形成起着最为重要的作用"④。更有学者认为，"当媒体参与了文化生产之后，产生了许多出乎意料的后果。它做了很多思想家想做却没有做到的事情"⑤。

　　如果我们对中国当代文化的现状稍加审视，便会发现一个显著特征：在有主观意愿的前提下，人人都可以接近文化，而且这种机会和可能性比以往大大增加。当然，这种广泛的接近性的实现，得益于大众传媒⑥。一部文学作品面世之初，如果没有被传媒纳入大众文化的版图，它从被关注，再到广为熟知，甚而传承演变为经典，多数只能依靠文人学士口口相传。但是，如果有幸搭乘影像的快车那就会红遍大江南北，原作的知名度可能也在改变后芝麻开花节节高。试问，如果没有中央电视台《百家讲坛》的热播，《论语》

---

① 郭军. 近代国学教育之困——国粹派教育思想研究［D］华东师范大学博士学位论文,2010:1.

② 郭齐勇认为，二十年来，国学热一直是虚热、假热，不是真热。参见郭齐勇. 让国学"虚热"变"真热"［J］.孔学堂，2016（01）：19.

③ 张三夕. 论国学的形态基础及其复兴的可能性［A］. 通往历史的个人道路：中国学术思想史散论［M］.北京：社会科学文献出版社，2001：325.

④ 包礼祥. 数字时代国学研究的大众化与保真问题［J］.江西社会科学，2007（8）：23.

⑤ 华东师范大学中文系胡晓明教授于2007年4月19日，在与其博士生讨论《百家讲坛》时所说。

⑥ 周宪. 文化表征与文化研究［M］.北京：北京大学出版社，2007：71.

《诗经》《道德经》《周易》等国学经典的畅销又从何而来？ ①《百家讲坛》这个原本在"绝对睡眠时间"播出，让"学术走向大众"的电视讲坛栏目使中国历史、传统文化走向寻常百姓家，推动了国学勃兴，引发了深远的影响。最突出的表现就是多家地方电视台纷纷效仿，开播了一批叫好又叫座的国学电视栏目。

放眼全国，近几年来电视荧屏上国学之风方兴未艾。中央电视台先后推出《中国诗词大会》《中国汉字听写大会》《中国成语大会》等栏目，并在2014年成立以国学为传播内容的专业频道。各大卫视平台所播出的国学栏目也有十多档之多，如河南卫视《汉字英雄》、河北卫视《中华好诗词》、江西卫视《挑战文化名人》、四川卫视《诗歌之王》、贵州卫视《最爱是中华》、浙江卫视《汉字风云会》等，有些栏目已取得非常良好的社会效应。

值得深思的是，众所周知，"电视是当代社会中传播消费文化最重要的媒介，电视导致了符号消费的泛滥，推动了视觉消费的统一化，扩展了消费文化的空间"②。电视文化过度张扬大众日常生活意志，迎合大众平面性的享乐心理，在文化价值上放弃了应有的人文关怀和精神追求，趋众和媚俗现象严重。大量的电视节目内容空虚，文化底蕴淡薄，以过度展开日常生活的具体感性满足为能事，以现实的各种诱惑去吸引和迎合大众意志，使其滑向消费主义。③于是，电视文化沦为消费文化，电视栏目也从所谓的精神食粮转变成触手可及的消费品。收视率、广告收益当仁不让地成为仲裁一档栏目优劣的压倒性砝码，"成王败寇的逻辑使得电视媒体迅速放弃了应有的矜持，开始明目张胆地讨好乃至献媚受众，绞尽脑汁地为其提供廉价的欢乐、消遣"④。在收视率崇拜和娱乐之风劲吹的双重裹挟下，"娱乐无极限"由广告语

① 王伟.文化研究与中国问题［M］.上海：三联书店，2016：81.
② 蒋建国.消费文化传播与媒体社会责任［M］.北京：中国社会科学出版社，2011：33.
③ 高鑫，贾秀清.经济·文化与现代电视传媒［M］.北京：北京师范大学出版社，2009：160.
④ 魏然，王伟.能指过剩：叙事新变与文化症候［J］.福建论坛（人文社会科学版），2015（11）：
133.

变成赤裸裸的现实。电视的娱乐面目，是大众文化的消费语境与电视作为文化产业的商业追求相互适应的结果。正如 R · W. 费弗尔所言："人们对真正的高雅文化失去了欣赏趣味时，娱乐便会繁荣。"①

　　电视文化以大众表层消费为导向，极力消解精英文化的影响。事实上，"电视文化难以表现精英文化。作为一种文化消费方式，从消费过程来看，电视消费在某种程度上是符号消费所带来的心理满足；从消费效用来看，电视消费主要以受众得到的精神愉悦为特征"②"电视传媒是大众文化中影响最大的一种形式，其通俗性、大众性、娱乐性、无深度感等特点与精英文化的启蒙性、批判性、创造性、思辨性、个性风格等特征是完全对立的"③。可是，为什么电视还要选择国学这种精英文化呈现给受众呢？"大众文化总是在高雅文化中寻找可以运用的东西，然后加以程式化和俗套化，使之成为大众可以接受的文化。"④

　　我们需要冷静审视的问题是，在大众媒介推动下的国学热潮中，为什么国学会成为当前大众的电视消费热点？国学为什么选择与电视联姻？国学电视传播的目标是什么？电视媒介正在以怎样的形式传播国学，或者说，应该以怎么样的形式进行传播？当前，国学电视传播的内容是什么？传播这些内容是否能够达到预期的目标？如果不能很好地达到预期，我们理想的国学电视传播应当具有什么样的特征以及该如何做好国学电视传播？本书就是围绕以上问题做一些系统而深入的讨论和分析。

---

① ［英］R · W. 费弗尔. 西方文化的终结［M］. 丁万江，曾艳译. 南京：江苏人民出版社，2004：124.

② 蒋建国. 市场经济背景下我国电视消费文化的发展及其娱乐化特征［J］. 社会科学战线，2011（6）：137.

③ 贾冀川. 电视传媒的精英化渴望与文化精英的大众化想象——从《百家讲坛》说开去［J］. 中国电视，2007（12）：50.

④ 周宪. 文化表征与文化研究［M］. 北京：北京大学出版社，2007：169.

二、研究对象及相关概念界定

"国学"概念的变迁对国学电视传播的内涵和范畴具有先决性作用。因此，在正式开始本书的研究之前，先要对"国学"①和"国学电视传播"这两个概念进行说明和界定，以便集中火力聚焦研究对象。

（一）国　学

什么是"国学"？这是当代国学热中首先需要回答的问题。国学热之所以引发诸多争议，很大一部分源于人们对国学概念的不同理解。王锟的《国学的原义、演变及内核》中有："国学，见于周代，其原义是指国家所设立的教育机构和学校。""一句话，在古代，国学就是国家办的高等教育机构和学府，其教育的核心是周孔为代表的儒家传统和文献，其目标是培养修己治人之才。"②有人认为国学就是儒学、孔学，复兴国学就是主张尊孔读经；有人认为国学是与西学对立的学问，提倡国学，就是反对西学；还有的人认为国学就是国粹，坚持国学，就是一种文化保守主义等。

实际上，"国学"是20世纪初才开始通用、含义被后来混淆的概念。

晚清民国之交，中国正在逐步沦为西方列强的殖民地。"在西学东渐、西方思想文化冲击下，中国的教育体制、学校教材与学科体系，都出现从'旧学''中学'而转向'西学'的趋势"③，中华传统学术文化出现空前的传承危机，或者说是中国传统的知识体系遇到了合法性危机。"当时的一些有识之士如梁启超、章太炎、邓实、黄节等，积极奔走，成立国学讲习会，创办国粹学报，提倡国学、宣传国粹"，梁、章诸君此时"使用的国学概念就是指的中华固有学术文化"④。

20世纪80年代，西学东渐、西方思想文化再次来袭，加之西方现代高

---

① "国学"概念的确定参看张三夕教授研究生课程"国学典籍"讲稿。
② 王锟.国学的原义、演变及内核［N］.光明日报，2008-9-8：012（国学版）。
③ 董恩林."国学"之争检讨［J］.中国文化研究，2013（3）：11.
④ 董恩林."国学"之争检讨［J］.中国文化研究，2013（3）：11-12.

科技文明的冲击，中国的文化与教育体制、学科体系、学术观念面临全面西化的趋势，中华传统学术文化也再一次面临更深层次、更大范围的传承危机。中国一批具有民族文化精神的学者再次举起了国学的旗帜。90年代左右，国学热开始在文化思想界蔓延，且有愈演愈烈之势。尤其是"2004年，许嘉璐、季羡林、任继愈、杨振宁、王蒙等五位学者领头发表的《甲申文化宣言》，委婉地表达了对中华传统文化命运的'深感忧虑'，提出要弘扬国学、复兴中华文化。"① 那么，几位学者宣言中所要传承的"国学"究竟为何物，又包含有哪些内容？这关乎传承的价值和意义所在。不对这个概念进行必要的澄清，就无法展开对国学问题的有效讨论，并达成基本的共识；就会形成甲说甲的"国学"，乙说乙的"国学"，要么相互冲突，要么互不搭界。

我们认为，正确理解"国学"概念需要把握以下三个要点：

第一，"国学"是民初西学进入中国后，中国学人对本国固有学术的一种称谓或坚持，是晚清流行的"中学"概念的继续。就"中国学术"而言，"中学"取"中"，"国学"取"国"，两者均强调其研究对象为中国学术，研究者乃中国学人。"国学"概念意在排除以外国学术为研究对象的学术，以及由外国学者来研究的中国学术，后者通常被称为"汉学"或"中国学"。国学的研究对象、研究主体都带有明确的中国特色的指向或意蕴。

第二，"国学"概念是近代中—西学术二元架构的产物，没有西学，就没有国学。乾嘉以前，中国就没有"国学"概念，中国学术史长期只有"汉学""宋学""理学""考据学"等主导概念。作为研究对象的国学，它是与西学完全不同的知识谱系，比如训诂学就是地道的国学；作为研究方法的国学，它既可以坚守传统的义理、考据学，又可以借鉴西学，今天中国学者研究训诂学实际上已经在借鉴西方的语言学和解释学等理论和方法。因此，国学与西学不是简单的二元对立关系，尤其是在现代化、全球化或后现代的语境下。

---

① 董恩林."国学"之争检讨［J］.中国文化研究，2013（3）：13.

第三，"国学"概念虽然缺乏统一的严格界定，但自 20 世纪初到 21 世纪初，已经沿用一百余年，说明这个概念在研究中国学术某些论域时是有效的，否则，它早已过时，或昙花一现。坚持这个概念，对于坚持中国固有学术传统，反对民族学术文化的虚无主义是有积极意义的。有人试图用振兴国学的口号来振兴中国学术精神和民族文化精神，则应分情况具体分析，不能简单地肯定或否定。同时，在与西学的交流、共存中成长起来的国学，又是动态的、开放的，它绝不意味着故步自封、排斥西学的儒教"原教旨主义"，更不意味着是简单的复古。

那么，"国学"的定义究竟是什么？本书认同对国学界定的"最大公约数"，即"国学就是中国固有的传统学术及其研究的学问"[①]。

（二）国学电视传播

国学电视传播是指通过电视媒体对国学的普及和弘扬，把国学中"百姓日用而不知的、有生命力的、有内蕴的价值启导出来"[②]，建立中华民族文化自信，助力中华民族伟大复兴。电视媒介传播国学的行为，既有以传播国学内容为主旨的电视栏目，也有在电视上传播的与国学相关的活动或人物等。本书的研究对象是宽泛意义上的国学电视栏目。

从节目类型学来看，国学电视栏目并不能称为一种新型的电视节目种类，但是国学电视栏目属于电视文化节目的范畴是可以确定的。从广义上看，"所有的电视节目都能不同程度地展现人类物质文明与精神文明的活动及成果"[③]，但文化类电视节目的传播内容和传播效用具有更强的指向性。

虽然目前主流学界对"文化类节目"的界定并未形成统一而集中的观点，但大体上存在这样一个共识，即"以文化教育为宗旨、以电视传播为手段，

---

① 黄朴民."国学"断想［N］.光明日报，2010-1-4：012（国学版）。
② 郭齐勇.国学有什么［N］.光明日报，2007-5-17：009.
③ 张建，夏光富.电视节目解析［M］.重庆：重庆大学出版社，2015：102.

以传播知识为目标"①。这个认知其实已经在内里上区分了文化类电视节目与其他类型电视节目的属性。因此,本书把国学电视栏目理解为以电视为传播媒介,以国学为主要传播内容,以传播国学中蕴藏的中国智慧和文化基因为宗旨的电视节目。

在四级办电视的体制下,从国家级电视台到省、市、县各级电视台,究竟有多少国学栏目,办有什么样的国学栏目,尚没有一个准确的统计。统计的难度一方面来自本人统计能力上的不足和限制;另一方面也来自此类节目在体制要求和市场竞争双重推力下的变动不居和此消彼长。比如,有的节目才刚播出不久,就因收视率等各种原因夭折;有的节目是季播节目,第一季收视效果不佳便成"孤季"。因此,本书的研究资料和研究对象主要来自"现实存在"的国学栏目。由于笔者视野的局限,研究范围则限于中国内地电视栏目。此外,还有两点需要说明:

第一,"电视节目"和"电视栏目"在概念和现实应用上既有密切联系又有一定区别,很多时候难分彼此,且学界和业界早前对节目、栏目的认识已经统一,为了避免产生歧义和混乱,故而本书在行文中不对二者做特性的区分②。

第二,国学电视栏目主要是以节目的主要传播内容来界定的。本书选取以《百家讲坛》和《问津国学》为研究个案,也是指这两个电视栏目中以传播国学为主题的节目。

《百家讲坛》是中央电视台科教频道(CCTV-10)2001年7月9日开播的文化讲坛类电视栏目。播出的前两年,栏目一直处于沉寂无声、举步维艰的发展状态。2004年"清十二帝疑案"系列为节目发展带来转机,之后栏目持续升温,收视率跃居央视科教频道冠军,成为中国科教文化类节目的王牌,引领了电视讲坛热,并造就了易中天、于丹、王立群等一批"学术明

---

① 颜梅,何天平.电视文化类节目的嬗变轨迹及文化反思 [J].现代传播,2017(7):87.
② 中国国际电视总公司副总裁张海潮对此有过详细论述,具体参见张海潮.中国电视节目分类体系 [M].北京:中国传媒大学出版社,2007:15-16.

星"，开创了中国电视文化节目的媒介现象。《百家讲坛》目前每周一至周日中午在央视科教频道首播，系列讲座居多，2017年中10集以上的讲座比例占70%以上。除了CCTV-10科教频道之外，CCTV-4中文国际频道还在不同时段播放《百家讲坛》的亚洲版、欧洲版、美洲版。2005年，《百家讲坛》以排名第二位的成绩获评中央电视台十大优秀栏目（仅次于《新闻联播》）。2007年3月，《百家讲坛》获得《新周刊》2006年度电视节目奖。2008年，《百家讲坛》获得中国电视文艺领域最高奖项——电视文艺"星光奖"。也正是从2008年起，《百家讲坛》的收视开始逐渐下滑，标志着节目从辉煌期转向瓶颈期。

《问津国学》2012年12月9日在武汉广电新闻综合频道（WHTV-1）开始播出，《问津国学》包含"完整版"和"精华版"：完整版，每期30分钟，以传统国学典籍讲座为主，结合当下思想文化变迁进行解读；精华版，每期8分钟，用纪录片方式展示地域文化特色，区域人文风情。从开播到现在，《问津国学》收视率翻了6倍，最高达2.39，居武汉广电自办栏目前列，曾获中国电视"百家奖"栏目类一等奖。2013年以来，《问津国学》陆续将节目输出到孝感、十堰、新洲、蕲春、黄陂等地方电视台。2014年11月，《问津国学》在亳州落地，2015年又强势登陆吉林白城、山西长治两家电视台，作为一档周播栏目，成建制开播。2016年，登陆"一带一路"核心城市新疆哈密。全国三大节目交易商之一——中广天择公司在全国范围内经过严格遴选，正式代理发行《问津国学》。目前，全国已经有近10家电视台播放《问津国学》。这是目前湖北电视传媒唯一发行到全国的文化栏目。

之所以选择这两个电视栏目作为国学电视传播研究的中心，原因有以下三点：第一，在传播主体方面，《百家讲坛》是国家级电视台出品；《问津国学》由地方电视台制作，两者虽同属讲坛类电视节目，节目形态相同，但传播平台差距悬殊，便于更好地考察不同级别的电视台如何制作国学电视节目；第二，在传播内容方面，两档栏目与其他国学电视节目相比，都属于相对较为纯正的国学节目，而国学电视传播的内容是本书研究的重点；第三，传播效果方面,《百家讲坛》开创了"电视讲坛"现象,是一档坚持了 17 年的老牌节目,也是目前为止生命力最强的国学电视栏目;《问津国学》是在武汉城市圈收视率最高的国学电视节目,并成功登陆省内外 10 余家电视台,两者在影响力和收视率上都有过不俗的表现。

三、文献综述

(一)关于国学传播的相关研究

1.期刊论文研究综述

在中国知网平台键入"国学传播"进行检索,共找到 554 条结果,通过对其中与研究主题相关篇目的分析,目前国学传播研究主要围绕以下主题展开:

(1)国学在教育场域中的传播。如兴波和宋艳的《少儿馆开展国学传播的文化价值及创新路径研究》①,探索如何在少儿图书馆实现国学的积极传播。董鲁皖龙《互联网+国学教育,如何"加"》②分析了在互联网时代,如何在新的技术手段和传播平台上,更好地开展国学教育。马自力在《文化的馈赠:关于国学教育和传播的思考》中大声疾呼,要在坚持本民族文化的自主性和主体意识的文化向度中传播国学,而不能让国学成为"书本上没有生命的死知识",或者"硕儒大师们的高头讲章"③。这些研究大多是把国学作为教育的素材或通过教育的途径实现国学传播。

(2)国学传播的路径。如新疆大学梅志俊的硕士学位论文《国学文化传

① 兴波,宋艳.少儿馆开展国学传播的文化价值及创新路径研究[J].图书馆学研究,2011(10):73-76.
② 董鲁皖龙.互联网+国学教育,如何"加"[N].中国教育报,2015-9-22:001.
③ 马自力.文化的馈赠:关于国学教育和传播的思考[J].北京科技大学学报(社会科学版),2015(5):111.

播渠道研究》^①，文中按照 5W 模式来分析国学文化传播，把国学文化的传播渠道归纳为媒介传播、学术传播和大众传播三种路径，并对每一种渠道进行了简要描述。上海市儒学研究会秘书长李耐儒在文汇报发表的文章《警惕、路径和抓手：国学传播和推广的三个关键词》^②，深入浅出地分析了国学传播应当警惕三种倾向、开通五个基本路径、用好三个抓手。

（3）媒介技术对国学传播的影响。卓雅的《大数据时代国学的网络传播研究初探》^③认为，国学虽历经千年，但以往的传播渠道主要以口头和文字为主，传播范围也主要局限于中国古代的知识分子之间。大数据时代的到来，为国学传播开辟了新天地。丁亚琼的《现代传媒对"国学热"的影响》^④认为现代传媒传播国学有巨大优势，"打破了古代口耳相传、学在官府的局限"，不过态度过于乐观。卓雅的《印刷、网络、大数据：国学研究与传播的技术三时代》^⑤，肯定了"国学的研究与传播是随着媒介技术带来的时代革命而变革的"，但是对于电视在传播国学方面的能力认识不足。

（4）国学经典的出版传播。江涛的《国学经典解读类图书对大众文化的传播与思考》^⑥，在肯定国学经典解读类图书出版促进大众文化传播的同时，辩证地反思提升该类图书的出版质量。康华的《国学经典普及出版应处理好五大关系》^⑦认为，在文化经典名著的普及出版空前高涨的繁荣景象中，要辩证地处理好快与慢、高与低、主与次、新与旧、厚与薄等五个关系。蒋莹的《过度娱乐或去娱乐化：国学经典出版的再反思》^⑧冷静客观地指出，国学

---

① 梅志俊.国学文化传播渠道研究［D］.新疆大学硕士学位论文，2013.
② 李耐儒.警惕、路径和抓手：国学传播和推广的三个关键词［N］.文汇报，2017-1-20：W05.
③ 卓雅.大数据时代国学的网络传播研究初探［J］.五邑大学学报（社会科学版），2015（1）：76-80.
④ 丁亚琼.现代传媒对"国学热"的影响［J］.安徽文学，2011（6）：43.
⑤ 卓雅.印刷、网络、大数据：国学研究与传播的技术三时代［J］.文化与传播，2015（3）：77.
⑥ 江涛.国学经典解读类图书对大众文化的传播与思考［J］.出版广角，2015（9）：46-47.
⑦ 康华.国学经典普及出版应处理好五大关系［J］.编辑之友，2010（4）：33-34.
⑧ 蒋莹.过度娱乐或去娱乐化：国学经典出版的再反思［J］.中国出版，2015（20）：32-35.

经典的普及应强调娱乐的严肃性与理性。黄晓莉的《经典图书：市场的风向标？——经典出版浪潮热的冷思考》①认为，面对经典出版热，现代出版人应着力做好两项工作：其一，精品出版，保证质量；其二，编辑应做好文化消费的引导者。可见，学者们不仅关注到怎么通过国学经典的出版促进文化的传播，还十分具有批判意识和理性思维，积极为提高国学经典的出版质量出谋划策。

（5）国学传播的方式。在绝大多数研究对国学电视传播娱乐化的痛批中，也有人发出不同的声音。如张义生的《恐"国学快餐化"大可不必》②，该文认为通过大众媒介传播的"快餐化国学"与原汁原味的国学相比，尽管传播手段不同，却是国学存在和传播的一种路径。国学的通俗化并不等于国学的媚俗化。相较之下，包礼祥的《数字时代国学研究的大众化与保真问题》③一文的态度更为中立，既支持利用数字技术的传播优势广泛传播国学，又呼吁坚持求真、求实来寻求国学的健康发展。张薇和胡玉娟在《娱乐国学的传播价值刍议》④中认为娱乐国学的传播应遵循三个原则：其一，基本特征是寓教于乐，突出人的发展是基本原则；其二，要着力挖掘中华民族文化的精髓；其三，坚持马克思主义的科学批判精神。娱乐国学要以"娱乐"为手段，达到"教育"的目的。许祚的《大众传媒时代国学形象的媒介传播方式》⑤"对大众传媒时代国学形象的媒介传播方式及其特点进行了探讨和总结"。陈力丹、闫伊默的《中国"电视讲坛"节目的生态分析》⑥对"电视讲坛"节目进行了系统的论述，但结论比较悲观："不应给此类节目过高的文化期许与责

---

① 黄晓莉. 经典图书：市场的风向标？——经典出版浪潮热的冷思考 [J]. 出版广角，2014（Z2）：64-66.

② 张义生. 恐"国学快餐化"大可不必 [J]. 南京工业大学学报（社会科学版），2008（3）：31-32.

③ 包礼祥. 数字时代国学研究的大众化与保真问题 [J]. 江西社会科学，2007（8）：23-25.

④ 张薇，胡玉娟. 娱乐国学的传播价值刍议 [J]. 前沿，2010（10）：164.

⑤ 许祚. 大众传媒时代国学形象的媒介传播方式 [J]. 新闻爱好者，2012（1）：37.

⑥ 陈力丹，闫伊默. 中国"电视讲坛"节目的生态分析 [J]. 现代传播，2007（3）：34.

任重担。"值得一提的是，传播国学还生发了一些新的形式。比如云南大学刘春的硕士学位论文《国学经典漫画化传播研究——以蔡志忠〈老子说〉为研究对象》①，以台湾漫画家蔡志忠先生的国学漫画作品和大陆的国学漫画作品为主，梳理归纳了我国国学漫画的发展现状，并对促进国学漫画的发展和我国文化精粹的传播传承做出展望。

（6）国学电视节目个案研究。相比其他研究而言，这类研究在国学传播研究中数量较多，这与电视媒介传播国学的可贵实践有关。王艳和吴怡的《论央视〈开心学国学〉节目的创新策略》（《电视研究》2013年第2期）、邹文佳和刘诚《浅析我国传统文化电视传播的新方向——以贵州卫视〈最爱是中华〉为例》（《传播与版权》2015年第10期）、赵娅军《探寻我国电视节目传播传统文化之道——评〈唐诗风云会〉节目》（《当代电视》2016年第1期）等，这些论文均是以某个引发收视高潮的国学电视节目做个案分型，借鉴其成功的经验，从不同视角提出如何更好地通过电视媒介传播中华优秀传统文化。

（7）国学传播的环境。尤西林的《古今之争:经典与大众文化》②一文在分析经典与大众文化之争的基础上，梳理出传统经典在当代复兴的背景；李中华《理性看待"国学热"》③发问当下的国学热是真热，还是虚火。

鉴于有学者把国学视为中华传统文化，为了尽量做到对文献的全面梳理，避免有沧海遗珠，笔者还通过中国知网平台查阅了属于国学的传统文化传播文献。陆耿的《传统文化典籍大众传播的多渠道选择》④认为，实现传统文化典籍在当下的有效传播，要具备两个条件：一是实现传统文化的现代共享性；

---

① 刘春.国学经典漫画化传播研究——以蔡志忠《老子说》为研究对象［D］.云南大学硕士学位论文，2015.

② 尤西林.古今之争：经典与大众文化［J］.西安交通大学学报（社会科学版），2008（2）：54-57.

③ 李中华.理性看待"国学热"［N］.人民日报，2010-6-29：020.

④ 陆耿.传统文化典籍大众传播的多渠道选择［J］.绍兴文理学院学报，2012（2）：57.

二是有效的传播媒介。李荣和姚志文的《传统文化电视传播的空间生产理论分析》[①]指出，传统文化的传承不仅是指时间上的连续性，也指空间上的连续性。在空间上要实现传统文化资源的地理空间向电视空间的转化。根据电视场域结构的生产方式，传统文化类电视节目类型的开发有三种模式：第一，借用其他电视类型；第二，融合其他电视类型；第三，民族电视类型的创造。复旦大学张莹的硕士学位论文《中国传统文化的现代传播——以大众传媒上的"读经为例"》[②]以大众传媒上（以报纸为主）的国学经典诵读报道为研究对象，分析了大众传媒热衷传播中国传统文化热的原因，并指出了政府、资本和媒体三者博弈传统文化的状况。

2. 研究国学传播的著作情况

著者在国家图书馆、湖北省图书馆、武汉大学图书馆和华中师范大学图书馆检索"国学传播"相关书目，共查出五本著作，按照出版时间依次是《中国科学文化与科学传播研究》（厦门大学出版社，2011年）、《国学传播与中华美德教育》（中华工商联合出版社，2013年）、《传播视野与中国研究》（上海人民出版社，2014年）、《中心与边缘：东亚文明的互动与传播》（广西师范大学出版社，2015年）、《中国文化与艺术传统的多元反思及传播策略》（北京社会科学文献出版社，2015年）。遗憾的是，经笔者一一翻阅，此五册学术著作没有一本是阐述国学传播的，国学电视传播的学术著作更是空白。由此可见，国学传播理论著作的乏少与当下所谓的国学热正是冰火两重天。

（二）国学电视传播研究综述

目前，国内学术界对国学电视传播的研究尚处于初始阶段，从国学热的

---

① 李荣，姚志文. 传统文化电视传播的空间生产理论分析［J］. 社会科学战线，2012（1）：158.

② 张莹. 中国传统文化的现代传播——以大众传媒上的"读经为例"［D］. 复旦大学硕士学位论文，2013.

源头出发来研究国学电视传播的学术著作更是凤毛麟角，水准亦是参差不齐。通过中国知网平台，对"国学电视传播"进行精确和模糊检索，与之相关的文献仅有 10 篇。但以"国学电视节目"为关键词进行检索，相关文献有 82 篇。通过分析发现，对国学电视传播的关注主要集中以下三个方面：

1. 国学电视传播是一个广义的范畴，实际上它包含了众多的节目类型。对于单个国学电视节目研究的论文成果较丰硕，尤其是对于一些热议的、关注度较高的节目。如《百家讲坛》《开心学国学》以及《中国汉字听写大会》等，任一档国学栏目都有众多的论文和文献可以查阅。综合来看，学术界对这几个节目的收视效果和传播方式都是表示肯定的。闫焱的《中国传统文化的电视传播之路——以〈最爱是中华〉为例》①就对该节目的传播形式、传播内容、传播价值予以了全面肯定。邱元前、冷冶夫的《传统诗词文化的电视化呈现——浅析河北卫视〈中华好诗词〉节目》②指出以该节目"为代表的传统文化节目出现强力回归之势"。

2. 把国学电视节目视为文化类电视栏目，并对节目形态和传播方式予以探析。王丽君的《文化类电视综艺节目互动传播研究》③着重研究了文化类电视综艺节目互动传播的路径。张爱凤的《2013—2014 国内原创电视文化节目建构的多元认同》④以《中国汉字听写大会》为代表，肯定了该类节目在弘扬中华传统文化中的重大意义，并引出了"如何塑造原创电视文化节目品牌，并在海外进行推广模式"的迷思。纪腾飞的硕士学位论文《2013—2015年原创文化节目对传统文化的媒介建构》⑤鞭辟入里地分析了原创文化节目对

---

① 闫焱. 中国传统文化的电视传播之路——以《最爱是中华》为例［J］. 传媒，2015（21）：45-46.

② 邱元前，冷冶夫. 传统诗词文化的电视化呈现——浅析河北卫视《中华好诗词》节目［J］. 中国电视，2014（1）：75.

③ 王丽君. 文化类电视综艺节目互动传播研究［D］. 河北经贸大学硕士学位论文，2015.

④ 张爱凤. 2013—2014国内原创电视文化节目建构的多元认同［J］. 现代传播，2014（8）：73.

⑤ 纪腾飞. 2013—2015年原创文化节目对传统文化的媒介建构［D］. 浙江师范大学硕士学位论文，2015.

传统文化的符号化建构和娱乐化表达。张驰的硕士学位论文《电视文化类节目的修辞研究》①结合具体案例，分析了电视文化类节目的影像、语言以及叙事修辞，且对文化类节目的修辞功能进行了探讨。朱晋的硕士学位论文《精英文化的电视传播初探——以央视〈百家讲坛〉栏目为例》②总结出对精英文化电视传播的启示。

3. 从不同的视角对国学电视节目进行研究。朱亚琨的硕士学位论文《文化消费视角下的"国学"电视节目研究》③，以文化消费为理论视角，重点研究国学电视节目所体现的文化消费特征。周文的《传统节日：文化、仪式与电视传播》④在对传统节日文化的电视传播进行详细剖析的基础上，指出"电视仪式特别是其中节目仪式的缺失，大大影响了节日文化的传承"。

（三）关于国学传播总体研究情况述评

第一，在媒介丰裕的传播背景下，学界多集中于对国学传播形式的探讨。大多数研究一方面支持国学通过大众媒介平台进行传播，一方面又对国学传播过程中的娱乐化形式充满担忧，但对为什么会呈现这种状况的研究不够深入。同时，对电视国学传播内容的研究，无论是定性分析，还是定量研究都缺乏关注，尤其是对相同类型的国学电视节目传播内容的比较研究还没有前车之鉴。事实上，传播国学的哪些内容是国学电视传播研究的核心，甚至决定着国学传播的策略和走向。因此，对国学传播内容进行分析，有利于深挖国学资源，更好地传播国学。因此，从国学电视传播内容的视角来分析国学电视传播，需要做更深层研究。

第二，纷纷把研究视野聚焦于某个叫好又叫座的国学电视节目。一档国

---

①　张驰. 电视文化类节目的修辞研究［D］. 郑州大学硕士学位论文，2016.

②　朱晋. 精英文化的电视传播初探——以央视《百家讲坛》栏目为例［D］. 湖南师范大学硕士学位论文，2008.

③　朱亚琨. 文化消费视角下的"国学"电视节目研究［D］. 四川师范大学硕士学位论文，2015.

④　周文. 传统节日：文化、仪式与电视传播［J］. 中国地质大学学报（社会科学版），2010（5）：86.

学电视节目红起来之后，很快就会出现大量的对相关节目进行研究的论文，把传播学领域理论研究追着媒介实践跑的特性表现得淋漓尽致。这一方面表示文化传媒学界强烈的学术敏感，但另一方面又使得国学电视节目的研究视野狭窄，宏观探讨不足。正如胡智峰所说："电视业显现潮流性的景观既是电视技术与艺术本身探索的成绩结晶，也是已被全球广泛验证的客观现实。对潮流的关注、研究或者紧跟是无可厚非的，但是，作为有职业理性和文化自觉的电视人，如果仅限于追逐潮流则是危险的。"①

第三，对于国学电视节目的界定、类型与内涵含混不清，存在着自说自话的现象。目前使用较多的有传统文化类节目、原创文化类节目、文化综艺类节目、益智文化类节目、国学电视节目等，命名固然有视角不同，研究侧重点不同，有的倾向于原创，有的强调娱乐，有的重视功能，但研究本体却如出一辙。因此，目前此领域的研究虽看起来热闹非凡，但笔者以为无形中降低了国学传播研究的水准，也说明了国学电视传播研究还处于起步阶段。

（四）关于《百家讲坛》和《问津国学》的研究述评

1.《百家讲坛》研究述评

通过中国知网平台，键入篇名"百家讲坛"，共检索出文献资料679篇，其中硕士学位论文49篇。从论文发表的时间上看，产出高峰出现在2007年和2008年，也正是《百家讲坛》栏目如日中天的时候。从论文的研究主题来看，主要有以下几大类：

（1）集中于对《百家讲坛》栏目成功方法的探索。如佘贻鸣的《构建社会文化记忆：2001—2005——〈百家讲坛〉栏目改版轨迹再分析》②，重点讨论了栏目改版的特点：改版的轨迹与指向是中国传统文化与文学；改版后积

---

① 胡智峰，邓文卿. 中国电视类型节目的新探索——以《朗读者》为例 [J]. 民族艺术研究，2017（4）：10.
② 佘贻鸣. 构建社会文化记忆：2001—2005——《百家讲坛》栏目改版轨迹再分析 [J]. 中国电视，2008（9）：40-43.

聚的优势是内容选取的集中化，定位的特色化。孙义清的《〈百家讲坛〉的成功及其隐忧》①一文，主要从节目编排、准确定位及抓住机遇等三个方面来分析《百家讲坛》的成功之道，但同时也分析了影响节目长远发展的问题：选题相对狭窄；成了"一家讲坛"；定位于非学术论坛的尴尬。刘秀暂的《〈百家讲坛〉编辑活动与编辑策略转换透析》②，重点从普通编辑学角度探析《百家讲坛》编辑策略调整及其带来的效益。编辑策略调整集中在四个方面：选题、节目编排、编辑用体和品牌建设。

（2）栏目长久生存策略。谭天、郑爽的《新媒介生态下的电视传播模式——以〈百家讲坛〉为例》③，把核裂变原理引用到传播学领域，通过分析《百家讲坛》传播裂变的起因、临界点和外部条件，探寻出《百家讲坛》栏目可持续发展的两个条件：必须不断地为栏目提供足以引起传播的争议；这些争议要与和谐社会形成共振，进而促成传播的裂变。万卫的《〈百家讲坛〉品牌形象的建设》④，从策划栏目的视角集中分析《百家讲坛》品牌形象的认知、品牌身份的确立、品牌形象的特征和塑造。苑文刚的《"互联网＋"时代〈百家讲坛〉该如何创新》⑤，积极乐观地认为，面对栏目的逐渐沉寂，"互联网＋"或许是《百家讲坛》再次焕发生机的一服良药。文章还颇具关怀意识地给出了节目的互联网发展策略：依托用户思维对栏目进行创新；调动大数据思维为节目把脉；寻找明星主讲人，唤醒粉丝经济。

（3）知识分子媒介呈现研究。赵勇的《学者上电视——以〈百家讲坛〉为例》⑥，开篇即明确指出"学者上电视利大于弊似已成为总的舆论导向"。随后作者用历史的眼光和丰富的材料对知识分子上电视现象做了力透纸背的

---

① 孙义清.《百家讲坛》的成功及其隐忧［J］.编辑学刊，2009（4）：24-28.
② 刘秀暂.《百家讲坛》编辑活动与编辑策略转换透析［J］.中国编辑，2012（6）：73-77.
③ 谭天，郑爽.新媒介生态下的电视传播模式——以《百家讲坛》为例［J］.国际新闻界，2009（7）：72-75.
④ 万卫.《百家讲坛》品牌形象的建设［J］.电视研究，2010（3）：18-21.
⑤ 苑文刚."互联网＋"时代《百家讲坛》该如何创新［J］.当代电视，2015（12）：49-51.
⑥ 赵勇.学者上电视——以《百家讲坛》为例［J］.文艺争鸣，2008（1）：147-156.

分析，文末结语又出其不意地提出，知识分子与媒介的合谋不应该仅限于电视，在电视之外，还有一个更加广阔的媒体空间。此文逻辑性强，观点新颖，给人以启迪和思考，可以说是研究学者上电视的一篇力作。徐国源、董丹的《从"学术人"到"电视人"——〈百家讲坛〉"教授说书"模式探析》①悲观忧虑地指出，"教授说书"模式，是以牺牲"学术人"的思想传递为代价的，最终结果有可能致使经典文化被电视机制所消解。

（4）人文历史文化的电视传播。张东光的《"百家讲坛"与史学变革》②，从《百家讲坛》作为一个学术普及栏目的成功，来反观当代史学传播的逻辑进程。施丁的《"百家讲坛"讲史平议》③，以肯定鼓励的话语对《百家讲坛》如何宣讲历史提出三点希望：一要贴近历史；二要传播历史；三要再讲历史。赵冬梅的《百家讲坛与历史传播》④，既对《百家讲坛》讲史的贡献予以肯定，又警醒地提出要守住学者的底线，要学习讲述的方法。杨翠芳的《声像语境下的人文传播——以中央电视台〈百家讲坛〉为例》⑤，对栏目给予全面的肯定与赞许，认为《百家讲坛》开创了一种全新的立体的电视阅读方式，在提高大众的媒介素养方面做出了努力。徐国源的《电视传播与学术法则的改写——以〈百家讲坛〉为例》⑥，则对栏目的传播方式持保守评价，因为电视媒介中的知识生产与传播，会造成"学术"的改造，具有浓重的娱乐化特征，是生产者与消费者达成的一种默契。

（5）从栏目的火爆探讨文化类电视节目运营之道。吴潮的《电视讲坛类

---

① 徐国源，董丹.从"学术人"到"电视人"——《百家讲坛》"教授说书"模式探析［J］.新闻大学，2012（5）：29-33.
② 张东光."百家讲坛"与史学变革［J］.社会科学战线，2007（2）：244-249.
③ 施丁."百家讲坛"讲史平议［J］.史学史研究，2011（1）：51-56.
④ 赵冬梅.百家讲坛与历史传播［J］.甘肃社会科学，2014（1）：92-93.
⑤ 杨翠芳.声像语境下的人文传播——以中央电视台《百家讲坛》为例［J］.湖北社会科学，2008（12）：187-189.
⑥ 徐国源.电视传播与学术法则的改写——以《百家讲坛》为例［J］.南京社会科学，2015（12）：111-116.

栏目资源选择与运作》①，通过总结《百家讲坛》栏目内容选择的成功经验，
探讨电视讲坛类文化栏目的内在规律和运作特性。魏淑清的《谈〈百家讲
坛〉的"以思想引领故事"——兼议高品位电视节目的收视之道》②，认为"以
思想引领故事"是打破高品位电视节目收视率不高困局的有效策略。刘娴的
《探析文化历史类电视节目的出路——兼谈〈百家讲坛〉》③认为，扩展节目
选题范围和克服节目的庸俗化是文化历史类节目的光明坦途。

　　纵观《百家讲坛》的研究成果，可谓是电视业界一个现象级的电视栏目
引发了新闻传播学界一波理论研究热潮，其中不乏一些高质量的思想火花。
这些成果为人们思考文化类电视节目的运营、人文历史文化的电视传播提供
了有益的启示。

　　2.《问津国学》研究述评

　　《问津国学》是武汉电视台一档优秀的文化教育栏目，从传播平台上来
看，与央视以及省级卫视相比较处于弱势地位，受众群主要集中于湖北省尤
其是武汉市内。通过中国知网检索发现，对于这档栏目的研究仅有三篇文章，
分别是《电视语态中传统文化的传播——以武汉电视台〈问津国学〉为例》
（载《新闻前哨》，2014年第4期）、《文化传播学视阈下的国学电视研究》
（载《当代电视》，2014年第6期）、《电视如何传播国学——以武汉电视台
《问津国学》为例》（载《新闻前哨》，2015年第9期），而且文章的作者都
是《问津国学》栏目的制片人④。这些研究最大的特点就是对这档栏目创作过
程、创作思路的归纳和梳理，可谓是在掌握大量一手资料基础上的经验总结。
但若从国学电视传播研究的宏观层面来看，这些观点难免会有"不识庐山真

① 吴潮.电视讲坛类栏目资源选择与运作［J］.中国广播电视学刊，2008（5）：45-46.
② 魏淑清.谈《百家讲坛》的"以思想引领故事"——兼议高品位电视节目的收视之道［J］.
电视研究，2010（10）：61-63.
③ 刘娴.探析文化历史类电视节目的出路——兼谈《百家讲坛》［J］.当代电视，2016（7）：
80-81.
④ 王光艳，武汉广播电视台主任编辑，《问津国学》栏目制片人.

面目，只缘身在此山中"的弊病，既缺乏与自身节目的历时性观照，亦没有与其他同类节目的共时性比较。

四、研究问题与研究方法

研究问题与研究方法就像建造一座大厦的设计图与施工方案，决定着论述的用力方向，也关乎论述的整体质量。在对与主题相关的文献进行充分调研的基础上，结合笔者对近四十档国学电视栏目持续的关注与思考，本书最终确定如下的研究问题和方法：

（一）研究问题

（1）精英话语旁落，消费文化泛滥的泛娱乐化时代，出现国学热的原因是什么？电视媒介在国学热中发挥了什么作用？在新媒体层出不穷，媒介资源充裕情况下，为什么电视成为传播国学的利器，国学与电视联姻的动机与可能性是什么？

（2）形式多样的国学电视节目究竟在传播国学的哪些内容？通过电视媒介传播的国学与"庙堂国学"是否同体？国学在电视媒介传播过程中发生了怎样的变异？国学电视栏目都有哪些形式？为什么会以这样的形式并呈现出当前的局面？

（3）国学借由电视这种大众媒介实现大众化传播是否可行，在国学电视传播的实践中有哪些痛点？出现了哪些问题，根源是什么？从弘扬和普及国学的角度而言，国学电视传播的改进策略是什么？

（二）研究方法

本书以国学电视栏目的传播形式和传播效果为研究支点，在综合了文献研究法、个案研究法、焦点小组研究法、数据挖掘法等方法的基础上，形成了多方法多角度的研究框架。

1.文献研究法。主要考察与本书相关的文献与理论观点。文献梳理分为两个方面：一是对国学和传播学领域关于国学传播、国学电视传播、传统文化传播等方面的相关理论成果的梳理；二是研读大众文化、消费社会、文化消费、视觉文化等主题的理论书籍和学术论文，从这些理论中寻觅本书的理论基石。另外，《百家讲坛》研究者众多，成果丰富；《问津国学》栏目制片人与笔者有同门情谊，为笔者提供了翔实的第一手材料。

2.个案研究法。本书选取在全国范围有较大影响的《百家讲坛》和地方电视台全国优秀电视文化节目《问津国学》两个国学电视栏目为研究个案。除了分别考察两档栏目的发展历程、传播国学的内容以及传播效果和影响力，还对两档栏目进行了比较分析。

3.焦点小组研究法。焦点小组研究是传播学研究方法中了解受众的捷径，也是近些年越发被重视的定性研究方法。本书尝试通过对《百家讲坛》和《问津国学》两个栏目的焦点小组访谈，透视两个栏目的传播效果及存在的问题。

五、研究意义与创新性

研究意义和创新性是笔者对"国学电视传播研究"这个选题价值的思考，除了弥补现有研究的不足，本书的研究价值还具体体现在以下几个方面：

（一）研究意义

1.理论意义

研究电视，最重要的是要研究它的核心——电视节目。与西方电视研究相比，中国电视研究尚停留在电视业务研究的表层，缺乏结合社会政治、历史和文化特色研究电视传播的鸿篇巨制。对电视节目的研究不能仅研究其"形"，更有研究其"心"。"如果电视研究难以触摸形式之下的深刻内蕴和集体无意识，中国电视发展将失去民族文化的支撑，流于没有灵魂的节目模仿。"①对国学电视传播的研究既是电视业务的研究，又是中华民族文化的传播研究。国内知识界对于国学传播比较重视，但现有研究大多流于表面化，缺乏相对深入和系统的研究。

本书基于消费社会的时代背景和文化消费的理论视域，置身于中国电视文化的特殊语境，围绕电视与国学相互作用、相互促进的关系，在把握国学和电视媒介特征的基础上，探究可供指导实践的国学电视传播策略。同时，本书也是对电视节目形态研究的丰富和充实。

2. 现实意义

新世纪的国学热方兴未艾，由此展开的各种讨论，"其中心问题在于在当今中国社会面临的从前现代向现代、从现代向后现代转变的双重语境中，为传统文化寻找正确的价值担当，进而完成传统文化的现代转型，使之成为促进社会进步、民族复兴的精神之源"②。在大众文化横行的消费时代，如何拯救日益面临危机的精英文化？如何在视觉文化时代普及传播以印刷文化为主要特征的国学？

本书从文化传播的视角和文化自觉的高度确立国学电视传播路径：积极把握传播环境的变化，紧紧抓住人的文化消费需求，提高电视的文化品位，优化电视生态；积极把握全球化的发展趋势，努力增强中华优秀传统文化的主体性和影响力，有效抵制外来文化霸权，为增强文化自信，增强民族凝聚力发挥应有的作用。

（二）创新性

1. 立足于文化消费理论，揭示了技术社会形态（含信息社会、数字社会）、消费社会形态和与作为视觉文化主要形态的电视文化的崛起的内在联系，从考察消费社会、读图时代影响国学电视节目消费的因素入手，阐述了国学电视传播的现实可行性，并系统梳理了国学电视节目发展的嬗变轨迹。

---

① 高金萍. 西方电视传播理论评析［M］. 北京：中国传媒大学出版社，2008：11.
② 梁涛，顾家宁. 国学问题争鸣集（1990-2010）［M］. 桂林：广西师范大学出版社，2010：7.

在国学的传播是满足消费者需求的媒介生产行为还是传播者与受众的双向互动行为的思辨中，以科学理性的精神探讨国学的大众化问题，并且更加理性地促进国学传播。

2. 在一个生产和消费关系模式中研究国学电视传播，并着力在文化和传播两个框架下进行论证。其一，把当下炙手可热的国学电视传播放在政治、社会、文化发展需要的各种动力和矛盾中进行分析解剖；其二，在受众文化消费行为和传播环境改变的电视文化生态中聚焦审视国学电视传播。也即是把国学电视传播放在大众文化盛行与传播媒介丰裕的大环境中进行考量，这种模式是一种动态的辩证的互动关系研究。

3. 对《百家讲坛》和《问津国学》两档国学电视栏目的个案分析是本书的创新点之一。《百家讲坛》栏目虽然研究者众多，但尚无对栏目具体传播内容的关注。本书尝试按中国古籍内容区分的"经史子集"四大部类对两个栏目的传播内容进行分类分析，探寻究竟国学的哪些内容进入了电视传播视野。此外，本书还通过焦点小组研究检视了两个栏目的传播效果，既丰富了研究方法，又使得本书对国学电视传播问题的分析更为深刻多元。

第一章　国学与电视的联姻

从中央电视台的《百家讲坛》到武汉广播电视台的《问津国学》，从河南卫视的《汉字英雄》到延边卫视的《汉字宫》，国学电视节目自21世纪以来如雨后春笋般层出不穷。这些电视节目传播的国学内容不同，既有汉字、成语，又有诸子百家；传播的方式形态各异，既有讲坛、访谈，又有益智综艺。从这些国学电视节目的思路和技巧来看，各显其能又各有千秋，在为当下的电视荧屏带来一股文化清泉的同时，也为如何做好国学电视传播提供了有益的启示和广阔的思考空间。从中我们看到了电视媒介与国学虽时空交错却异频共振的良性生态；电视媒介为国学的再激活找到了新的突破口，而国学的思想文化价值与现实意义则为电视媒介开启了新的增长点。国学的媒介化生存是艰难的，但电视却是国学大众化的契机。

第一节　电视媒介传播国学的现实可行性

现实可行性可以从现实性和可行性两个方面理解。现实性即已经实现了的可能性，而可行性顾名思义，即具备实现的条件和能力。电视媒介选择国学作为传播对象，其传播动力何在？传播环境如何？本节重点对这两个问题进行探讨。

一、电视传播国学的动力

传播动力是否强劲直接关乎传播效果的实现。无论是从社会效益和经济效益，还是从电视业发展的长远目标与短期目标来看，电视传播国学都是现实所需。

（一）国学是中国电视创新发展的重要资源

20世纪末至今的近20多年时间里，中国电视在市场化、产业化的道路上不断探索，其中有结合中国国情的自主创新，但更多的是对国外电视节目或节目模板的亦步亦趋。自"限娱令"[①]后，国内形成热点的电视节目形态大多是引进国外的模式。在电视遥控的变换中，尽管可收视频道与节目越来越多，但占据中国电视荧屏，且收视率居高的节目，大多是引自国外节目模板的"舶来品"。这一潮流将中国自主原创的电视节目挤出中心舞台，以致有人认为："要想获得市场的成功和理想的收视率，就必须'舶来'国外电视节目。换句话说，引进国外电视节目模式就等于获得了高收视率和高市场回报率的保证。"[②]当然，市场和收视率也验证了这个结论。只是，长此以往中国电视业自主原创的动力和意愿会越来越弱，电视内容生产或节目制作能力的下降会更令人担忧；另一方面，引进国外电视模板的费用高昂，催生了一批国外节目研发机构，中国电视市场成为世界电视业巨头的提款机。值得中国电视人思考的是，长期依靠引进模板获取短期经济利益谋求生存的做法，对中国电视而言无异于饮鸩止渴，它不仅无益于电视媒体自身的品牌建设，更破坏了中国电视文化生态。

电视节目形态的创新离不开社会文化、地域文化的影响，更离不开我们所处的环境和传统文化，要想打造受观众欢迎而又具有导向性的优秀电视节目，必须从悠久的民族文化中汲取文化滋养。"内容为王"是电视媒体生存发展的根基，优质的、独特的内容才是电视节目的核心资源，只有不断在内

---

① 针对电视媒体综艺娱乐节目泛滥的情况，2011年，国家广电总局出台了《广电总局将加强电视上星综合节目管理》文件；2013年，又再次向各大卫视下达了《关于做好2014年电视上星综合频道节目编排和备案工作的通知》，这两个文件被媒体称为"限娱令"。

② 胡智峰，邓文卿.中国电视类型节目的新探索——以《朗读者》为例［J］.民族艺术研究，2017（4）：5.

容上下功夫，高举"内容为王"的旗帜，打造出定位准确、特色鲜明、制作精良的精品节目①，中国电视才能在媒介丰裕的竞技场上站稳脚跟。

为了收视率，这些年电视人一直在四处寻找，苦心琢磨所谓的看点，但遗憾的是忽略了对民族文化之根的挖掘。事实上，只有具备价值性、稀缺性、难以模仿性、无法替代性等特点的内容，才能被称为电视的核心资源，也才可称作有品格的看点。

国学包罗万象，博大精深，是电视媒介得天独厚的资源库，为中国电视创新发展提供源源不断的内容支持。"以传承民族文化为己任的中国电视内容产业，因其文化背景厚实，文化资源的拥有显得容易，但不争的事实是，中国电视内容产业在全球文化竞争中并没有形成绝对的优势。造成这种结果的原因正在于核心文化资源的优势无法凸显。"②

事实上，内容本土化的电视节目更容易获取观众的芳心。在全球化背景下的现代电视传媒，必然以本土化的生存方式来迎接挑战以提高竞争能力。新闻集团总裁默多克说过："如果谁认为美国文化适合所有的国家，那谁就是疯子。集团规定在进入一个国家一年以后必须有70%的内容本土化。"③传播学研究表明，人们倾向最喜爱本地、本国的电视节目。如此看来，必须保持电视节目本土文化特色，使中国电视节目熔中国历史、文化于一炉，具备知识性、趣味性和可视性。只有这样才能摆脱西方的认可和异域的视角，做出原汁原味的中国特色的电视节目④。

同时，电视作为传统的大众媒介，已经走向了分层传播阶段。精英文化对于目前的中国电视而言有很大的市场空白。选择国学作为传播资源，既可以满足一些需要学习了解国学，但接受能力又有限的高端需求，又可以避免

---

① 张建，夏光富.电视节目解析［M］.重庆：重庆大学出版社，2015：52.

② 彭祝斌，向志强，邓崛峰.电视内容产业核心竞争力研究［M］.北京：新华出版社，2010：45.

③ 曾志华.电视传播的本土化策略［D］.华中科技大学硕士学位论文，2004：30.

④ 高鑫，贾秀清.经济·文化与现代电视传媒［M］.北京：北京师范大学出版社，2009：248.

电视节目内容的同质化。国学电视节目目前可以说是契合大众诉求、切中时代脉搏的节目，也只有这样的节目才具有强大的号召力，能够引起强烈反响和社会认同，由此成为提升中国电视竞争力的经典之作。

（二）国学是中国电视保持民族性的支柱之一

麦克卢汉在 1964 年出版的《理解媒介——论人的延伸》中提出"地球村"的概念，对后世影响巨大。麦氏认为，电子媒介的出现改变了时间和空间距离，消解了信息传播过程中的时空差距，实现了全球重大事件传播的同步化，地球已变成弹丸之地，人类又回到了部落时代。然而，虽然电视全球化步伐越来越快，但人们也越来越意识到只有"电视民族化"才能实现"电视世界化"。如果能够坚持电视的民族性，那么该国电视就可以在世界电视版图中有自己的一席之地；反之，如果失去了电视的民族性，那么该国电视就会在世界文化版图中失声。所以说，电视艺术的血脉和生命在于其民族化。由此可见，展现民族文化和民族精神，是当代中国电视的担当和职责。[1] 有学者指出："在实现中华民族伟大复兴的征程中，把中华优秀传统文化作为战略资源，既是社会主义核心价值观的落地需要，也是媒体文化建设的重心所在，电视对传统文化的'创造性转化、创新性发展'恰逢其时。"[2]

黄会林先生作为倡导中国影视民族化、探求建立影视艺术"中国派"的代表人之一，曾明确指出："一个不善于剖析、研究、归纳和总结自身民族艺术与民族文化的民族是不可能屹立于世界民族之林的，甚至也不可能有能力吸收其他民族的优秀艺术和文化，因为它缺少立足的根本。因此，坚持民族文化精华和传统美学的熏陶，保证电影电视成为中华民族发扬光大的最有力媒介，实在是我们的当务之急。"如何在未来的信息竞争和文化传播领域树立中华民族的文化形象，应当是我们讨论的关键。对此，黄先生又指出：

① 赵娅军.传统文化参与中国电视文化身份建构的路径研究［D］.山西师范大学博士学位论文，2016：21.
② 陈文敏.电视诵读类节目的意义取径与范式重构［J］.现代传播，2017（7）：94.

"中国电视要想屹立于世界文化之林，其今后的发展轨迹必须向悠久的中国传统文化寻求滋养，建立富有民族特色的影视文化主体。"[1]国学作为中华优秀传统文化的重要组成部分，电视对国学的媒介转化和传播是保持中国电视民族性的有力举措。

只有把国学元素注入电视产品中，"才能为中国电视创新提供丰厚的文化土壤，才能为中国电视在未来国际竞争中提供有力的文化支撑"[2]，才能构筑中国电视的文化品格，也只有具有文化品格的电视产品才能树立起中国电视文化品牌。"电视品牌作为电视无形资产的载体，承载着电视台、频道与节目的核心价值；长盛不衰的电视品牌是长期的传播优势积淀，并通过实现各种资源重组形成的受众和利益相关者深度的精神认同。"[3]从这个意义上讲，国学是中国电视生存、发展所不可或缺的内涵与内容，对内提升电视文化格调，并传承悠久的民族文化与精神；对外塑造良好的国家与民族形象，并受到世界的尊重与认同。

（三）国学是中国电视商业运作的内容选择

电视媒介传播国学的原因是多方面的，但最现实的原因恐怕是电视台的利益驱动。众所周知，电视台要生存，要发展，就必须有广告市场的支撑。经济市场化成为电视媒体追求利益的动力，广告为电视媒体提供了一个巨大的经济财源。为了追逐更多的经济利益，电视媒体需要争夺有限的广告市场，竞争的逐步升级导致电视媒体要么打造优秀的电视栏目，吸引广告商；要么以媚俗的姿态去迎合大众、迎合广告商。电视媒体自身的经济利益与电视栏目之间形成一个正相关关系：优秀的电视栏目带来良好的收视效果，吸引更多的广告费，从而产生良好的经济效益；良好的经济效益又会促使电视媒体将更多的财力投入到电视节目形态的创新当中，打造优秀的电视栏目，如此

---

① 胡智锋.电视传播艺术学［M］.北京：北京大学出版社，2004：95.

② 杨乘虎.中国电视节目创新研究［M］.北京：中国传媒大学出版社，2014：180.

③ 靳智伟.电视受众市场研究［M］.北京：北京师范大学出版社，2010：112.

反复，形成良性循环。反之会形成恶性循环。[①]广告商在投放广告时，第一位要考虑的就是节目的收视率。作为"注意力经济"时代的重要量化指标，收视率不仅是衡量一个节目好坏甚至存活与否的关键因素，还直接关系着企业主的广告投放和电视台的经济收益。那么，什么样的节目内容才能获得受众的青睐，收获高收视率呢？这就涉及电视节目素材选取的问题。

素材，主要指节目素材，而节目素材又包括了原创性素材、引进性（购买）素材、加工性素材等类型。电视媒体要深挖独家拥有、不可替代的素材，做好开发利用，使之不断地"增殖"，进而"增值"。国学作为中国独特的文化瑰宝，已经成为当下各方关注的焦点，也是吸睛的热点。事实上，"电视业本身就是吸引注意力的产业，一直在租用受众的眼睛和耳朵做生意——电视台首先制作出优质的节目内容以换取受众的注意力，再把吸引到的'受众注意力'进行各种形式的开发，如二次售卖给广告商，实现内容的价值实现"[②]。媒介盈利模式图[③]对电视产品的盈利过程有着清晰的体现。如图 1.1 所示：

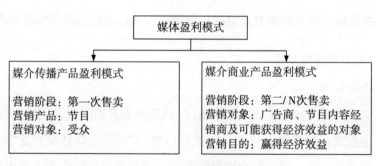

图 1.1　媒体盈利模式

① 冯晓临. 湖南卫视电视节目形态演变研究 [M]. 北京：中国社会科学出版社，2015：179.

② 陈波. 话语流变与社会变迁——中国电视谈话节目研究 [D]. 武汉大学博士学位论文，2017：82.

③ 郑蔚. 中国电视媒体的管理和经营 [M]. 北京：中国广播电视出版社，2006：53.

在中国社会转型发展的深化改革期，无论是政府层面、社会需求还是普罗大众，都对国学复兴怀有期待，给予厚望。换言之，国学在当下是万众瞩目，具有雄厚的注意力资源。传播国学是上行传播和下行传播共同的内容需求。"具有突出消费特征的电视文化对现实的社会需求保持着高度敏感，因为当下的社会需求是实现利润目标的重要前提。"① 广泛的社会需求使得国学炙手可热，以国学为传播对象的国学电视节目自然就会拥有一定数量的受众群，在某种意义上即是有了收视率的保证，那么，国学电视节目就会被广告客户看好。因此，国学契合当前电视受众的需求，更是电视台财源滚滚的金矿。

二、电视传播国学的环境

国学电视传播是在特定的环境中进行的，这个环境既有宏观层面，也有微观层面。宏观环境包括来自外界的政治与社会对电视媒体发展的期待与规制，微观环境主要是指来自电视内部的生态系统。有利的宏观环境会促进国学电视的传播，而不良的微观电视环境则可以通过电视传播国学进行改良。

（一）宏观环境分析

1.政策导向

在中国目前的社会主义国家体制内，执政党和政府有关文化的宏观政策，直接决定着文化传播的大环境。21 世纪以来，"文化在综合国力竞争中的地位和作用更加凸显，增强国家文化软实力、中华文化国际影响力要求更加紧迫"② 。武汉大学黄钊教授认为："弘扬国学，有助于推进中华民族的伟大复兴；有助于传播中华优秀民族精神；有助于推进和谐社会建设；有助于推进现代

---

① 魏鹏举.知识娱乐化：电视传媒对于历史与知识的改造［J］.文艺理论与批评，2002（5）：120.

② 何学森.浅析电视媒体传播传统文化的贴切性［J］.电视研究，2013（1）：18.

企业管理；有助于增进世界文明。"①

2012 年，中国共产党第十八次代表大会报告《坚定不移沿着中国特色社会主义道路前进 为全面建成小康社会而奋斗》的第六部分"扎实推进社会主义文化强国建设"中指出："构建和发展现代传播体系，提高传播能力。""建设优秀传统文化传承体系，弘扬中华优秀传统文化。"②2017 年 1 月25 日，中共中央办公厅、国务院办公厅印发了《关于实施中华优秀传统文化传承发展工程的意见》，简称"两办国学传承 18 条"。该意见中明确列出中华文化传承的目标和措施，意见的出台使当下的国学热更加红火。

2017 年 10 月 18 日中国共产党第十九次代表大会报告《决胜全面建成小康社会 夺取新时代中国特色社会主义伟大胜利》的第七部分"坚定文化自信，推动社会主义文化繁荣"中指出"深入挖掘中华优秀传统文化蕴含的思想观念、人文精神、道德规范，结合时代要求继承创新，让中华文化展现出永久魅力和时代风采"。

由此可见，发扬中华传统文化、弘扬国学已经成为一种国家意志。除了政治性文件中的纲领条款，行业内规定更是为中华优秀传统文化的传播保驾护航。2011 年，国家新闻出版广电总局出台了《广电总局将加强电视上星综合节目管理》文件，2013 年又再次向各大卫视下达了《关于做好 2014 年电视上星综合频道节目编排和备案工作的通知》。这两个文件被媒体称为"限娱令"。"限娱令"对各大卫视所播电视节目的类型与时段做出了严格的规定，在客观上为电视文化节目的发展开辟了更为广阔的空间。③

对于中国电视媒体来说，政治环境是所有外部影响因素中最敏感，也最能起到关键作用的要素。"电视节目形态受政治环境的控制和影响极为明显，

---

① 黄钊.国学与儒道释文化发微［M］.北京：中国社会科学出版社，2011：6-9.

② 坚定不移沿着中国特色社会主义道路前进 为全面建成小康社会而奋斗［N］.光明日报.
2012-11-18：03.

③ 张建.电视节目解析［M］.重庆：重庆大学出版社，2015：140.

其创新和发展过程中无不刻有意识形态的烙印。"① 主流意识形态的认可是电视节目得以存活的首要前提。2017年8月，国家新闻出版广电总局发布《关于把电视上星综合频道办成讲导向、有文化的传播平台的通知》。《通知》要求：进一步强化电视上星综合频道公益属性和文化属性。坚决反对唯收视率，坚决抵制收视率造假；总局鼓励电视上星综合频道在黄金时段增加公益、文化、科技、经济类节目的播出数量和频次；鼓励制作播出具有中华文化特色的自主原创节目，原则上黄金时段不再播出引进境外模式的节目。由此可见，电视传播国学是对当前国家大力弘扬传统文化与民族意识文化政策的一种响应。

2. 文化认同的塑造

文化认同缘起于文化的差异、流变和断裂，其目的是为了寻求某种文化的同一性或一致性。因其进程、形态和内容存在复杂性和多重性，因此，文化认同成为问题的程度可以说与世界秩序的变化或"失度"的程度成正比。②

现阶段世界文化格局处于各种文化形态的全球化互渐当中，而媒体对这种互渐效应的形成发挥了重要作用，新的传播方式使得各种文化之间的沟通更为深入、广泛。但需要注意的是，西方文化仍在全球化中占优势地位，其对包括中华民族传统文化在内的发展中国家文化的传承带来了极大考验。"好莱坞利用中华传统文化资源拍摄的商业大片，并非单纯借助中国元素传播中国文化，而是透过新媒介技术进行中西文化的融合传播，将中华民族传统文化符码纳入西方故事表述模式，淡化显性的文化渗透，解构中华民族传统文化资源的内涵，改变中国人对民族文化的传统认同，实现经济盈利与意识形态影响的双重传播目的。"③ "在经济全球化的大趋势中，拥有几千年文化传统的中华民族，必须自觉地维护自己的根，这样才能自立于世界民族之

① 冯晓临.湖南卫视电视节目形态演变研究［M］.北京：中国社会科学出版社，2015：164.
② 韩震.全球化时代的文化认同与国家认同［M］.北京：北京师范大学出版社，2013：37，8.
③ 高卫华.新媒介语境下中华民族传统文化资源的世界传播策略［J］.中南民族大学学报（人文社会科学版），2013（5）：150.

林。"①

但是，反观中华民族传统文化的传播现状，"或是植根于历史深处，或是高居在庙堂之上，或是潜伏于乡野边陲，日渐远离大众视线，备受大众媒体传播的冷落甚至旁置。一边是入侵，一边是空缺"②，文化认同危机已经成为当代中国人不得不面对的紧急现实。

"国学是中华文明之根，是中国之所以为中国的根本和根基，是全体中华儿女的文化识别符号。"③"国学不仅能让我们摆脱时空与个人经验的诸多局限，弄清我是谁？是怎样的历史文化塑造了我？还能让我们在人世与人际的网络关系里认识他人和世界，弄清我与别人有什么不同。"④

面对来势凶猛的文化全球化浪潮，在实现中华民族伟大复兴的征程中，从国学这座宝库中寻找精神和文化支撑，增强文化自信和文化认同是大众媒体的责任担当。电视媒介传播国学，就是通过不同的形式以及话语的选择和组合，促进大众伦理道德认知和文化的趋同，这种认知和趋同是中华民族在价值观层面安身立命的精神家园。如《中国诗词大会》《中华好诗词》等节目的播出展现了古典诗词的艺术之美，更展现了中华传统文化的伟大成就，成功地引领全民研习古诗词的热潮，并且激发了民众的文化认同感。

3. 社会教化的需要

"处于社会转型时期的当代中国，在经济繁荣的背后，道德失范，价值迷失，物质与精神、个人与群体、义与利在一定程度上普遍失衡，理想主义沉沦，物欲主义泛滥；英雄主义冷落，市侩哲学横行。"⑤之所以出现这种糟

① 袁行霈. 国学的当代形态与当代意义［J］. 北京大学学报（哲学社会科学版），2008（1）：46.

② 王源. 中华传统文化的具象化传播：原创性电视节目发展的新路径［J］. 西南大学学报（社会科学版），2017（6）：153.

③ 何爱国. 人文与市场的纠结：第三次国学思潮反思［J］. 福建论坛·人文社会科学版，2008（6）：67.

④ 此观点是台湾政治大学刘芝庆博士在讲授《晏婴论和与同》时提出。

⑤ 贾松青. 国学现代化与当代中国文化建设［J］. 社会科学研究，2006（6）：1.

糕的局面，大众传播媒介尤其是电视功不可没。"大众传播媒介所传播的价值观念一再表明，它完全有理由可被称为道德败坏和文化堕落。在这方面，电视尤其是罪魁祸首"。① "当原有的意识形态不足以完全填补价值真空和抚慰灵魂的时候，人们便到尘封已久的国学尤其是儒学那里去寻找灵魂的解毒剂和精神的家园。"② 从这个角度而言，电视传播国学是将功补过且责无旁贷。

在传媒消费主义语境下，人们崇尚轻松、通俗与肤浅，而独立思考和价值判断能力却不断弱化，逐渐发展成为"受欺骗的大众"③。正如法兰克福学派两位旗帜性人物霍克海默和阿道尔诺所言："今天，受骗的大众甚至要比那些成功人士更容易受到成功神话的迷惑。他们始终固守着奴役他们的意识形态。"④ 还必须要提及的是，青少年更急需精神补钙。媒介技术的革新让人们享受信息获取的便捷，也让人们对良莠不齐的信息防不胜防。青少年在面对低俗、媚俗、恶俗的媒介信息时免疫力低下，自制力又差，难免会被侵扰。一些青少年，甚至有的大学生对明星的逸闻趣事头头是道，而对民族文化的精华一无所知或知之甚少，这种"精神缺钙"的现象长此以往会导致人格矮化。

"最常用的用来反对电视的特殊的负面观点是，为了追逐收视率，电视降低了其美学品位和大众文化标准，使人们形成被动习性和依赖性，无形中使得观众中逃避主义者增多；它鼓动了社会上暴力和犯法的习气。"⑤ 传播学集大成者威尔伯·施拉姆在他与威廉·波特合著的《传播学概论》中论及大众媒介的潜在效果时曾说："所有的电视都是教育的电视，唯一的差别是它

---

① 邵培仁.传播学 [M].北京：高等教育出版社，2015：244.

② 贾松青.国学现代化与当代中国文化建设 [J].社会科学研究，2006（6）：1.

③ 李绍元.消费时代的电视真人秀研究：基于表演学视角 [M].北京：中国书籍出版社，2016：213.

④ [德] 马克斯·霍克海默，西奥多·阿道尔诺.启蒙辩证法 [M].渠敬东，曹卫东译.上海：上海人民出版社，2006：120.

⑤ [英] 大卫·麦克奎恩.理解电视——电视节目类型的概念与变迁 [M].苗棣，赵长军，李黎丹译.北京：华夏出版社，2003：171.

在教什么。"① 施拉姆的话可以理解为电视本身具有社会教化的功能，而其教化功能通过电视节目来实现的，什么样的电视节目就会给观众带来什么样的文化熏陶。

国学电视节目是当前电视洪流中的乌托邦，是文化消费灾难的救赎。其对大众具有无法估量的教育价值，既能提高大众的审美情趣与艺术水准，又能提高大众的文化水平与知识涵养。尽管这种影响不是一蹴而就、立刻显现，但是在日积月累、潜移默化的过程中，总会缓慢地渗透进受众的思想和脑海中去的。早在 1970 年，美国传播学家梅尔文·德弗勒就在其《大众传播学诸论》中提出了著名的文化规范论。该理论认为：

> 大众媒介通过选择性的陈述和对某些主题的强调，在受众当中造成了印象，即有关被强调论题的共同文化规范是以某种具体方式构成或确定的。因为个人行为通常是收到与某一论题或考虑相关的文化规范（或行为者印象中的规范）的指导，所以媒介起着间接影响行为的作用。②

文化规范论较好地诠释了电视的教化功能。形式多样的电视节目可以通过传播高雅品位的国学知识赋予大众在审美意识上的情感熏陶，并逐渐影响大众的人文素养与情操。例如"一片冰心在玉壶""王师北定中原日，家祭无忘告乃翁"等古诗名句中所蕴含的修身爱国情结对培养健全高尚的人格大有裨益。

（二）微观电视环境

电视是当代社会中传播消费文化最重要的媒介。电视文化中充盈着商业

---

① ［美］威尔伯·施拉姆，威廉·波特. 传播学概论［M］. 陈亮，周立方，李启译. 北京：新华出版社，1984：261.

② ［美］梅尔文·德弗勒，桑德拉·鲍尔-洛基奇. 大众传播学诸论［M］. 杜力平译. 北京：新华出版社，1990：248.

化、娱乐化、同质化、符号化的消费文化因子。虽然电视日播出量有大规模的攀升，但是节目体量的增加并没有提升电视文化的品质。电视媒体所应承担的人类责任和普世价值受到严峻的挑战，已沦陷于利益至上、娱乐至上、消费至上的道德伦理困境。

1.电视媒体社会责任感的滑坡

电视文化具有大众文化的典型特征。它过度张扬大众日常生活意志，一味迎合大众的消费心理，在文化价值上放弃了应有的人文关怀和精神追求，具有严重的媚俗和趋众倾向。人们已经越来越深刻地感受到：在电视节目中，经典被戏说，历史被恶搞，庄严被戏谑，庸俗被褒扬，文化被置换为一种可供消费的商品。明星真人秀、商业气息浓厚的综艺选秀和情感相亲类节目异常火爆，几乎占据了各大电视台的黄金时段，于是，电视节目在追求娱乐化和商业利益的道路上策马奔腾，但其文化担当却被弃之不顾。"在当今各类电视节目中，到处充斥着言情、暴力、搞笑、游戏等成分，电视文化深度被取消、文化中心被倾覆、文化价值被削平、文化意义被消解。"[1]1947年，美国"新闻自由委员会"在其代表性著作《一个自由与负责的新闻界》中，首次提出媒介的社会责任理论。理论的内容包括："传播内容的肤浅化与庸俗化会导致社会道德的败坏和文化品位的堕落""受众有权要求媒介从事高品位的传播活动，这种干预是正当的"。[2]

电视作为一种发达的大众化媒介，应该有强烈的社会责任感。这意味着电视媒介不仅要满足受众对信息、娱乐等方面的需求，还肩负着传播高雅文化和民族精神，教化民众，弘扬正义，唤醒社会良知的功能。因此，当前的电视荧屏急需一股清流，力挽狂澜电视文化滑向低俗的深渊。电视媒体有责任从文化担当的立场，用高格调的文化产品去陶冶和净化观众的心灵。

---

① 高鑫，贾秀清.经济·文化与现代电视传媒［M］.北京：北京师范大学出版社，2009：163.

② The Commission On Freedom Of The Press. *A Free and responsible Press*［M］. Illinois: The University of Chicago Press, 1947: 139.

事实上,"电视传媒具有较强的精英化渴望并不断地付诸实践"①。这一特点于全世界的电视媒体而言都是相通的,无论是在美国还是在中国。自改革开放之初至今,中国电视荧屏上一直延续着精英化诉求:1983年的纪录片《话说长江》、1996年的文化类节目《读书时间》、1998年的《走近科学》、2001年的《百家讲坛》、2003年的《大家》、2004年的《文化访谈录》等。尤其值得一提的是引领电视讲坛热,且发展之路一波三折的《百家讲坛》。

其节目定位从开创伊始的"文化品位、科学品质、教育品格"到"建构时代常识,享受智慧人生",再到"让专家、学者为百姓服务",可谓三易其旨。同时,节目的讲授风格、语言等也不断得以调整以适应受众的口味,其精英化之路何其艰难,但《百家讲坛》弘扬中华传统文化之初心始终不改。需要警惕的是,如果一档电视栏目一味贴近大众趣味,其后果是危险的,因为这不仅关系到栏目品位,更关乎栏目生命力。因此,尽管在迈向精英化的道路上充满波折,但相信电视的步履会依然故我②。俄国现实主义作家契诃夫曾如此说:"不应当把果戈理降到人民的水平上来,而应当把人民提高到果戈理的水平上去。"③要做到这一点,还需要电视业界和学界做出努力。

2.电视文化泛娱乐化的滋扰

娱乐是当代电视文化的重要表征。电视是娱乐化天然的、最佳的传播工具。电视只有一种不变的声音——娱乐的声音。今天,电视娱乐已成为一个巨大的、不容回避的文化存在④。"电视不仅满足观众的娱乐需求,还制造娱乐需求,引导娱乐需求,并逐步实现娱乐传媒一体化,使世界真正进入一个

---

① 贾冀川.电视传媒的精英化渴望与文化精英的大众化想象——从《百家讲坛》说开去 [J].中国电视,2007(12):51.
② 贾冀川.电视传媒的精英化渴望与文化精英的大众化想象——从《百家讲坛》说开去 [J].中国电视,2007(12):52.
③ 安东·契科夫.对剧作家进一言.中国社会科学院外国文学研究所编.外国现代剧作家论剧作 [M].北京:中国社会科学出版社,1982:33.
④ 李林容.把脉我国电视节目娱乐化"症候" [M].北京:中国广播影视出版社,2017:序言1.

娱乐的时代。"①

　　尤其是进入 21 世纪之后，在我国的电视荧屏上，娱乐节目你方唱罢我登场，先是"超女""快男"的音乐选秀，继之是铺天盖地的相亲交友，之后又是以《爸爸去哪儿》《奔跑，吧兄弟》为代表的明星真人秀，同时还相伴有新一轮的音乐选秀，如《中国好声音》《我是歌手》等。"毫无疑问，娱乐可以缓解现代人紧张的生活节奏和巨大的工作压力，但是中国电视'泛娱乐化'的走势也同样让人忧心忡忡。"②在电视屏幕上，诸种符号能指无限膨胀，充斥整个画面。电视媒介就在浑然不觉中摒弃了理想、摒弃了智慧，让欲望自我指涉，让需求符号化。于是，娱乐成为最好的消化剂或润滑剂，人们乐于沉浸在"生命中不可承受之轻"中③。

　　针对电视文化娱乐化现象愈演愈烈的趋势，人们不禁发问：电视媒体的主要功能究竟是"育人"还是"娱人"？ 2017 年 11 月 3 日，《人民日报》刊发题为《文化产品不能信奉"娱乐至上"警惕文化泛娱乐化侵蚀精神家园》的文章，引发强烈的反响。文中称"文化泛娱乐化带来的最大问题，就是社会价值观念和中华民族共有精神家园受到侵蚀"④。

　　在尼尔·波兹曼看来，泛娱乐化最大的问题"不在于电视为我们展示具有娱乐性的内容，而在于所有的内容都以娱乐的方式表现出来"⑤。于是，精神向度与理性思考让位于娱乐高度与搞笑煽情，文化的深层意义与价值被藏匿与消解。在大众文化领域，美国学者麦克唐纳提出"格雷欣法则"：优秀的艺术同平庸的艺术竞争，严肃的思想同商业化的俗套程式竞争，胜者只能

---

① ［美］米切尔·J. 沃尔夫. 娱乐经济——传媒力量优化生活［M］. 黄光传，郑盛华译. 北京：光明日报出版社，2002：50.

② 赵娅军. 传统文化参与中国电视文化身份建构的路径研究［D］. 山西师范大学博士学位论文，2016：129.

③ 李林容. 把脉我国电视节目娱乐化"症候"［M］. 北京：中国广播影视出版社，2017：133.

④ 曾楠. 文化产品不能信奉"娱乐至上"警惕文化泛娱乐化侵蚀精神家园［N］. 人民日报，2017-11-3：07.

⑤ ［美］尼尔·波兹曼. 娱乐至死［M］. 章艳译. 桂林：广西师范大学出版社，2004：114.

属于一方。在文化流通中似乎也存在着格雷欣法则，会出现"劣币驱逐良币"现象。事实上，"在被大众文化充盈的商业社会中，无论从哪个视角来看，都遵循着某种以次驱好的格雷欣法则……通俗文化的巨大规模被认为必然会淹没高雅文化那孤立而优雅的声音。"① 因为前者更容易被理解和令人愉悦。

泛娱乐化的电视节目大行其道的同时，带来了受众思想的贫乏、道德的矮化、社会价值的偏移，引起了人们对电视文化价值取向的思考。为了满足广大观众多样化的收视需求，国家新闻出版广电总局三令五申，要求电视媒体要引导社会热点，传播主流价值，努力提高节目的思想内涵、格调品位和艺术质量，防止出现过度娱乐化和低俗倾向。

牟钟鉴认为，中华民族文化中蕴含着"生生不息、刚毅诚信、博厚悠远、仁爱通和精神"②，电视媒体应从中华文化的源头——国学中汲取文化滋养，建构高尚的电视文化，实现其对大众文化消费的引导。

3. 原创电视节目稀缺

原创电视节目稀缺可以从两个方面理解：其一，节目形式（模式）的大量引进；其二，电视节目雷同化。这两种现象都与电视文化的大众化属性密切相关。布尔迪厄指出："在消费社会中，消费文化与商业逻辑的共谋不断对各种文化生产的场所进行渗透乃至于控制。"③ 这种共谋在电视文化上的表征是电视文化商业性中凸显的复制性和模式化。

由于我国电视起步比较晚，节目版权意识相对淡薄，因此电视节目的复制一直存在，有的是国内电视台之间互相复制，有的是从国外引进。"1988年中央电视台的《城市之间》与《幸运52》两档节目的播出开启了我国电视引进国外版权的进程。"④ 版权引进像是为国内电视行业注射了一针强心

---

① Wilson. R. N. *Experiencing Creativity* [M]. New Brunswick: Transaction, 1986: 97.
② 牟钟鉴. 走进中国精神 [M]. 北京：华文出版社，1999：自序3.
③ [法] 皮埃尔·布尔迪厄. 关于电视 [M]. 许钧译. 沈阳：辽宁教育出版社，2000：15.
④ 赵娅军. 传统文化参与中国电视文化身份建构的路径研究 [D]. 山西师范大学博士学位论文，2016：47.

剂，既加速了海外电视节目复制的步伐，又引爆了电视的收视狂潮。放眼近几年的中国电视荧屏，几乎所有引进的节目都成为现象级节目，赚得盆满钵满。2009 年湖南卫视引进英国 Fremantle Media 公司 *Take Me Out* 的节目模式，制作的婚恋交友节目《我们约会吧》，2010 年东方卫视引进英国版权的《中国达人秀》，2012 年浙江卫视购买《荷兰好声音》版权制作的《中国好声音》等，都成为同类型节目中的收视品牌。尽管这些节目的版权都是重金引进，但节目的收视率和广告效益却让引进方尝到了甜头，"此后的 2013 年中国电视出现版权引进井喷现象"[①]。2014 年中国电视荧屏格外热闹。据不完全统计，2014 年国内各大卫视播出的节目中，有 30 档为新引进节目，再次刷新了引进海外节目模式的纪录。具体引进节目见下表[②]：

表 1.1　2014 年我国电视引进节目模式一览表

序号	播出平台	节目名称	原产地
1	CCTV-1	喜乐街	德国
2	CCTV-2	升级到家	以色列
3	CCTV-3	幸福账单	荷兰
4		完美星开幕	土耳其
5		中国正在听	以色列
6	CCTV-6	来吧，灰姑娘	罗马尼亚
7		我爱好声音	土耳其
8		爸爸回来了	韩国
9	浙江卫视	奔跑吧，兄弟	韩国
10		健康 007	日本
11		星星的密室	日本
12	江苏卫视	最强大脑	德国

---

① 赵娅军. 传统文化参与中国电视文化身份建构的路径研究［D］. 山西师范大学博士学位论文，2016：48.

② 李冰. 海外节目模式的"引进热"与"冷思考"——2014年电视综艺节目盘点［J］. 中国电视，2015（2）：30-31.

续　表

序号	播出平台	节目名称	原产地
13	东方卫视	小善大爱	英国
14		不朽之名曲	韩国
15		花样爷爷	韩国
16		巅峰拍档	英国
17	北京卫视	追梦者	荷兰
18	天津卫视	喜从天降	韩国
19		百万粉丝	西班牙
20	深圳卫视	你有一封信	意大利
21		一键启动	英国
22		极速前进	美国
23	湖北卫视	如果爱	韩国
24	江西卫视	谁能逗乐喜剧明星	乌克兰
25	旅游卫视	神探医生	泰国
26		完美箱遇	美国
27	贵州卫视	最强大夫	韩国
28	云南卫视	舞动全城	英国
29	黑龙江卫视	全民电影梦	荷兰
30	陕西卫视	家有陌生人	西班牙

　　尽管上面的节目引进汇总还不完整，但已足以反映我国电视业引进成风的现状。之所以出现这种状况，一方面是中国电视业浮躁的经营心态；另一方面则是大众文化症结的凸显。"法兰克福学派在批判资本主义文化工业时，指出大众文化都是按照模式化的原则批量生产出来的，大众文化具有机械复制性。本雅明批判机械复制时代艺术品'韵味'消失，大量复制品失去了原创性艺术品的独一无二性，趋于平面化和无深度。去深度化的文化符号生产，契合着消费主义对文化工业的诉求。而电视文化正具有'文化工业'特点，它制造了大量可以无穷复制的所谓'类像'供人们消费。"①

----

① 高鑫，贾秀清.经济·文化与现代电视传媒［M］.北京：北京师范大学出版社，2009：163.

电视工业制造出的电视节目除了形式相同，还把触角伸至内容领域。独特的内容是打造传媒核心竞争力的优势资源。遗憾的是，内容的同质化正成为困扰我国电视行业发展的一大顽症。电视荧屏经历相亲、跳水、唱歌、跳舞、真人秀等节目的轮番轰炸之后，又相继冷却。从 2013 年起，《汉字英雄》《中国诗词大会》《最爱是中华》《朗读者》等一批原创文化节目的持续走热，是对原创电视节目稀缺的适时补位，也反映了人们对文化类节目的电视消费诉求。

第二节　国学寻求电视媒介传播的现实可行性

国学与电视的天作之合既体现在电视媒介传播国学具有现实可行性，又体现在国学寻求电视媒介传播的现实可行性。对国学寻求电视媒介传播的现实性，本节从国学传播的客观必要性和现实紧迫性予以论述；对国学寻求电视媒介传播的可行性则重点从电视媒介传播国学的特点与优势展开分析。

一、国学传播的必要性

国学的传承与传播是中华民族文化生命力和影响力的重要体现。没有传播的文化是死文化。余英时曾言："学术和文化只有在民间才能永远不失其自由活泼的生机；并且也唯有如此，学术和文化才确能显示其独立自主的精神，而不再是政治的附庸。"①

国学具有传播的天然属性。"人们不能不传播"②，国学亦与传播共生。国学自诞生伊始就以传播为目的，虽然有些国学典籍的创作当时纯属个人陶冶

---

① 余英时.中国思想传统的现代诠释 [M].南京：江苏人民出版社，1989：54.
② [美] E·M·罗杰斯.传播学史：一种传记式的方法 [M].殷晓蓉译.上海：上海译文出版社，2002：104.

性情的行为,但从总体上看,国学是以弘道为目标的。《名贤集》^①中"三千徒众立,七十二贤人"就是孔子弘道的佐证,亦是其传播思想的过程。此外,在如今已获得社会认可的精英文化中,也有相当一部分是源于民间的文化产品。如《诗经》中的民谣俚曲、《水浒传》《三国演义》等,这些曾发源于民众的文化样式^②,之所以以这些形式流传就是为了传播、便于传播。国学本来就是化民成俗,推广到日常生活的传统。郭齐勇教授认为,"国学具有平民化与草根性的特点"^③。

国学的价值实现要求其必须传播。国学是特定历史时期下的产物,它的出现是基于客观现实的需求。从某种意义上来说,今天国学的复兴也是因为当下文化建设需要的结果,被需要才是国学的生命力所在。余英时在《现代儒学的困境》中明确指出:"儒学基本上是要求实践的,无法长期停留在思辨的层次,从个人的心性修养到制度化显然都是归宿到实践。"^④

国学,不是书斋中束之高阁的文字,不是空中楼阁的理论,不是博物馆里冰冷的藏品。国学,其本质是经世致用之学、生命之学。它在上下五千年的漫漫求索中不断发展,不断满足人们的需求。在历史的发展中,人类不断寻求化解自然、社会以及国家、民族种种冲突和危机的方法,即所谓道。人们将对于道的思考和寻求的过程,用口头的或者文字的方式直接或者间接的记载下来,便成为国学的重要组成部分之一。由此可见,国学来源于现实,来源于社会,来源于生活,如果国学脱离了现实,脱离了社会,脱离了生活,它将成为无源之水、无本之木,而"水无源则枯,木无本则忘"。因此,国学传播,必须要"接地气",更要走向现实,为现实服务^⑤。国学在为当下的

---

① 《名贤集》是南宋以来流传于民间的一种通俗读物,无确切作者,主要是辑录关于为人、治家、处世的格言或谚语,既有精华,也有糟粕。

② 曹慎慎.互动与融合:全球化视野下的中国电视与网络媒体[M].北京:中国社会科学出版社,2015:21.

③ 郭齐勇.国学的核心价值与人格养成[J].中国德育,2012(21):34.

④ 余英时.现代儒学回顾与展望[M].北京:生活·读书·新知三联书店,2004:54.

⑤ 张立文.国学的度越与建构[J].理论视野,2007(1):25.

文化建设服务中被人们广泛传播、大力弘扬，是国学繁盛的必由之路。

此外，国学的民族性也要求国学必须得到传播。"任何一种文化，不管多么古老，曾经多么辉煌，如果不向外传播，必定内向塌陷。"[①] 当今世界全球化进程正在加速深化，经济全球化与文化全球化同步推进。国学这个对于中华民族而言最具有民族性的东西，如果不能被广泛传播，发扬传承，就会被其他传播势头强劲的文化所淹没，在文化全球化的浪潮中被吞噬。

二、国学传播的紧迫性

文化的媒介化，是当代世界文化的一个发展趋势。约翰·B. 汤普森认为，"当今之世几乎没有什么社会不被大众传播机构和机制触及，因此几乎没有什么社会不向大众媒介象征形式的流通开放。"[②] 文化的传媒化已经成为时代的必然之选。作为当今承载文化最重要的媒介，电视改变了文化的表现和存在形态以及固有风格，尤其是在当代中国文化向影像文化转变的背景下，中华传统义化正面临着前所未有的危机。虽然说国学从冷寂的状态逐渐回暖，但总体依然式微；虽然仍有不少人研读经史子集、唐诗宋词，但当代通俗文学急剧膨胀的速度却与此形成了鲜明的对照；尽管仍有人热爱古典戏曲，但相对于流行歌曲的巨大市场和消费需求，这几乎是微不足道的。因此，国学依旧是处于"冷库"的边缘。

国学是中华民族的精神富矿，是中华文化之根。那么，对于内容丰富和价值多元的国学，我们该如何对待？国学"到底应成为国民生活中的日用品，还是仅仅被当作一只精美而脆弱的花瓶，在博物馆利用加厚玻璃恒温设备保护珍藏"？[③] 国学在很长一段时间都仅限于大学讲堂与研究者的案头，因过

---

① 石长顺. 电视话语的重构 [M]. 武汉：华中科技大学出版社，2010：23.
② [英] 约翰·B. 汤普森. 意识形态与现代文化 [M]. 高铦，文涓，高戈等译，南京：译林出版社，2005：1.
③ 何爱国. 人文与市场的纠结：第三次国学思潮反思 [J]. 福建论坛·人文社会科学版，2008（6）：66.

于艰涩、过于学术而远离平民生活，远离人伦日常。

　　事实上，如果国学不能为社会文化发展和民族精神传承助力，相反，却需要消耗大量的资源去保护它，只能说明这种文化的生命到了尽头，唯一选择是放在博物馆，作为中华民族文化史上的一个标本而已。对此，国学大家袁行霈也明确指出："国学只有与现实生活密切结合，在人民群众中发挥积极的作用，才能充分实现其价值，并永远保持强大的生命力。"[①] 但是，国学要想走下庙堂、走出书斋并非易事。2017 年 8 月 31 日《南方周末》发表的一篇题目为《让唐诗击中今人的痛点》[②] 的文章有力地反映了这个问题。

　　　　所有的传统，都可以消失得出人意料的快。我的一位同事，70 后的女博士，在教 00 后的儿子时无意说到了"何不食肉糜"的故事，结果儿子毫无反应。她接着追问：

　　　　"这样吃东西对不对呢？"

　　　　儿子觉察到了妈妈的言外之意，犹豫片刻，答道："不对。"

　　　　"哪里不对？"

　　　　"这……吃肉会发胖的。"

　　　　代代相传、讲了一千多年的一个老故事，到最近，就这样突然死去了。

　　　　所以，传统是需要讲述的。而这个讲述，必须针对今人的情境，用了今人的语言，而且最好是要以比较幽默、生动、好玩的方式讲出来，必须讨好听的人，亲近听的人，但又决不能把他们当成学生耳提面命。因为这些人完全可以不买你的账。他们本有更多的屏要刷，凭什么要来关心陈年八辈的旧事？

---

① 袁行霈.国学的当代形态与当代意义［J］.北京大学学报（哲学社会科学版），2008（1）：47.

② 卢敦基.让唐诗击中今人的痛点［N］.南方周末，2017-8-31：C28.

无论人们关心国学的目的是什么，但可以肯定的是，不改变传播形式，还会有更多的国学知识"死去"。

环境与过程的相互刺激影响着国学传播的方式与效果。由于年代久远，传统国学形象在大众心中多是抽象的意象，给人以艰涩冰冷的陌生感。即便对国学感兴趣，国学典籍的识字断句也要颇费周折。在印刷传播时代，文字传播是文化传播中的重要部分，而国学典籍高度凝练，其抽象的文言文又让许多人敬而远之。现代社会，不要说一般民众，即使是受过大学文科教育的，绝大多数也不具备直接阅读国学典籍的能力。正因为这样，才有那么多人痴迷于《百家讲坛》的坛坛"好酒"，"心甘情愿地喝着从别人嘴里吞吐出来的老酒，而无法品尝原汁原味的琼浆玉液；才有那么多人倾心于通俗文史读物，咬着别人咬过的馍舍不得放下，而不能咀嚼先辈笼屉里的香饽饽"①。因此，人们需要电视媒介将专业、精深的国学通俗化，需要电视做好中间的"翻译"与"点化"。国学内容只有经过现代媒介的全新解读，才能拉近与平民百姓的距离。

山东大学教授颜炳罡在接受记者采访时曾说："国学要扎根于民众的心里，必须和现代的传播方式相结合，如果还是在象牙塔里孤芳自赏，认为我们可以像过去那样，在风景秀丽的地方建个书院，四方学子前来听书，那是一厢情愿的事情。"②"国学传播只有融入百姓的日常生活中，成为他们生活方式的基本要素，才能发挥其应有的作用，否则它就永远只是书本上没有生命的死知识，或者硕儒大师们的高头讲章，而和继承弘扬本民族优秀文化传统无关。"③因而，国学的传播需要在汲取国学思想精髓的基础上，充分考虑环境的变化、民众的需求及接受方式。

---

① 陈卫平."国学热"与当代学校传统文化教育的缺失 [J].学术界，2007（6）：108.

② 华商晨报.上电视的学者对传播国学功不可没 [OL].[2012-11-2].http://news.ifeng.com/gundong/detail_2012_11/02/18762628_0.shtml.

③ 马自立.文化的馈赠：关于国学教育和传播的思考 [J].北京科技大学学报（社会科学版），2015（5）：110.

"国学的生命存在于一个民族的文化与生活实践中"。[①] 国学电视传播就是把古老、高冷、学术化的国学通过电视这种大众传播媒介，用创新的、大众喜闻乐见的节目形式，大众化、生活化的语言广泛而深入地传播，使其从学院走进民间，从典籍走进现实生活，重新获得新的生命力，进而实现国学的复兴。

三、电视传播国学的优势

面对新媒体发展突飞猛进的客观现实，媒介丛林的竞争日益激烈，电视媒体也面临前所未有的压力，但是，在传播国学方面，电视媒体有着独特的优势。这种优势既表现在电视媒体拥有传播国学的良好机遇，又体现为电视媒体与其他媒体相比所具有的媒介特点。

（一）视觉文化与印刷文化的分野

在古代，国学一直维持着以口头和文字为主要媒介渠道，在文人之间相互传播。中国在清末民初进入印刷传播时代，"国学虽说在近现代借助了印刷技术逐渐从知识精英小范围内拓展到精英圈之外，但还够不上大众化"[②]。而且，随着传播环境的变化，国学依靠印刷术得以广泛传播的希望越来越渺茫。因为"当代文化正在变成一种视觉文化，而不是一种印刷文化，这是千真万确的事实"[③]。

当代文化学者已经深刻认识到这种趋势并纷纷从理论上去追索这一文化转型的内在脉络。为什么人类的文化越来越依赖于视觉，出现了由印刷文化

---

① 何爱国. 人文与市场的纠结：第三次国学思潮反思［J］. 福建论坛·人文社会科学版，2008（6）：69.

② 卓雅. 印刷、网络、大数据：国学研究与传播的技术三时代［J］. 文化与传播，2015（3）：77.

③ ［美］丹尼尔·贝尔. 资本主义文化矛盾［M］. 赵一凡，蒲隆，任晓晋译. 北京：生活·读书·新知三联书店，1989：156.

向视觉文化的转向？探讨视觉文化转向成因有很多维度，有历史的角度、技术的角度、社会学的角度和哲学（认识论）的角度。从传播学的视域而言，复旦大学孟建教授从环境分析的维度探讨了视觉文化达观的社会动因，他认为，现代传播科技构筑了张扬视觉文化的媒体平台，消费社会构筑了产生视觉文化的温床，符号经济理论则很好地解释了视觉文化产业的崛起[①]。无论视觉文化的成因有多么多元混杂，可以确定的是，视觉文化转向在全球范围内已经是一种不争的事实。"视觉凌越语言文字而成为我们的新宠，人们热衷于看图像而不经意冷落了文字阅读。"[②]对此，法国哲学家让·拉特利尔（Jean Ladriere）曾言："不能低估图像文化，尤其是动态图像文化，由于它们通过图像作用于情感，从而已经并将继续对表述与价值系统施加深远的影响。"[③]

电视文化是人类历史上第一种真正意义上的"全能文化"，它视听兼备、声画纷呈、图文并茂，同步化、全方位地作用于人类视听感官，以直接的视像运动和造型功能来表情达意，最终诉诸人类原始的视觉性思维和直觉体验诉求[④]。可以说，人类文化的视觉化转向主要是靠电视来完成的。在电视营造的文化盛景中，现代生活完全被视觉化。正如居伊·德波所言："在现代生产条件无所不在的社会里，生活本身展现为景观的庞大堆聚。直接存在的一切全都转化为一个表象。"[⑤]

在印刷文化时代，传播的客体都是以书籍、报纸等为载体的文字符号，文字阅读能力不是人与生俱来的，必须通过自身的后天学习而得。尤其是对于国学典籍而言，更需要古文阅读能力，但是，在视听觉感官无恙的状态下，

① 孟建，李亦中，［德］Stefan Friedrich. 冲突·和谐：全球化与亚洲影视［M］.上海：复旦大学出版社，2003：211-215.

② 徐瑞青.电视文化形态论——兼议消费社会的文化逻辑［M］.北京：中国社会科学出版社，2007：63.

③ ［法］让·拉特利尔.科学和技术对文化的挑战［M］.吕乃基等译.北京：商务印书馆，1997：124.

④ 高鑫，贾秀清.经济·文化与现代电视传媒［M］.北京：北京师范大学出版社，2009：162.

⑤ Guy Debord. *The Society of the Spectacle*［M］. New York: Zone Books，1994：1.

人们天生具有看和听的能力，对于电视影像的接受可以说是零门槛。影像的通俗易懂使人们在影像出现的"短短二十年内，就懂得了画面的纵深、隐喻和象征"①。

由于古代中国社会与现代社会具有一定的不可通约性，如果按照中国古典文化所固有的内容以及其所需要的方式传播国学，接受者可能根本就没有兴趣，也完全无法理解②。旧时的国学典籍与现代大众之间横亘着一条难以跨越的鸿沟，逼迫国学必须谋求传播方式的改变。国学的电视传播或许是解决此难题的路径之一。传播学鼻祖施拉姆曾言："如果我们要问，人们到底是根据传播的媒介还是根据传播的讯息来选择传播的途径，那么我们应当回答，他们是两者都考虑的。他们选择最能充分满足需要的途径，而在其他条件完全相同的条件下，他们则选择能够最方便而迅速地满足其需要的途径。"③而通过电视媒介传播国学，对于受众而言，获取途径是比较轻松和便利的。

值得一提的是，国学传播方式被动改变并不是说国学经典是一个封闭的系统，是僵化的铁板一块。事实上，它一直与"当下"有关，并且与现代互为阐释。正如魏因斯海默（Weinsheimer）所说："在解释中，当经典从它的世界对我们说话时，我们意识到我们自己的世界仍然是属于它的世界，而同时它的世界也属于我们。"④国学的丰富意义可以在当代的媒介阐释中更为彰显。也即是说，电视传播国学能够发掘国学不一样的东西，凸显出国学隐而未现的特点。

综上所述，国学的传播应该随着媒介技术的革新而变革。国学的继承与发扬，必须适应视觉文化主宰下人们接受方式的改变，从而在电视媒介平台

---

① ［匈］贝拉·巴拉兹.电影美学［M］.何力译.北京：中国电影出版社，1986：20.

② 何志鹏.新国学：中华文化的时代表达［J］.江西社会科学，2013（4）：236.

③ ［美］威尔伯·施拉姆，威廉·波特.传播学概论［M］.陈亮，周立方，李启译.北京：新华出版社，1984：113.

④ Joel C. Weinsheimer. Gadamer's Hermeneutics: *A Reading of Truth and Method*［M］. New Haven: Yale University Press，1985: 174.

上实现真正的大众传播。

（二）电视媒介与其他媒介传播特点比较

作为一种信息传播媒介，电视的出现是人类文明进程中的一件大事，一经问世，就占据了人们日常生活的中心位置。"电视既是日常生活中的权力与意义的中介，也是施加给日常生活的权力与意义的中介。"[①] 电视传播有三大特点：

第一，电视是大众传媒中传播手段最丰富的一种媒介，集声、像、文字于一身，视听兼备，能够带给观众强烈的真实性和现场感，让观众有"听其声、见其状、观其形"的感受。电视媒介表现手法丰富，制作方式多元，可以同时满足观众视觉与听觉的双重体验。在表现现代生活的节目中，电视可以把模拟现实的优势发挥得淋漓尽致，而在表现向"过去"取材的节目中，又可以通过解说词辅助画面素材进行阐释，还可以采用情景化叙事表达，使一般性的场景和影像记号所表现的内容具有一种可经历的情景意义。

第二，电视作为一种高效的文化传播工具和大众传媒，缩小了空间距离和时间差异，真正实现了信息的即时传播和大众传播。电视作为现代科技特别是电子信息科技发展的产物，决定了其不会停滞不前，甚至成为悲观者眼中不久于人世的旧玩意儿。数字化压缩技术及其智能化、卫星技术、宽带传输技术、多媒体技术等，使电视沿着新的方向不断发展，同时网络技术的迅速发展必将导致融合了网络技术、数字技术与电现技术的网络电视的产生，网络互动电视将进一步加强视听综合、即时传播的优势，改变传统电视点对面的线性传播模式，形成点对面、点对点、面对点等多种传播关系，使受众与媒体之间、受众与受众之间畅通地进行信息的交流与共享[②]。

---

① ［英］罗杰·西尔费斯通.电视与日常生活［M］.陶庆梅译.南京：江苏人民出版社，2004：前言2.

② 高鑫，贾秀清.经济·文化与现代电视传媒［M］.北京：北京师范大学出版社，2009：158-159.

第三，电视作为当今受众范围最广、影响力极强的电子媒介，具有强大的传播力和影响力，这种影响力被有些学者称为"第二个上帝"。并且，电视媒介影响力的发挥具有其独特性。"电视是在不知不觉中，以渗透的方式来影响观众的，而恰恰是这种方式的影响力更大、更持久。"①

此外，电视是目前所有媒介中拥有资源最多的媒体，这些资源是其他媒介无法比肩的优势。

其一，电视媒体产品的品质保证。中国电视已经有几十年的发展历史，在策划、制作、播出及广告营销模式等运作方面摸索出一套完整、成熟的体系。特别是其在内容生产上的高端制作使得电视节目具有较高品质。

其二，电视媒体拥有权威的传播平台。在中国，电视是最具公共性、权威性的媒介。电视所传播的信息具有专业性和权威性。电视在受众中拥有较高的公信力和美誉度。相比之下，网络等新兴媒体的自由度和个性化色彩较浓，传播内容的准确度和可信度却不足②。

其三，电视媒体拥有独特的人才优势。这种人才优势包括节目制作团队、营销团队、主持人以及嘉宾。打造面向市场的国学节目需要专业的制作团队和营销团队，电视产业中的人才储备丰富。电视节目主持人是电视媒体相较于其他媒体的人才优势。优秀的节目需要优秀的主持人，主持人既有串场衔接节目的功能，又带有表演艺术性，能够无形中缩短与观众的距离感。以国学电视节目《中国诗词大会》的主持人董卿为例，她可以说是该节目的灵魂性人物，她的主持落落大方，始终保持的笑容和动情时的泪光，具有极强的代入感，同时她对诗词的积累甚至不亚于那些选手，她和嘉宾一起讨论诗句，朗读起来更是抑扬顿挫，声情并茂。借助知名主持人董卿的名气，可以说在一定程度上推动了诗词大会的传播广度，甚至有观众专门为了欣赏董卿的主持风采而收看《中国诗词大会》。同时，郦波、蒙曼这一类经常做客文化节

---

① 邢虹文.电视、受众与认同——基于上海电视媒介的实证研究［M］.上海：上海交通大学出版社，2013：7.

② 杨洪涛.当代电视的冷与热［M］.北京：中国广播电视出版社，2012：25.

目的嘉宾风趣而又专业性的点评，也有力地促进了电视对国学的传播。

但是，电视的劣势也是十分明显的。其一，电视的传播方式是顺序单向的，选择性差，受众只能无条件接受电视传播的信息和内容，无法自由选择；其二，电视的图像和声音都是稍纵即逝的，无法保留；其三，电视缺乏互动，也不能做到及时反馈，在满足受众需求方面略显滞后①。同时，在"屏幕泛在化""形式社交化"与"内容推送化"的媒介环境下，电视传媒竞争进入"三国时代"，传统电视媒体、互联网公司、其他新媒体公司（App，应用程序Application 的缩写，一般指手机软件）等瓜分电视利益链②，电视媒介的市场份额正在面临着被蚕食的严峻现实。为了对电视传播国学的能力和前景做出更为客观的估量，还需要把电视媒介与其他媒介的传播特点进行比较。

1. 与印刷媒介传播特点比较

印刷媒介主要是以书籍、报纸、期刊以及其他印刷品形态存在。概括而言，印刷媒介的传播特点主要有三个：第一，印刷媒介主要以文字和图片形式进行传播；第二，印刷媒介是对信息无差异化的单向传播；第三，印刷媒介是依靠人的阅读能力的窄面传播。

在印刷术发明之后，国学主要是以印刷文化的形式存在。但是如本章前文所述，"如今，我们这个时代最重要的特征之一就是我们的文化越来越依赖于视觉，潮水般的视觉符号构成了我们的生活空间，视觉传播日益成为人类传播中占主导地位的传播方式"③。因此，印刷媒介在当下的媒介环境中难以担当国学传播的重任。

---

① 曹慎慎. 互动与融合：全球化视野下的中国电视与网络媒体［M］. 北京：中国社会科学出版社，2015：45.
② 荣金花，柳杰. 新媒体浪潮下电视传媒的发展趋势研究［A］. 张子扬. 媒体融合 创新发展［M］. 南京：江苏人民出版社，2016：387.
③ 孟建，［德］费里德里希图像时代：视觉文化传播的理论诠释［M］. 上海：复旦大学出版社 2005：65.

2. 与广播媒介传播特点比较

"广播作为一个被定义的媒介，其内核是清晰稳定的：声音属性作为最基本的特征始终不变。"① 因此，麦克卢汉认为广播是人的听觉能力的延伸。广播媒介的声音属性也决定了它的传播特点：第一，广播媒介是"只闻其声，不见其人"的非视觉化传播；第二，广播媒介是一种"顺序收听、过耳不留、转瞬即逝"② 的单向度传播；第三，广播媒介是以移动性和便携性为主的"陪伴性"传播。

由于传播手段的单一化和传播过程的单向化，广播媒介在媒介资源充裕的环境中一度处于逐渐被边缘化的境地。但是，"当广播逐渐开拓凭借收音机接受广播之外的传统市场后，当广播开始关注新的受众、新的传播技术、新的媒体环境后，所谓的'后广播时代'也就到来了"③。这意味着传统广播媒介在传播内容、传播技术和接受方式等方面的全方位变革。移动互联时代的广播摇身一变为"用户'自传播'、群体'自连接'、内容'自生产'的音频媒介"④。以"喜马拉雅FM"为代表的移动网络广播雨后春笋般相继问世，尤其受到中青年听众的拥戴，市场前景无限。

比较难得的是，尽管新闻、音乐和交通状况是广播媒介传播的主要内容，但是广播媒介中一直都有国学知识的传播。同时，无论是在传统广播时代，还是在移动互联广播时代，广播媒介都有固定的听众群：驾车人士。赛立信⑤2016年发布的调查报告显示，车载听众的规模日益扩大，而且车载收听市场的受众群已经贴上"三高"的标签：良好的职业背景、高收入和强消

---

① 姚争.新兴媒体竞合下的中国广播［M］.北京：中国广播影视出版社，2014：3.
② 陆明明.场景：移动互联时代广播的新要素［A］.中央人民广播电台记者中心编.变革中的广播［M］.北京：中国广播影视出版社，2016：25.
③ 姚争.新兴媒体竞合下的中国广播［M］.北京：中国广播影视出版社，2014：16.
④ 陆明明.场景：移动互联时代广播的新要素［A］.中央人民广播电台记者中心编.变革中的广播［M］.北京：中国广播影视出版社，2016：25.
⑤ 赛立信媒介研究公司隶属于赛立信（SMR），是国内唯一一家专门从事广播收听率调查的专业机构，是中国国内规模最大的专业广播收听率数据服务商。

费力，车载听众已经成为广播听众中相当重要的组成部分①。随着中国汽车保有量的逐年增长，广播听众人群还会扩大。由此可见，利用广播媒介传播国学是路径之一。

3. 与新媒体传播特点比较

新媒体是相对于印刷媒介、广播媒介和电视媒介而言的。根据加拿大传播学家罗伯特·洛根的理解，新媒介是个人使用的互动式数字媒介。新媒介之"新"在于"它们是数字媒介，纵横相连，它们介入的信息很容易处理、储存、转换、检索、超级链接，最鲜明的特征是容易搜索与获取"②。新媒体的出现对传统媒体造成了恐慌。新媒体的传播特点主要集中在以下几个方面：

第一，新媒体传播的高渗透性。新媒体中的信息传播速度更快，影响范围更广。与传统媒体依托中心化机构进行传播的方式不同，新媒体传播大多依托于社会化网络，一旦话题性强的内容被生产出来，就会在整个网络上借助社交网络实现指数型扩散。

第二，新媒体传播交互的即时性。得益于信息传播技术的升级变革，新媒体的网络化和移动性使其能够超越时间和空间的限制，只要人们愿意，就可以随时随地自由地沟通。

第三，新媒体传播的去中心化。传统媒体的信息传播过程也是一层层"把关"的过程，媒体可以通过设置"议程"和"框架"决定受众看什么、怎么看。而依托网络存在的新媒体消解了这种权威性，话语权的回归使得人人都可以充当传播者。

第四，新媒体内容生产的个性化。新媒体中内容生产不需要像传统媒体那样在复杂的组织体系里协作，因此内容生产更加丰富、效率更高。而且新

---

① 梁毓琳. 车载收听是广播电台的主战场［OL］.［2016-9-22］. http://www.bpes.com.cn/zh-CN/displaynews.php?id=4200.

② ［加］罗伯特·洛根. 理解新媒介——延伸麦克卢汉［M］.何道宽译. 上海：复旦大学出版社，2012: 绪论6.

媒体的内容融合了创作者个人的性格特点、知识背景和语言特色，大都极具个性化色彩。

但是新媒体的突出优点在某种程度上又成为其软肋。一方面，以开放、自由、去中心化为标签的新媒体，由于信息把关环节的弱化，对传播内容缺乏有效的监管和控制；另一方面，新媒体内容生产的门槛低，再加上创作者受各种利益的驱使，致使新媒体中虽有海量信息却良莠不齐。

综上所述，在视觉传播为主的时代，电视媒介降低了学习国学的门坎，为国学找到了一个和现代人对接的平台，具有强大的国学传播能力。但是，电视媒介传播国学也有一些弊端。因为电视的观众要求看到的是轻松愉悦的节目，所以电视的制作是拒绝深度的，"直接的感官愉悦将原本应是沉静的思考打扮得花花绿绿"①，这样会导致国学传播中出现一系列问题。从对历时出现的各种媒介传播特点的比较来看，每一种媒介各有所长。因此，各种媒介综合发力对国学的传播大有裨益。就目前而言，尽管各类媒介中都有国学内容的传播，但电视媒介的国学传播创造了一个又一个媒介事件，成功地在社会上掀起了汉字热、诗词热，而其他媒介的国学传播还没有特别显性的效果。可见，国学电视传播是能为可为的，也是值得期待的。

本章小结

国学电视传播实现了国学在大众传媒时代的创新性表达。国学电视节目为电视和国学的互嵌寻到了一条崭新路径，这条路打通了国学与普罗大众之间信息传受的隔阂，解决了两个方面的问题：第一，在电视节目同质化越发严重的背景下充裕了电视节目可供选择的题材资源；第二，为国学开拓了一个通向大众的新渠道。

本章通过对电视媒介传播国学的现实可行性和国学寻求电视媒介传播的

① 魏鹏举. 知识娱乐化：电视传媒对于历史与知识的改造［J］. 文艺理论与批评，2002（5）：123.

现实可行性的双重分析，得出在当前的媒介生态中，国学与电视的联姻是
"互搭扶梯"。以国学为体，以电视为酶，二者相互借力、互为支撑，在促
进国学复兴的同时提升中国文化软实力。具体到传播方式上，电视媒体有必
要与学术界、文化界专家学者通力协作，不断章取义，不割裂结构，在保证
国学的纯正性前提下，追求电视表达的深入浅出和雅俗共赏，规范而不生硬，
活泼而不流俗，实现国学电视节目之文化性与观赏性的最佳契合①。必须说明
的是，即使最能被受众接受的国学电视栏目也存在"文化折扣"的问题，这
些问题将在后面的论述中重点探讨②。

---

① 何学森. 浅析电视媒体传播传统文化的贴切性［J］. 电视研究，2013（1）：20.
② 在第五章第一节具体讨论国学电视传播中的"文化折扣"现象。

第二章　国学电视传播的发展历程与传播策略

国学电视栏目是电视媒介基于对国学消费性生产的大众化表达。当大批学者还在为国学的概念争论不休时，国学已经搭乘电视媒介这趟高速列车悄然走红。电视荧屏上出现的一批叫好又叫座的国学电视栏目在让人困惑的同时，也引起各方关注。一部分人哀声长叹：国学从学院走向市井，此乃国学的悲哀；一部分人大声疾呼：弘扬国学的春天终于来临！无论分歧的沟壑多么深广，有一点确为双方的共识：媒介化时代的到来，为国学传播带来了前所未有的便捷。

第一节　国学电视传播发展轨迹

研究国学电视传播，必须要对其历史与现状有全貌的把握。国学都以什么样的形式在电视媒介上传播，国学电视传播经历了怎样的发展历程，目前电视媒介中主要的国学电视节目形态有哪些？本节从历时性和共时性交汇的视角，通过对现时存在的国学电视栏目予以全方位观照，对这些问题一一剖析。

一、国学电视传播的四个发展阶段

对国学电视节目的研究，既要对电视节目发展做历时性考量，又要从宏观的视野观照国学热的浪潮。

回溯中国电视节目的发展历程，可以用"从无到有，从有到多"来描述。

虽然中国的电视业从 20 世纪 50 年代起步，但直到 20 世纪 80 年代，中国电视节目才逐渐萌芽并迅速发展起来，这得益于国内政治环境的改善。也是从这时开始，文化类电视节目蹒跚起步，比如 1980 年 7 月中央电视台开办的《观察与思考》，1983 年 8 月在中央电视台首播的大型纪录片《话说长江》等。90 年代之后，作为"春天的故事"之组曲，电视业方才开始大规模地走上市场化的道路①。之后，随着改革开放的逐步深化，中国经济、社会发生着急剧转变。面对转变带来的心理失衡与文化失序，文化界试图从国学中寻找精神给养。进入 21 世纪，国学热有增无减，国学电视节目以"犹抱琵琶半遮面"的姿态登陆中国电视荧屏。最早的、开宗明义以传播国学为主题的国学电视节目是《开心学国学》。为了尽量观照国学电视栏目的全貌，本书对省级及以上电视台的国学电视栏目做了梳理统计。

表 2.1　省级及以上电视台主要国学电视栏目简表

序号	开播时间	电视台	节目名称	类型	备注
1	2001 年 7 月	中央电视台 CCTV-10	百家讲坛	文化讲坛类	
2	2004 年 7 月	中央电视台 CCTV-10	中国史话	大型历史题材系列片	共 38 集，每集 47 分钟，于 2004 年 7 月 19 日—8 月 21 日播出，每日分三个时段，每段连播两集
3	2006 年 7 月	中央数字电视书画频道	诗词赏析	文化教学类	
4	2009 年 1 月	中央电视台 CCTV-4	汉字五千年	大型人文纪录片	该片是孔子学院总部国庆 60 周年献礼作品，共 8 集，于 2009 年 1 月 28 日至 31 日在 CCTV-4 播出
5	2009 年 7 月	中央电视台 CCTV-2	开心学国学	国学益智节目	央视 2 频道《开心辞典》栏目推出"开心学国学"

---

① 凌燕. 可见与不可见——90年代以来中国电视文化研究［M］. 北京：中国传媒大学出版社，2006：6.

续 表

序号	开播时间	电视台	节目名称	类型	备注
6	2011 年 1 月	中央电视台新科动漫频道	文化中国	文化系列电视短片	
7	2011 年 10 月	中央电视台 CCTV-11	王国维	大型文化纪录片	共 15 集
8	2012 年 1 月	中央电视台 CCTV-3	文化大百科	文化类电视栏目	
9	2013 年 1 月	中央电视台 CCTV-9	中国通史	人文历史纪录片	共 15 集,再现自中华文明起源到 1911 年时期的浩瀚历史图景
10	2013 年 8 月	中央电视台 CCTV-10	中国汉字听写大会	原创文化类节目	季播,2013 年 8 月第一季开播。第二届《中国汉字听写大会》于 2014 年 7 月 13 日每周日晚黄金时段,在 CCTV-1 套综合频道首播。第三季于 2015 年 7 月 17 日播出,前十场均是科教频道首播,后三场在综合频道首播
11	2014 年 5 月	中央电视台 CCTV-2	屈 原	人物纪录片	共 6 集
12	2014 年 4 月	中央电视台 CCTV-10	中国成语大会	文化类原创电视节目	季播,2014 年 4 月第一季开播,2015 年 11 月第二季开播
13	2014 年 10 月	中央电视台 CCTV-9	诗词中国	人文历史纪录片	共 8 集,以诗词为脉络
14	2016 年 2 月	中央电视台 CCTV-10	中国诗词大会	文化益智节目	季播,2016 年 2 月第一季开播。第二季于 2017 年 1 月 29 日至 2017 年 2 月 7 日期间连续在央视综合频道首播
15	2016 年 3 月	中央电视台	家 风	电视纪录片	分上、下两集,上集《蕴育》,下集《传承》

续 表

序号	开播时间	电视台	节目名称	类型	备注
16	2017 年 12 月	中央电视台 CCTV-3	国家宝藏	文博探索节目	节目将纪录片和综艺两种创作手法融合应用，以文化的内核、综艺的外壳、纪录的气质，创造一种全新的表达
17	2018 年 1 月	中央电视台 CCTV-9	如果国宝会说话	纪录片	季播节目，展示 100 件文物，共 100 集，分四季播出，每季 25 集
18	2018 年 2 月	中央电视台 CCTV-1	经典咏流传	大型诗词文化音乐节目	共三期，分别于 2018 年 2 月 16 日、17 日、18 日晚 20:00 播出
19	2017 年 1 月	中国教育电视台	首届国学春晚	文艺国学节目	
20	2015 年	中国网络电视台	中国唱诗班	国学系列动画	上海嘉定 800 年重点项目之一，2015 年第一集《元日》
21	2005 年 9 月	北京电视台科教频道	名师讲坛	讲坛类	
22	2007 年 1 月	北京卫视	中华文明大讲堂	讲坛类	是在原北京电视台科教频道《名师讲坛》的基础上改造而成的。
23	2013 年 2 月	北京卫视	国学开讲	国学知识讲堂	
24	2003 年 1 月	陕西电视台	开坛	大型人文谈话节目	该节目以"传统话语当下化，人文话语传媒化，精英话语平民化，正面表述对抗化"为宗旨
25	2004 年 4 月	陕西电视台	中华大祭祖	祭祀活动	直播，从 2004 年开始
26	2015 年 3 月	陕西卫视	唐诗风云会	文化益智类	季 播
27	2016 年 6 月	陕西卫视	超级简单	儿童国学益智类节目	
28	2014 年 8 月	浙江卫视	中华好故事	人文综艺类	季播，2014 年 8 月第一季开播。2015 年 2 月 4 日第二季播出，2015 年 8 月 11 日第三季播出，2016 年 9 月 13 日第四季播出，2017 年 10 月 21 日第五季播出

序号	开播时间	电视台	节目名称	类型	备注
29	2015 年 1 月	浙江卫视	原来是这样	人文类历史讲解节目	
30	2017 年 7 月	浙江卫视	汉字风云会	汉字文化节目	
31	2017 年 8 月	浙江卫视	向上吧诗词	文化传承竞技类	
32	2012 年 1 月	河南卫视	知根知底	姓氏文化脱口秀	
33	2013 年 7 月	河南卫视	汉字英雄	文化综艺节目	季播，2013 年 7 月第一季开播。汉字英雄第二季于 2014 年 1 月 17 日播出
34	2013 年 11 月	河南卫视	成语英雄	文化类真人秀节目	季播，2013 年 11 月第一季开播。第二季于 2014 年 3 月播出
35	2002 年 7 月	上海电视台	东方大讲坛	电视讲座节目	
36	2017 年 4 月	东方卫视	诗书中华	大型文化益智类节目	
37	2004 年 5 月	河北电视台	燕赵大讲堂	讲坛类	
38	2013 年 10 月	河北卫视	中华好诗词	原创诗词文化节目	季播，2013 年 10 月 19 日第一季开播。第二季于 2014 年 3 月 28 日首播，第三季于 2014 年 11 月 28 日首播，诗词王中王于 2015 年 5 月 23 日首播，第四季于 2015 年 11 月 7 日首播，恰同学少年于 2016 年 7 月 2 日首播，第五季于 2017 年 8 月 5 日首播
39	2007 年 9 月	山东电视台	新杏坛	讲坛类	
40	2017 年 8 月	山东卫视	国学小名士	国学益智竞赛节目	
41	2015 年 10 月	安徽卫视	中华百家姓	大型姓氏文化寻根综艺节目	季播

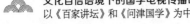
续　表

序号	开播时间	电视台	节目名称	类型	备注
42	2017 年 7 月	安徽卫视	少年国学派	国学文化竞技类	
43	2014 年 1 月	黑龙江卫视	最爱中国字	历史文化知识益智竞技节目	季播，2014 年 1 月第一季开播
44	2014 年	黑龙江电视台	挑战小学生之最强国学少年	国学益智竞赛节目	
45	2008 年	湖北电视台教育频道	荆楚讲堂	讲坛类	
46	2017 年 7 月	湖北电视台影视频道	最美国学	国学知识宣导节目	由国学经典原文诵读和现代白话文释义两部分组成
47	2011 年 1 月	湖南卫视	非常靠谱	姓氏文化脱口秀	
48	2017 年 6 月	湖南电视台金鹰卡通频道	龙的传人	国学益智竞赛节目	
49	2015 年 12 月	四川卫视	诗歌之王	原创诗歌文化类节目	季播，第二季于 2017 年 9 月 9 日开播
50	2015 年 8 月	宁夏卫视	说宋朝	历史人文类	
51	2014 年 4 月	贵州卫视	最爱是中华	国学益智竞赛节目	季播，2014 年 4 月第一季开播，第二季于 2015 年 1 月 25 日播出，第三季于 2016 年 1 月 1 日播出
52	2014 年 7 月	甘肃卫视	大国文化	文化脱口秀	季播，第二季于 2015 年 3 月 1 日播出
53	2014 年 7 月	江西卫视	挑战文化名人	国学知识竞答类	季播，2014 年 7 月第一季开播
54	2017 年 9 月	广西电视台	国学好少年	大型国学教育励志真人秀节目	
55	2011 年 3 月	旅游卫视	国学堂	新国学脱口秀	涉及内容囊括字、画、医、药、乐、棋、道、经、史等范畴

（备注：本表格是对中国大陆地区省级及以上电视台曾经播出的国学电视节目的历时性统计，节目类型大多为栏目官方介绍。）

根据对既有国学电视栏目的梳理归纳，本书认为可以把国学电视传播的发展大致分为四个阶段：

（一）国学电视栏目的荒芜期（从中国电视事业诞生至 20 世纪 90 年代）

1958 年 5 月 1 日，中国第一座电视台——北京电视台（中央电视台的前身）开始试验播出。这一天，标志着中国电视事业的诞生[①]。即将试播前期，当时的主管部门（广播事业局）就对北京电视台的性质和任务做出规定：电视台应当根据自己工作的特点，担负起宣传政治、传播知识和充实群众文化生活的任务。按照既定的任务部署，北京电视台从建台之初就对知识性、教育性节目十分重视。1961 年，北京电视台正式开办《文化生活》专栏，每月播出两三次，其中较受欢迎的内容就有国学主题的《介绍我国古代十大画家》。之后该专栏还办了系列节目，其中也有涉及国学的《书法讲座》[②]。"文革"中，由于"四人帮"的干扰和破坏，北京电视台被迫中断《文化生活》等社教栏目的制作播出。此时期涉及国学主题的电视教育内容，被用于为"突出无产阶级政治"服务，如《儒法斗争》、评《水浒》等专题中，充斥着"四人帮"的大量反动、错误的观点[③]。

（二）国学电视栏目的萌芽期（20 世纪最后一个十年）

20 世纪 90 年代，一些学者提出研究和发掘传统文化的思想意蕴，从传统文化资源中寻找精神支柱，构建新时期中华民族的道德信仰体系，国学悄然兴起。[④] 国学文化热潮为国学知识的普及营造了良好的氛围。同时，1996 年，随着中央电视台一档以电视读书为主要形式的节目《读书时间》的开播，全国掀起了一场兴办电视文化节目的热潮。[⑤] 国学成为电视文化节目的重要

---

① 刘习良. 中国电视史［M］. 北京：中国广播电视出版社，2007：16.
② 刘习良. 中国电视史［M］. 北京：中国广播电视出版社，2007：41.
③ 刘习良. 中国电视史［M］. 北京：中国广播电视出版社，2007：101，103.
④ 郭军. 近代国学教育之困——国粹派教育思想研究［D］华东师范大学博士学位论文，2010：1.
⑤ 张建，夏光富. 电视节目解析［M］. 重庆：重庆大学出版社，2015：103.

内容资源。这些因素共同催生了零星以传播国学为主题的电视节目。但这些节目制作简易，形式比较单一，主要是运用电视艺术的表现手段，将国学文本搬上电视屏幕，如1998年中央电视台CCTV-3的《电视诗歌散文》（该节目已于2010年9月停播）。这一时期国学电视节目最大的亮点就是产出了一些有历史文献价值的纪录片，如《孙子兵法》《中华泰山》等。其中1998年由山东电视台摄制的《中华泰山》获得中国广播电视新闻奖社教类一等奖①。

（三）国学电视栏目的浅滩试水期（21世纪第一个十年）

以历史的眼光观照我国国学电视节目，虽说起步不算太晚，但真正妇孺皆知、具有品牌效应的节目是进入新世纪后才出现的。尤其需要一提的是中央电视台科教频道CCTV-10于2001年7月开办的《百家讲坛》。2004年之后该节目引起收视轰动，造就了阎崇年、易中天、王立群、于丹等一批"学术超男超女"，有力地助推了国学热。随后，一批以《百家讲坛》为旗帜的国学讲坛类节目相继出现。这类节目一改往日电视文化节目"电视课堂"的宣教形式，转身为与电视文化合谋的表演性电视讲堂。我们或可以说，讲坛类电视栏目从无到有，从寡到众，从黯淡走向辉煌，从中不仅可以折射出电视理念、媒介环境乃至社会文化的嬗变轨迹，还可以透视出传统文化如何通过电视媒体的改造走向普通大众的现实路径。②之所以称21世纪的第一个十年是浅滩试水期，主要是这一阶段的国学电视节目主要是电视讲坛类，节目形式比较单一，且2010年前后，《百家讲坛》收视风光不再，进入发展的瓶颈期，其他省市电视台的讲坛类节目也全面萎缩。

（四）国学电视栏目的蓬勃发展期（21世纪第二个十年）

这一时期国学电视节目的发展既有赖于中国经济腾飞后，人们"文化寻根"诉求下中华传统文化的复兴，又得益于国家政策层面对电视节目的宏观

---

① 刘习良.中国电视史［M］.北京：中国广播电视出版社，2007：336.
② 王玉玮.民族主义话语与中国电视文化［M］.北京：中国社会科学出版社，2011：77.

调控。尤其是"限娱令"的出台为电视文化节目争取了难得的发展空间，国学电视节目步入了发展的快车道。特别是 2013 年，可以称得上是国学电视节目霸屏的一年：河南卫视《汉字英雄》、中央电视台《中国汉字听写大会》和《成语英雄》几档国学电视节目先后开播，打造了当年电视节目收视红海。此后，国学电视节目全面开花，2014 年贵州卫视《最爱是中华》、江西卫视《挑战文化名人》、黑龙江卫视《最爱中国字》、2015 年陕西卫视《唐诗风云会》、安徽卫视《中华百家姓》、2016 年陕西卫视《超级简单》、2017 年山东卫视《国学小名士》、东方卫视《诗书中华》等国学电视节目相继开播。

尤其值得一提的是，2014 年 1 月，中央电视台国学频道正式成立。国学频道是国家新闻出版广电总局批准成立的面向全国播出的数字电视频道，是国内目前唯一一家以国学经典、传统文化等为传播内容的专业电视频道。频道开办有《中华弟子规》《名家会客厅》等国学栏目。这标志着国学电视传播进入蓬勃发展期。

从节目中涉及国学内容，到节目名称中冠以"国学"二字，国学电视传播的嬗变历程呈现如下特点：

一是国学电视节目的发展与社会文化思潮的涌流密不可分。改革开放以前，"政治"和"国家"的基元被过度前置，而个体（单位）的存在以及与之相应的社会特征，则被忽略、压抑和剥夺[①]。进入 20 世纪 90 年代，人们的思想进入多元开放范式，经济进入全民经商模式，文化出现世俗骚动和个体化倾向……每个人、每种思想、每种活法都在这历史瞬间转换的舞台上，匆匆往来尔后又迅速替换消逝[②]。面对这些世纪之交时汹涌泛滥的价值更迭与道德失范现象，国学意识形态的安全性和社会主义主流价值观的维护工作，也遭遇到了远比经济侵蚀更为严重的威胁。此时，抗击商业利己主义侵蚀和外来文化入侵，重树社会伦理秩序与民族共识的基石已成为各方共识。在这种

---

① 杨状振. 重组话语：新媒体时代的中国电视批评［M］. 上海：上海交通大学出版社，2012：8.
② 王岳川. 中国镜像：90 年代文化研究［M］. 北京：中央编译出版社，2001：5.

背景下，被长期忽视和批判的传统文化，以前所未有的正面形象出现在公众的视野中，"国学热"逐渐红遍大江南北①。从国学电视节目的发展轨迹来看，可以说，这类节目并非"忽如一夜春风来"，而是对社会文化思潮泛起国学热的媒介反映。

二是国学电视节目与文化类电视节目的发展互为反哺。国学电视节目与文化节目的相互反哺主要表现在两个方面：一方面，"电视文化节目正在成为当下国学复兴热潮的坚实土壤和现实舞台"②；另一方面，国学电视节目的创新发展丰富充实了电视文化节目的创作机制。电视文化节目除了在传播内容上比国学电视节目更为广泛之外，二者共同点颇多：第一，具有浓厚的教化性质。与长期居于收视排行榜前列的娱乐节目不同，电视文化节目肩负着传承文明、传播知识、教化大众的重任，具有明显的知识普及和文化育人的功用。国学电视节目带有强烈的继承传播国学、弘扬中华民族精神的目的性。第二，具有寓教于乐的形式感。"电视文化节目并不是严格意义上的正统的学术研讨平台，归根结底是一档电视节目，追求经济效益与收视率也是其生存发展的重要基础。"③国学电视节目为了吸引受众注意力，也在节目中融入了娱乐性、竞技性元素。第三，节目生产制作的平民化。电视文化节目和国学电视节目在实践中以市场需求为导向，贯彻受众本位的制作理念。在内容的选择上，选择范围更逐步扩大，扩大受众心智上已有知识储备的最大公约数。在形式的表达上，参与、体验、互动这些原本仅在娱乐化大众化节目中的技巧，都被二者成功运用。

三是国学电视节目的发展与电视技术的革新息息相关。国学电视节目形式的多样化得益于电视节目制作技术的革新。同早期的国学节目《开心学国学》相比，《中国诗词大会》的制作手段先进、呈现效果精良。节目在舞美

---

① 杨状振. 重组话语：新媒体时代的中国电视批评［M］. 上海：上海交通大学出版社，2012：10-12.
② 刘晓欣. 电视文化节目综述［J］. 中国广播电视学刊，2015（12）：55.
③ 刘晓欣. 电视文化节目综述［J］. 中国广播电视学刊，2015（12）：55.

视觉包装上做了不少文章，运用舞美、动画、音乐等视听技术手段，对演播室进行 360° 意境营造，让诗词在演播室中具象地灵动起来"①。事实上，电视技术的进步是电视节目形态变化的基础和支撑。从黑白到彩色、从录播到直播、从卫星传输信号到 VR 的演进，这些无不影响着电视节目的表达方式。因此，国学电视节目的发展深受电视节目制作水平和技术的影响。

二、国学电视传播的三种主要形态

北京师范大学张智华教授通过对中央电视台文化节目的考察，把文化节目大致分为五种：访谈式、纪录片式（专题式）、新闻式、电视艺术片式以及组合式②。就目前电视荧屏上播出的国学节目形式而言，国学电视节目大致可分为四类：讲坛类、竞赛类、访谈类以及纪录片类。

需要说明的是，尽管国学题材的纪录片不乏像河南漯河电视台制作的《打开中华汉字的大门》、宁夏电视台与山西电视台联合制作的《唐之韵》等优秀作品，但鉴于纪录片是与电影相伴而生的艺术样式，因此，这里着重对前三类进行分析。

（一）大学课堂的延伸——国学电视讲坛节目

国学电视讲坛就是一种"电视＋国学"的形态，即电视媒体介入国学知识领域的节目形态。它既具有电视的传播特性，同时蕴含有讲堂的文化内涵。追根溯源，讲座本是中国说书传统中源远流长的一支。有学者把这种电视讲坛现象称为"新说书运动"，它就像是一种传统说书借助新媒体的复兴。从成型的电视节目来看，"文化讲坛"类电视节目的雏形可以追溯到 1999 年，湖南经济电视台凭借湖南丰厚的人文地理条件推出了别具特色的余秋雨《走向 21 世纪的中国文化》的电视演讲，从而开"文化讲坛"类电视节目之先

---

① 张利英.《中国诗词大会》：激活中华文明的生命力［J］.中国广播电视学刊，2016（9）：114.
② 张智华.文化类电视栏目评析［J］.中国电视，2007（5）：18.

河。①《百家讲坛》的走红树立了讲坛类电视节目的标杆，引领各地方电视台纷纷开办讲坛节目。

从形式上讲，尽管电视讲坛与学术课堂有相似之处，但因传播媒介不同，两者各有千秋。首先，在传播手段上，国学电视讲坛与学术课堂不同的是对电视声音符号的综合运用。电视的声音符号分为同期声音响、电视解说和影视配乐三大类。②电视讲坛的传播语言更为丰富，但是在传受双方的互动性上，电视讲坛相比学术课堂要略逊一筹。学术课堂上，传播者与受传者之间可以面对面交流，双向性强，互动便捷，反馈及时，传播者能够根据受传者的面部表情、肢体动作等实时调整传播的语气、方法、策略等，而电视讲坛归属于大众传播，与受传者之间有电视一屏之隔，不能及时接收到受传者对传播过程的反馈，因此，传受双方的互动缺乏即时性和直接性。再者，电视讲坛与学术课堂的受众接受心理有着本质上的差异。诚然，受众有轻松愉悦接收信息的天然倾向，但是在学术课堂上，尽管传播者无法或者在一定程度上较少能把高深艰涩的知识以快乐的方式表达，受众出于"从众效应"几乎很少能中断传播过程，但是，电视讲坛如果不能很好把握受众的特点、兴趣爱好等因素，受众会毫不犹豫地以换台的方式单方面终止传播。

鉴于以上分析，国学电视讲坛节目的突出特点就是依靠主讲人的讲述为主，是典型的电视口播类节目。这个类型的节目以《百家讲坛》（CCTV-10，2001年）、《东方大讲坛》（上海电视台，2002年）、《燕赵大讲堂》（河北卫视，2004年）、《新杏坛》（山东卫视，2007年）等为代表。

（二）电视娱乐化的变种——国学电视竞赛节目

国学电视竞赛节目顾名思义就是以竞赛（游戏）的形式传播国学知识的电视节目。相比其他的国学节目，这种类型的节目兼具真人秀节目的大众参

---

① 赖黎捷等. 媒体奇观视域下的中国电视娱乐文化转型研究［M］. 广州：暨南大学出版社，2013：86.

② 黄辉. 通晓电视［M］. 上海：学林出版社，2006：24.

与性和益智答题类节目的游戏性，互动性最强，娱乐性也最为突出。

形式上，游戏是这类节目的经典元素。为了凸显节目的文化价值，制作方往往邀请嘉宾对游戏中选手们的表现进行点评，对于涉及的国学知识予以解读。内容上，主要涉及国学中的汉字、成语、诗词、历史以及古代文学等。因该类型国学节目寓教于乐，最受观众欢迎，因此也是目前数量最多的国学电视节目。

这个类型的节目以《汉字英雄》（河南卫视，2013 年）、《中国汉字听写大会》（CCTV-10，2013 年）、《中国成语大会》（CCTV-10，2014 年）、《唐诗风云会》（陕西卫视，2015 年）、《中国诗词大会》（CCTV-10，2016 年）、《国学小名士》（山东卫视，2017 年）等为代表。

（三）文化达人拉家常——国学电视访谈节目

国学电视访谈节目即针对国学的某个领域，邀请专家、学者、文化名人或明星进行拉家常式的交流与探讨，在启迪观众对相关问题进行思考的同时，普及大众的国学认知。

我国的访谈类节目引进西方的"talk show"，而"talk show"本身具有两种形态，一是主持人与嘉宾的访谈形式，一是主持人针对某一热点问题的独白（monologue），也就是我们一般意义上的脱口秀。[①] 从形式上看，国学电视访谈节目与其他的访谈节目相似，大多是采取主持人与一个或一组嘉宾进行访谈对话的方式。从内容上看，国学电视访谈节目的题材广泛，可以每一期或每一个系列选择不同的国学知识为话题，也可以整个节目只围绕着国学的某一领域进行选题。

这个类型的节目以《非常靠谱》（湖南卫视，2011 年）、《知根知底》（河南卫视，2012 年）、《国学堂》（旅游卫视，2012 年）、《中华百家姓》（安徽卫视、2015 年）等为代表。

---

① 张建，夏光富.电视节目解析［M］.重庆：重庆大学出版社，2015：119.

必须要说明的是，尽管本书根据传播形式，把电视荧屏上所出现的历时态的国学节目做了相对细致的分类，但是笼统而言，除了讲坛类国学节目是比较正统的文化节目，其他类别的国学节目大都要贴上"综艺"的标签。还有的传播国学知识的节目干脆自我标榜为"文化综艺节目"。被誉为打造文化年新高度的大型文博探索节目《国家宝藏》，尽管自定义为"把纪录片和综艺两种创作手法融合应用……以文化的内核、综艺的外壳、纪录的气质，创造一种全新的表达"①，但该节目于每周日晚在央视综艺频道首播，或可说明该国学节目在形式上距离综艺更近。本书认为，尽管部分国学电视节目的传播形式和话语表达有娱乐气息，但这些节目与以唱歌舞蹈、相声小品等为主题的纯粹的娱乐节目不同，最本质的区别就在于传播内容。传播国学并不必须拘泥于何种形式，从某种意义上说，用综艺的手段传播国学不失为一种创新性表达，但应防止仅以国学为噱头和卖点的泛娱乐化传播。

第二节　各类国学电视栏目传播策略

电视传播策略的选择既与传播对象相关，又与电视栏目形态相关。为了深入细致地考察国学这个传播对象的传播策略，本节对国学电视栏目的三种主要形态即讲坛类、竞赛类和访谈类国学电视栏目进行逐一分析。

一、讲坛类国学电视栏目传播策略

讲坛类电视节目是典型的口播节目。相比其他类型的电视节目，其传播手段、技巧要单薄许多，但是讲坛类节目在从无到有、从寡到众、从黯淡走向辉煌的实践中，摸索出学术化内容雅俗共赏的传播策略。

---

① 人民网. 央视启动《国家宝藏》打造文化年新高度［OL］.［2017-8-23］. http://ent.people.com.cn/n1/2017/0823/c1012-29489919.html?from=groupmessage&isAppinstalled=0.

（一）传播方式的故事化

讲坛类国学电视节目传播方式上最显著的特征就是故事化表达。在利用电视媒介传播国学的过程中，一个重要且不可回避的话题就是通过媒介话语对国学的建构，营造出一种故事化的状态。准确地说，是充分利用电视特别是电视画面所具有的动态感的优势，把握媒介内生的话语系统，运用解说词、同期声、现场音响等，使用大众化语言，用故事性的情节、细节、悬念等对国学知识进行改造，使其在传播过程中让观众萌生一种悬念美，进而实现运用电视媒介传播国学的目标。讲坛类国学节目在展现文本时，大都采用的是层层剥离、循序渐进的方式。

首先，在节目预告中设置多重悬疑，"通过在节目之前播放预告片突显矛盾重点，增加矛盾悬念"[①]，给人留下事实究竟怎样和结局最终怎样的疑问。以《王立群读〈宋史〉》第二部《宋太宗》为例："多年来，为了一雪前耻，宋太宗一直在努力寻找征讨辽国的良机，而这个机会还真让他等来了，然而，一个女人的出现却让问题变得复杂起来。于是，一场血雨腥风的较量即将在宋辽之间上演，那么，胜利的天平最终会倒向谁呢？在战争初期，宋军还一度取得了令人鼓舞的战绩，战争的走势对宋军非常有利。然而接下来，却发生了意想不到的情况，一场巨大的灾难很快就降临到了宋军的头上，那么，这是一场怎样的灾难？影响战局发生巨变的原因是什么呢？"从这个预告片的解说词可以看出，不到一分钟的预告片中设置了重重悬念，吊足了观众的胃口。

其次，把悬念贯穿在整个节目的始终，一环套一环，使观众一直守候着节目，直到揭开心中的谜团。在《百家讲坛》中，悬念是故事的起点和由头，无论所讲主题是什么，悬念设问比比皆是。《百家讲坛》第三任制片人万卫认为："我们必须像好莱坞的大片一样，要求3—5分钟必须有一个悬念，用

---

① 邢虹文.电视、受众与认同——基于上海电视媒介的实证研究［M］.上海交通大学出版社，2013：172.

悬念来分隔和牵引节目。实际上，《百家讲坛》就是按照戏剧化的结构来做的，受众和主讲人一起培养编剧的能力，把他们的叙述成果转变成剧本，让口播类节目故事化、悬念化、戏剧化。"

由此可见，国学电视讲坛节目设置悬念的目的就是为了便于把学术成果予以故事化表达，激起受众的好奇心和收视期待。因为"人类对故事的胃口是不可餍足的……故事是人生必需的设备""世人对电影、小说、戏剧和电视的消费是如此的如饥似渴、不可餍足，故事艺术已经成为人类灵感的首要来源，因为它不断寻求整治人生混乱的方法，洞察人生的真谛。我们对故事的欲望反映了人类对捕捉生活模式的深层需求，这不仅仅是一种纯粹的知识实践，而是一种非常个人化和情感化的体验。"① 正是得益于吃透了观众听故事的心理，电视讲坛节目找到了一个理想的表达方式，将受众稳稳锁定在电视机前，创造了讲坛类节目的无限风光。

（二）传播选题的历史化与系列化

不是所有在课堂上讲述的内容都适合通过电视媒体传播，《百家讲坛》在这方面走过不少弯路，甚至差点因为节目选题而折戟沉沙。在初创期，该栏目树立"文化品位、科学品质、教育品格"这一"三品"理念。节目选题广泛，科技、艺术、物理、哲学、伦理、医学、历史等均有所涉及。遗憾的是，虽然选题实现了"百家"，但因学术性太强，专业程度过高，收视率却不如人意，常常排在末尾亮红灯。栏目组三易其帅，每一任制片人也都遍寻偏方良药，直到 2004 年人文历史类选题成为栏目主力时，节目才脱离被淘汰的危险，其中，北京市社会科学院满学研究所研究员阎崇年主讲的《清十二帝疑案》，成为栏目转危为安的转折点，收视率创历史最高。这一期也由此被誉为《百家讲坛》的"第一坛好酒"。自此，人文历史开始成为《百家讲坛》选题的主要领域，并且几乎与自然科学选题绝缘，而且，不仅

---

① ［美］罗伯特·麦基. 故事：材质、结构、风格和银幕剧作的原理［M］. 周铁东译. 天津：天津人民出版社，2014：32，34.

在《百家讲坛》，陕西电视台的《开坛》、北京卫视的《名师讲坛》以及从2007 年开始在全国各级电视台如雨后春笋般冒出的讲坛类节目几乎都没有再涉及自然科学选题。

其实，除了选题方向的转变，国学电视讲坛节目还呈现出系列化特点，并且"同一系列由同一个主讲人完成，内容是同一题材纵向延伸"[①]。这点可以从2012 年《百家讲坛》的节目内容构成一观端倪。

表 2.2 《百家讲坛》2012 年系列节目所占比例

排名	演讲者	演讲内容	演讲节目数量	占所有节目的比例
1	王立群（河南大学文学院教授）	王立群读宋史	40	10.9%
2	蒙曼（中央民族大学历史文化学院副教授）	大隋风云（下部）	29	7.9%
3	姜鹏（复旦大学历史系副教授）	汉武帝的三张面孔	29	7.9%
4	李山（北京师范大学文学院教授）	战国七雄	24	6.6%
5	康震（北京师范大学文学院教授）	唐宋八大家	23	6.3%
6	罗大中（北京中医药大学中医诊断学博士）	大国医	21	5.7%
7	阎崇年（北京社会科学院满学研究所研究员，北京满学学会会长）	大故宫第一部	20	5.5%
8	阎崇年（北京社会科学院满学研究所研究员，北京满学学会会长）	大故宫第二部	20	5.5%
9	赵冬梅（北京大学历史系副教授）	千秋是非话寇准	19	5.2%
10	孙立群（南开大学历史学院教授）	从司马到司马	15	4.1%
11	马骏（法学博士）	拿破仑	15	4.1%
12	李寅（清东陵博物馆副馆长）	清东陵密码	14	3.8%
13	于赓哲（陕西师范大学历史文化学院教授）	狄仁杰真相	14	3.8%
14	郦波（南京师范大学文学院教授）	郦波评说《曾国藩家训》下部	13	3.6%
15	韩田鹿（河北大学文学院教授）	大话西游	13	3.6%

① 任中峰，彭薇.《百家讲坛》的"雅俗"变革［J］.传媒，2006（3）：60.

续　表

排名	演讲者	演讲内容	演讲节目数量	占所有节目的比例
16	胡阿祥（南京大学历史学系教授）	国　号	13	3.6%
17	郝万山（北京中医药大学教授）	郝万山说健康	11	3%
18	钱斌（合肥工业大学马克思主义学院教授）	千年一笔谈	9	2.5%
19	杨雨（中南大学文学与新闻传播学院教授）	纳兰心事有谁知	8	2.2%
20	苏升乾（云南大学马克思主义研究院教授）	清明上河读宋朝	8	2.2%
21	王卫平（苏州大学历史学教授）	春秋吴国风云录	6	1.6%
22	孙国亮（《闽西杂志》执行主编）	客家人	2	0.5%
			366（总节目数为366）	100%

从上表可以看出，2012年《百家讲坛》所有内容均以系列化呈现（从2015年开始大都如此），而且无论对于国学知识，还是非国学内容，都同样实行系列化传播策略。其实，这种方法并不是《百家讲坛》的独门秘籍，地方国学电视讲坛栏目也在广泛运用。系列化传播策略在武汉广播电视台的《问津国学》栏目中屡试不爽。

表2.3　《问津国学》2013年系列节目所占比例

排名	演讲者	演讲内容	演讲节目数量	占所有节目的比例
1	王玉德（华中师范大学教授）	见贤思齐	5	10.2%
2	杨立志（十堰市政协副主席）	武当大兴	4	8.2%
3	孙劲松（武汉大学副教授）	国学与用人之道	4	8.2%
4	董恩林（华中师范大学教授）	国学智慧与人生修养	4	8.2%
5	孙君恒（武汉科技大学教授）	岳飞文化	3	6.1%
6	曹海东（华中师范大学教授）	汉字五千年	3	6.1%
7	舒松（楚天茶道研究中心主任）	茶道与境界	3	6.1%
8	王玉德（华中师范大学教授）	周易的美德	2	4.1%
9	程涛平（武汉文史馆馆员）	楚人诚信	2	4.1%

续　表

排名	演讲者	演讲内容	演讲节目数量	占所有节目的比例
10	郭齐勇（武汉大学国学院院长）	义以为上	2	4.1%
11	于丹（北京师范大学教授）	儒道兼济	2	4.1%
12	欧阳祯人（武汉大学中国传统文化研究中心教授）	孟子与人格修养	2	4.1%
13	王蒙（文化部原部长）	传统文化与治国理政	2	4.1%
14	冯天瑜（武汉大学教授）	历史文化与中部崛起	2	4.1%
15	黎世炎（黄陂区文保所原所长）	木兰文化	2	4.1%
16	杨华（武汉大学教授）	古代生活礼仪	2	4.1%
17	肖波（湖北工程学院教授）	孝传古今	2	4.1%
			46（总节目数为49）	93%

　　国学电视讲坛类节目之所以如此青睐系列化选题策略，主要基于以下考虑：

　　第一，系列化选题通过培养稳定的收视群体和知名的学术明星，提升观众对节目的忠诚度。一方面，每一期节目既是独立成篇，又可以同一主题下关联到一起，这样既保证了每期都为观众呈现一段完整的内容，同时又培养观众和节目的约会意识，借助讲座的连续性稳定了特有的收视群[①]。另一方面，一个主讲人讲完一个系列，可以通过在电视上频频亮相积攒人气，成为某一领域的学术明星。比如，学习《庄子》就会想到于丹，谈起《聊斋》就会想到马瑞芳，谈起《史记》就会想到王立群，谈起《百家姓》就会想到钱文忠。

　　第二，系列化选题扩容了传播信息量，增强了节目的厚重感[②]。通过将同一题材的内容组合成系列，有效地增加了节目的总时长，为更多量的信息输出提供了可能性，也延伸了节目的广度。

---

① 任中峰，彭薇.《百家讲坛》的"雅俗"变革 [J].传媒，2006（3）：62.
② 牛慧清.电视的理念 [M].北京中国社会科学出版社，2016：169.

二、竞赛类国学电视栏目传播策略

（一）游戏是节目获宠的核心密码

"游戏"之所以作为电视节目元素并成为经典元素保留至今，有着深刻的原因。在电视节目中游戏"其中夹杂着很多感受——希望、担忧、高兴、愤怒和轻蔑，不断交错变换——它们是那样的活泼、强烈，以至于相当于一种内心运动，似乎推动了身体中所有的生命过程"，根据康德的观点，"有三种不同的游戏引起类似美学愉悦的快感：靠碰运气取胜的游戏，音调游戏（音乐）和智力游戏（或智慧游戏）。"[1]竞赛类国学电视栏目最常使用的是智力游戏中的国学知识竞答。作为游戏节目的一个分支，智力竞答更着重于脑力游戏，这也使得它与其他游戏在叙事传播上有了分野……虽同属资讯常识主导的叙事传播链，智力问答则更着重于知识乃至常识[2]。国学电视竞赛节目中的游戏功能主要通过精巧的赛制设置和题目设计显现。

对于电视节目来说，如何强化竞争性，增强比赛的紧张感？关键在于游戏规则的设定[3]。

《汉字英雄》三季均采用十三宫、车轮战的闯关模式，答题者在汉字十三宫内进行闯关，每个宫格里仅藏有一道题目。选手从第一宫出发，准确写出相对应的汉字，回答正确向前进一格，回答错误将向左或向右平移一格。移出十三宫则惨遭淘汰，从入口对面最后一个宫格走出则成功晋级。这样的竞赛规则避免了选手在回答问题中单纯地撞大运，或者无理性的冲动，而是保证比赛既充满惊险又减小意外，最大程度上考验了选手的国学知识储备。

在游戏设定的规则中，观众在收看节目时，不仅能感受到剑拔弩张的精彩刺激，更为选手们的学识钦佩赞叹。"观赏"比赛，仿佛在看金庸小说里

① ［芬］尤卡·格罗瑙.趣味社会学［M］.向建华译.南京：南京大学出版社，2002：175.
② 殷乐.电视娱乐：传播形态及社会影响研究［M］.北京：中国社会科学出版社，2011：125.
③ 孙宝国.中国电视节目形态通论［M］.北京：中国传媒大学出版社，2011：204.

的武林高手过招，在一场场比拼后，禁不住为他们的"深厚内功"击节，也会为他们惺惺相惜的友情感动，而参赛选手也如武林中人一般，不论胜负，一笑泯恩仇。

竞赛类国学电视节目中的游戏不仅有意思，还十分有意义，难能可贵的是做到了有意思与有意义的平衡。《中国诗词大会》有一期题目为"'东风不与周郎便，铜雀春深锁二乔'，这里的'东风'指什么？A.水淹七军 B.草船借箭 C.火烧赤壁。"这道题目既考察作答者对原诗句的熟悉程度，也探访诗句背后的典故，加深了观众对诗句的理解，勾起了成年观众对自己曾背过却多半已遗忘的诗词的记忆，引发了未成年观众对诗词的兴趣。有一题要求根据线索说出一位诗人的名字，"一位唐代以前的诗人，他的哥哥称过帝，他的弟弟称过象，他写过《七步诗》"。这不单单是从诗词的角度，也是从历史的角度去寻找人物，可谓深入到传统文化的各条经脉，让节目更有看头。《汉字英雄》有题目要求答题者写出表示黑色的汉字。选手就写出了"黝""焦""黛""玄""青"等现代汉语和古代汉语当中都常用，如今却已逐渐不为人知其本意的字。诸如此类的题目在竞赛类国学电视节目中还有很多，精心设计的题目不仅能让选手最终分出高下，更重要的是让大家领略国学的博大精深。

游戏比赛中最惊心动魄的是揭晓答案环节，国学竞赛类节目不仅公布答案，让大家"知其然"，还在节目中设置嘉宾点评，让人们"知其所以然"。选手在答题过程中，遇到国学知识的盲点或者重要话题点，嘉宾们不仅会给予释义和解惑，还会适时地对题目所涉的典故及社会文化背景进行深入解读，精彩生动地挖掘出题目背后的文化内涵，让人们不仅看到国学知识浅表的万千风情，更感受到内在的磅礴底蕴。总而言之，节目给人以满满的获得感。

（二）多元化表达手段让节目更具观赏性

竞赛性国学电视节目融合了真人秀节目和益智类节目的表达形态，以真人秀的纪录方式呈现选手的表情、动作等，增强节目的戏剧效果，让节目更具观赏性；竞技游戏的形式考察选手的知识储备、反应速度，让节目充满张力与刺激，满足受众的娱乐需求。可以说，竞赛类国学电视节目融竞争性、互动性、纪实性等表达手段于一体，已将游戏竞技的娱乐性、临场比赛的真实感与全民参与性有机结合。竞争性策略已经在本小节第一部分有述，这里着重谈一下竞赛类国学电视节目表现的互动性和纪实性。

与其他文娱类电视节目形态相比，电视益智节目有着天然的互动性，观众的参与由有限参与演变为主动参与[①]。竞赛类国学电视节目的互动策略主要体现在参赛选手的选拔和电视观众的参与两个方面。

参加国学电视竞赛节目的选手大都是从普通观众中选拔出来的，具有广泛的代表性。《中国诗词大会》节目组通过在线选拔、地面海选、节目组邀请三种方式，在全国范围内征集参赛选手。最终参加节目录制的 106 位诗词达人来自四面八方，他们年龄不同、职业不同、生活背景不同，唯一的共同点是有一颗热爱诗词的心。这种选拔参赛选手的方式无形中拉近了栏目与电视观众的心理距离。

观众参与是电视益智节目互动性的最大体现。收看竞赛类国学节目的观众不仅可以通过互动答题检测自己对国学知识的识记存量、熟悉及理解程度，还有机会直接参与到节目当中。《汉字英雄》设有专门的同款汉字游戏 App，观众在观看节目的同时，可以参与 App 游戏互动，而且在这款游戏中获得冠军将有机会与复赛选手对抗，可以争取到进入决赛的资格。

竞赛类国学电视栏目的纪实性策略主要表现为按照电视真人秀节目的制作方法，以电视纪录片的形式对参赛选手进行跟踪拍摄和细节展示。以收视和口碑都大获成功的《中国汉字听写大会》为例，虽然节目在整体形式上以益智竞赛为主，但是在具体的拍摄制作方面，节目参照了真人秀节目的表现手法，运用多镜头、多角度，特写与跟拍等方式力图捕捉到选手的每一个细节、表情与动作，营造一种竞赛的临场感与紧张感。比如，比赛开始前 10

---

① 孙宝国.中国电视节目形态通论［M］.北京：中国传媒大学出版社，2011：205.

分钟，所有参加本场比赛的选手都必须在舞台上的座位候场，当其他选手在进行比赛时，他们的表情和动作随时有可能被捕捉拍摄。选手在进行比赛时，选手的亲友与指导老师会在另一间演播厅观战，节目组会插入他们相互讨论、焦急等待的画面，与答题选手的画面并置，形成戏剧性。此外，参赛选手的自我介绍，他们在比赛中的表现，以及在镜头下的一举一动让选手的个性特质日趋鲜明，基本具备了真人秀节目中明星的特点①。

通过对参赛选手的特点进行放大，每档节目都产出了一些让人印象深刻的选手。《中国汉字听写大会》中有"自信哥"黄嘉开、三国迷"刘皇叔"刘宇昂、喜欢哲思的"预言帝"韩嘉训等。《中国诗词大会》中有气质才女武亦姝、能文能武陈更、文言文满分的十三岁"大魔王"叶飞、有大将风度且喜怒不形于色的姜闻页等。《中华好诗词》中有以诗"抗"癌的河北农民大姐白茹云、退学同济考取武大国学班的"狂客"李四维、徜徉诗海舌战群儒的古典美女李冰洁、梦想将中华诗词传播世界的壮族姑娘徐睿等。《最爱是中华》中有以大高个、超强的记忆力和模仿力，以及超强的答题能力获称"四项高人"的郝亦江，十四岁就力压成人而夺冠的初中生蔡文豪，淡定内敛的理工学霸包坤等。这些标签化称呼充分展现了选手们的个性特点，让观众在观看节目的同时感受到他们热爱国学的真性情。

三、访谈类国学电视栏目传播策略

（一）访谈主体担当观点输出的意见领袖

这里所说的访谈主体包括国学电视访谈节目的主持人和邀请嘉宾。因国学电视节目传播的内容具有专业性、学术性、思想性，因而无论是对主持人，还是对嘉宾的要求都相对较高。主持人除了要具备娓娓而谈的口头表达能力、灵活敏捷的快速反应能力等基本技能，还要有一定的知识储备，尤其

---

① 张建，夏光富.电视节目解析［M］.重庆：重庆大学出版社，2015：123.

是传统文化素养。

嘉宾要能担当起传播国学知识的"意见领袖"作用。"意见领袖"这一概念最早由传播学四大先驱之一的保罗·拉扎斯菲德（Paul F.Lazarsfeld）在其著作《人民的选择》中提出，意指"在将媒介讯息传递给社会群体的过程中，那些扮演某种有影响力的中介角色的人"。①对于电视媒体而言，向知识分子寻求话语资源，借助其话语的权威性、深刻性、厚重性，可以冲淡媒介话语的轻飘感，在一定程度上提升电视话语的质量②。

访谈类国学电视节目嘉宾的影响力取决于其知识的厚度，因而更要求其在研习国学某方面有突出的专长。这样主持人的"访"才能有视角、有深度，嘉宾的"谈"才能如数家珍、侃侃而谈。湖南卫视的国学脱口秀《非常靠谱》在访谈主体的选定上非常得当。该节目是 2011 年推出的一档对姓氏文化进行趣味解读的访谈节目，主持人汪涵的主持以机智幽默、轻松活泼见长，近十年主持"礼仪公德"节目《天天向上》，而他本人在日常生活中喜欢读书，热爱中国历史和文化，具有一定的传统文化素养。节目常驻嘉宾郦波、张发财等对中国的历史、文学、汉字等有独到的研究。双方的交流和探讨旁征博引、幽默风趣，使节目既有从姓氏出发所展开的一段血脉传承的寻根之旅的文化深度，又有让观众在轻松愉悦流畅的氛围中品读历史人物故事的地气儿。尽管该节目仅开办一年就淡出了荧屏，但在有限的存在时间里，荣获 2011年《新周刊》中国电视榜"最佳谈话节目"提名、第七届中国电视制片人高峰论坛"十大最具有原创精神电视栏目"等荣誉，取得这些成绩，访谈主体功不可没。

---

① ［美］约翰·费斯克等.关键概念：传播与文化研究词典（第二版）［M］.李彬译.北京：新华出版社，2004：192.

② 樊葵.媒介崇拜论：现代人与大众媒介的异态关系［M］.北京：中国传媒大学出版社，2008：214.

表 2.4 几档访谈类国学节目访谈主体介绍简表

电视台	国学节目	主持人	资历	代表嘉宾	背景
湖南卫视	非常靠谱	汪涵	知名的湖南卫视节目主持人,主持"礼仪公德"节目《天天向上》近十年,湖湘文化研究会副会长。百度百科"汪涵"词条人物评价:睿智、幽默、博学,他懂得感恩,他努力,他博览全书,他足够有沉淀。	郦波;张发财	郦波:南京师范大学文学院教授,南京师范大学中国古典文学与文化博士,汉语言文学博士后。在《百家讲坛》《中国成语大会》第一季、《中国汉字听写大会》第二季、《最爱是中华》第三季、《中国诗词大会》第一季等节目担任嘉宾。张发财:网络作家,致力于"历史八卦"的整理与写作,偏好挖掘历史背后的秘密,语言犀利。
河南卫视	知根知底	马东	1996 年从澳大利亚回国进入北京电影学院学习电视专业。2001 年进入中央电视台担任 CCTV-3《挑战主持人》制片人、总导演、主持人。2013 年开始主持河南卫视常规姓氏节目《知根知底》和季播节目《汉字英雄》。	纪连海	纪连海:北京师大二附中教师。北京市骨干教师,西城区学科带头人。1986 年 7 月毕业于北京师范学院历史系,长期从事历史教学工作,CCTV—10《百家讲坛》栏目主讲人之一。极受欢迎,收视率屡创新高,成为亿万观众热捧的超级学术明星,被誉为《百家讲坛》"十大名嘴"中的"最另类"。

文化自信语境下的国学电视传播研究：
以《百家讲坛》和《问津国学》为中心

续　表

电视台	国学节目	主持人	资历	代表嘉宾	背景
旅游卫视	国学堂	梁冬	毕业于中国传媒大学，曾加盟凤凰卫视和百度。2008年12月开办主持的《国学堂》节目在中央人民广播电台播出。致力于亚洲文化，尤其是中国文化在全球的传播。2004年师承国医大师邓铁涛开始学习中医。主持《国学堂》的几年间，采访近100位民间中医，中国文化学者，为中医的宣传推广做出了巨大的贡献，并因此获得《新周刊》"2012年度生活家"。	栗强、徐文兵	栗强：毕业于北京大学历史系，国学生活化运动首倡者，代表作：《龙树六论：正理聚及其注释》及《茶禅一味原》。 徐文兵：中医师，高级中医讲师，中医教育家，身心医学专家。
安徽卫视	中华百家姓	赵屹鸥	演员、导演、主持人，毕业于上海戏剧学院导演系。有极强的适应能力和表演能力，被称为"主持人中的变性精钢"。先后在上海东方电视台、中央电视台、浙江卫视、广东卫视等多家省级卫视主持节目，经验丰富。	王立群、钱文忠、蒋方舟	王立群：河南大学文学院教授、博士生导师。2006年登上中央电视台《百家讲坛》栏目，讲述"王立群读《史记》系列人物并出版相关图书，被观众誉为"百家讲坛最佳学术主讲人"，是十年来连续在《百家讲坛》担任主讲人的学者，还是《中国诗词大会》的点评嘉宾。 钱文忠：复旦大学历史系教授、博士生导师。师从著名文学家季羡林先生，曾在德国汉堡大学留学。《百家讲坛》主讲嘉宾。 蒋方舟：青年作家、《新周刊》杂志副主编，毕业于清华大学。2013年7月开始主持湖南卫视《我的中国梦》高端人物访谈节目。

·084·

（二）"有料"让节目有看头

"我们必须面对一个事实，就是受众在打开电视或观看电视的时候，只能在一个时间点上选择一个电视频道，那么是什么因素，决定了受众是选择这个频道，而不是那个频道呢……人们选择一个电视节目看似是一个随机行为，实质上是一个根据自己的需求而进行价值判断的行为。"[1] 在数量众多、形式各异的电视节目中，只有"有料"的节目才能让观众在无意中收看到节目时不调换频道，在有意收看时能满足期待。

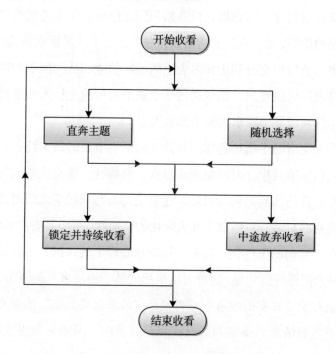

图2.1 观众收看电视节目流程模式[2]

---

① 胡智峰，杨乘虎.电视受众审美研究［M］.北京：北京师范大学出版社，2010：157.

② 刘建鸣.电视受众收视规律研究［M］.北京：北京师范大学出版社，2010：75.

从上图可以看出，只有通过内容丰富的节目牢牢吸引观众的注意力，才能逐渐培养忠实的观众群体。访谈类国学电视节目利用熟人效应、互动式对话、文化选题定位等方法保证节目有"真材实料"，从而确保节目有看头。

访谈类国学电视节目的"真材实料"主要表现在以下三个方面：

一是邀请名人明星参与节目。普通民众对名人明星怀有或多或少的崇拜情节，名人明星在社会生活中拥有比普通人更高的知名度，更大的影响力，也能最大限度地引起人众的注意和兴趣。在注意力经济时代，注意力资源的战略性意义日益凸显，信息曝光只有累积到足以引起受众持续的关注时，才能产生预期的价值，得受众注意力者得市场[①]。为了满足观众的偏好，提高节目的收视率，节目组充分利用知名人士的明星效应。从"国学访谈类节目访谈主体一览表"可以看出，访谈类国学电视节目中的主持人和嘉宾大都已经在各自的工作领域显山露水，属于知名人士。

二是在互动对话中增加趣味。对话是访谈类节目的最大特点，在目前的几档访谈式国学节目中，对话呈现多层次、叠加性，既有主持人与嘉宾之间的对话，有嘉宾与嘉宾之间的对话，还有主持人与现场观众的对话，以及嘉宾与现场观众的对话。对话双方在人际化的传播状态中，具有"天然贴近性"的传播特性，他们的个性化言行都获得观众心理上的认同，引发观众的收视兴趣[②]。最为值得称道的是，这种对话采用的是"讲故事"的语态，能够很好地满足观众对于"真实的故事"或者说是"故事化的真实"的强烈需求。为了把一个事实搞清楚，嘉宾与观众在多重互动中，围绕一条主线深入挖掘，一个故事接着一个故事的深刻剖析话题，抽丝剥茧的逐步接近真相，这种新颖奇特的形式，既让观众长了见识，又增添了节目的丰富性与趣味性。

三是选题的文化定位。《非常靠谱》《知根知底》《中华百家姓》三档访谈类国学栏目都是以姓氏文化为传播主题。姓氏文化作为中华民族最古老的

---

① 陈波.话语流变与社会变迁——中国电视谈话节目研究［D］.武汉大学博士学位论文，2017：82.
② 黄鸣刚.电视传播与影响力［M］.北京：中国广播电视出版社，2017：101.

文化基因之一,在中国传统文化中底蕴深厚,影响深远。《国学堂》传播的内容相较而言更加广泛,在这里选取几期节目的主题以作考察:

表2.5 《国学堂》栏目选题范畴及示例

选题范畴	传播主题示例
书法	书法的生命共振;书法的运笔之道
中医	中国民族医学:神奇瑶医;疑难杂症的中医良方
乐	上古礼乐中的人生智慧(初闻琴声);问道古琴
茶艺	茶道里的那些道;茶的千年道行
道	中国文学太美之文学中的儒释道;中国文学太美之元明清的儒释道
经	中国文学太美之《诗经》背后的那些事;曲说六经系列
史	追溯国学起源系列

通过上表可以看出,《国学堂》栏目选题囊括书法、中医、乐、茶艺、道、经、史等范畴,而无论哪一个范畴,都饱含富饶的中华传统文化给养。

本章小结

国学电视栏目将汉字成语、历史知识、诗词文化等以通俗化、形象化的方式进行生动的传播,"不仅实现了文化传承与大众传播的双向融合,还在传媒领域重铸了电视媒介的聚合效应"[①]。本章从历时性和共时性交汇的视角,梳理了国学电视栏目的嬗变轨迹,把其发展过程划分为四个阶段,依次是国学电视栏目的荒芜期、萌芽期、浅滩试水期和蓬勃发展期,并在此基础上总结了国学电视栏目发展的三个特点:第一,国学电视节目的发展与社会文化思潮的涌流密不可分;第二,国学电视节目与文化类电视节目的发展互为反哺;第三,国学电视节目的发展与电视技术的革新息息相关。

依据传播形式的不同,本书把现时存在的国学电视栏目大致分为三类:讲坛类国学电视栏目、竞赛类国学电视栏目和访谈类国学电视栏目。对国学

---

① 孔朝蓬.文化类真人秀节目中传统文化传播策略探析[J].中国电视,2016(11):17.

电视传播策略的研究则根据国学电视栏目的分类分别剖析：讲坛类国学电视栏目的传播策略主要是传播方式的故事化和传播选题的历史化与系列化；竞赛类国学电视栏目的传播策略主要是对游戏元素的有机应用和多元化表达手段；访谈类国学电视栏目的传播策略主要是访谈主体担当观点输出的"意见领袖"和"有料"让节目有看头。

第三章 国学电视传播的特点、受众心理及传播效果

对事物本质的认识离不开对其特点的把握，同时，研究电视节目，无法避开对其受众和传播效果的研究。为了对国学电视传播的内里有更为清晰的认知，本章重点对国学电视传播的特点、受众心理及传播效果进行探讨。

第一节 国学电视传播的特点

国学电视传播的特点是通过诸多国学电视栏目呈现的。通过对电视屏幕上现时存在的国学电视栏目共性和规律性的分析总结，本书认为，国学电视传播具有以下五个方面的特点：

一、国学电视栏目的原创性

在过去很长一段时间里，我国电视节目同质化严重的现象一直为社会各界所诟病。比如，益智问答类节目《幸运52》《开心辞典》火爆荧屏后，一批形式大同小异的作品蜂拥而至。事实上，国学电视节目之间也存在着严重的仿制现象。当《百家讲坛》红极一时，类似模式的"讲座类"节目纷纷抢滩市场……相同类型题材节目的扎堆播出，不仅使观众产生审美疲劳，也让创作陷入思维窄巷[1]。但是，相较于纪录片、综艺节目等其他类型的电视节目，国学电视节目天生属于"土著派"。

---

[1] 康薇薇.文化类节目从火一阵到一直火［N］.光明日报，2017-11-14：15.

表 3.1　我国主要模式节目来源①

节目名称	播出频道	来源国家	原版名称
谢天谢地你来啦	中央电视台	澳大利亚	Thank God You're Here
梦想合唱团		英国	Clash of the Choirs
超级减肥王		美国	The Biggest Loser
中国达人秀	东方卫视	英国	Got Talent
梦立方		英国	The Cube
妈妈咪呀		韩国	Super Diva
顶级厨师		英国	Master Chef
舞林争霸		美国	So You Think You Can Dance
我心唱响		荷兰	Sing It
步步惊心		美国	Minute to Win It
名声大震	湖南卫视	英国	Just the Two of Us
舞动奇迹		英国	Strictly Come Dancing
我们约会吧		英国	Take Me Out
最高档		英国	Top Gear
百变大咖秀		西班牙	Your Face Sounds Familiar
女人如歌		荷兰	The Winner Is
我是歌手		韩国	I am a Singer
中国最强音		英国	X Factor
老公看你的	江苏卫视	德国	My Man Can
星跳水立方		德国	Stars in Danger: High diving
芝麻开门		以色列	Raid the Gage
中国好声音	浙江卫视	荷兰	The Voice of Holland
中国梦想秀		英国	Tonight's the Night
越跳越美丽		美国	Dance Your Ass Off
转身遇到 TA		美国	The Choice
中国星跳跃		荷兰	Celebrity Splash

---

① 陈虹. 电视节目形态：创新的观点［M］. 上海：复旦大学出版社，2013：53-55.

续　表

节目名称	播出频道	来源国家	原版名称
黄金年代	安徽卫视	意大利	The Best Years of Your Lives
势不可挡		英国	Don't Stop Me Now
我为歌狂		荷兰	Mad For Music
我爱我的祖国	湖北卫视	荷兰	I Love My County
我的中国星		韩国	Superstar K
年代秀	深圳卫视	比利时	Generation Show
男左女右		荷兰	Battle of the Sexes
一声所爱·大地飞歌	广西卫视	英国	True Talent
惊喜！惊喜	山东卫视	英国	Surprise!Surprise!
中国星力量		韩国	K-POPSTAR
完美暗恋	广东卫视	荷兰	Dating in the Dark
激情唱响	辽宁卫视	英国	Copycat Singers
最美和声	北京卫视	美国	Duets

从上表可以看出，曾经引领电视荧屏的"王牌"节目模式大都是"舶来品"，但是，国学节目则不同。国学电视节目不仅为日益娱乐化的电视荧屏注入了一股清流，更值得欣喜的是，闯出了一条一波三折的本土化创新之路。创新是发展的动力，也是一种值得尊崇的精神，尤其是在原创节目匮乏已经成为我国电视生态致命性短板的背景下。众所周知，制作一档新节目不仅要考虑收视率、受众评价等市场反馈，还需要担负市场推广和营销的重担，而引进或者复制已经有成功先例的节目样式风险要小得多。因此，以《中国汉字听写大会》为代表的一批国学电视节目的探索之路更为难能可贵。

2013年8月《中国汉字听写大会》正式亮相荧屏。殊不知，从产生开办这个栏目的想法到节目成型，策划团队为之酝酿了六年。回忆起那段历程，《中国汉字听写大会》的总导演关正文认为，之所以六年坚持初心不改，只为实现创造一档原创节目。"功不唐捐，玉汝于成"，《中国汉字听写大会》一经播出立即引爆关注度和话题度，成为真正靠自主原创取得经济效益和社会效益的典范。

　　点燃国人诗性的《中国诗词大会》节目同样是中国电视创新的生力军。"2014 年的时候节目已经在立项，前后筹备了有一年多。"《中国诗词大会》编导练小悦在接受《华西都市报》记者采访时说，制作团队为了保证节目的原创性，修改过无数次方案。"从开始的节目形式策划、规则制定，到节目怎么呈现、怎么落点，就连节目中的很多音乐，比如开场、胜利和结尾的曲子，都是原创的。还有一些非常有意境的诗，大屏幕里的背景素材，也是原创的。"节目组邀请全国诗词领域的专家学者，组成"题库专家组"，历时数月为节目出题。"几个月的时间里，题库组出了很多很多题目，我们再来做后期筛选，最后选出了 1000 多道备用，然后再把这些题目进行语言电视化改造和背景视觉意境设计等。"① 连续两季担任点评嘉宾的王立群教授在接受《新华每日电讯》记者采访时表示："《中国诗词大会》是一个央视自主原创的节目，而不是像有些电视台高价购买国外电视台的成熟的模式，这是真正的自主创新，极为罕见。"中央电视台科教频道总监阚兆江坦言："创新不易，靠的是电视人的觉悟，为电视人的志气而战。"②

　　国学电视节目的原创性还体现在国学电视节目的本土化取向。所谓本土化，主要是指根据各个不同区域或国家各自的特点和文化背景，遵循各自一定的传播规律以及遵从一定受众的习惯和需要的一种传播方式。简而言之，就是要通过对本土内容、本土视角、本土叙事、本土包装和本土互动等本土化元素的强化，"用中国百姓喜闻乐见的方式和内容去做节目"③。纵观电视荧屏上曾经出现或正在播出的国学电视节目，几乎所有的节目都是用中国话语、以中国叙事在传播中国固有的传统文化。因此，国学节目是不折不扣、土生土长的原创性电视节目。

　　如果说模仿是中国电视节目的 1.0 时代，曾风靡一时的"洋模式"是 2.0

---

① 荀超.《中国诗词大会》成"网红"老少齐上阵选手年龄差 48 岁［OL］.［2016-04-13］. http://ent.people.com.cn/n1/2016/0413/c1012-28272642.html.

② 姜锦铭，李坤晟，张书旗.《中国诗词大会》激活国人诗心［N］.新华每日电讯，2017-2-10：9.

③ 孙宝国. 中国电视节目形态通论［M］. 北京：中国传媒大学出版社，2011：20.

时代，那么如今的电视节目已经进入 3.0 时代——自主创新①。《中国汉字听写大会》《中国诗词大会》等"现象级"国学电视节目的相继出现，构成了电视节目版图上的一抹抢眼的亮色，属于电视节目 3.0 时代的排头兵。

二、国学电视栏目的祛魅化

"祛魅"（Disenchantment）一词源于马克思·韦伯所说的"世界的祛魅"，是韦伯历史哲学和宗教哲学中的核心概念。"祛魅"也可译作"除魔""去魅""去魔""解魅"和"解咒"。通俗来讲，"祛魅"是指对于科学和知识的神秘性、神圣性和魅惑力的消解②。

由于社会历史文化等诸多原因，国学一度被人们避而远之，仅有小部分人把它用于修身养性和学术研究。长此以往，即使在国学逐渐升温的今天，远离生活、过于高冷、不够通俗已然成为人们对国学的固有印象。以《百家讲坛》为代表的国学电视节目把悬于"神龛"之中，具有原创气质和时代特征的国学知识请下神坛，并从国学中寻找与现代对接的阀门，叩问理性的思考与思想的发酵，与大众共飨人生况味。诚如英国学者康纳所言："一种令人不安的流动性开始影响传统上作为大学独占领地的高雅文化与通俗文化的分界线。诸入电视、电影这样的通俗文化形式开始自称具有高雅文化的某些严肃性，而高雅文化也采纳了某些通俗艺术的形式和特征。"③

国学电视节目在促进两种文化的流动中，我们无法回避且必须要思考这样一个隐含的问题：电视传播国学，尤其是对国学原典的解读究竟是该遵从"传播法则"，还是恪守"学术规范"？

传播法则强调以传播效果为中心，一切从受众接受的角度出发，以大众

---

① 邢虹.高而不冷，原创文化节目亮眼［N］.南京日报，2017-6-16：B04.

② 赖黎捷等.媒体奇观视域下的中国电视娱乐文化转型研究［M］.广州：暨南大学出版社，2013：86.

③ ［英］史蒂文·康纳.后现代主义文化：当代理论导引［M］.严忠志译.北京：商务印书馆，2002：23.

喜闻乐见的、轻松的、通俗的形式和内容取悦于受众。而学术规范则没有变通的空间，一切以学术研究的客观性和学理性为出发点，学理浓厚、阳春白雪、艰涩难懂是学术的固有标签。那么，国学电视栏目究竟该传播什么样的国学知识？

"用感性的传播载体去传播理性的学术内容，关键是要充分尊重电视媒体的传播性质，将学术进行电视化的处理。"[①] 毕竟，"电视不是教科书，不是学术论坛。荧屏总体上拒绝说教、拒绝呆板、拒绝没有情感、形象、趣味、生动、好玩等元素的节目内容与节目形态，一切意义应该融合在轻松、愉悦的形式之中。这就是电视大众文化所追求提倡的审美诉求"[②]。李泽厚将电视国学明星于丹比喻成基督教牧师般的"布道士"，已经潜在地表明了他的态度：如果一个牧师不能借助《圣经》引领子民亲近主，那么保持《圣经》的学理纯洁又有何用？约翰·费斯克也曾说："如果一个文化资源不能提供切入点，使日常生活的体验得以与之共鸣，那么，它就不会是大众的。"[③] 因此，无论国学在晚清以前是怎样的一种"应然"状态，但通过电视媒介的改造，已经成为祛魅化的"实然"存在。

三、国学电视栏目的消费属性

国学电视栏目是基于市场逻辑的消费文化符号生产，与消费主义对文化工业的诉求深度契合。当前的国学电视栏目，就是消费文化与商业逻辑共谋的结果或产物。

从传播国学的原因来看，国学是中国电视商业运作的选择。美国文化学者约翰·费斯克认为：电视节目是一种特殊的文化工业商品，它要想在社会

---

① 牛慧清.电视的理念［M］.北京：中国社会科学出版社，2016：160.

② 俞虹.电视受众社会阶层研究［M］.北京：北京师范大学出版社，2010：85.

③ ［美］约翰·费斯克.理解大众文化［M］.王晓珏，宋伟杰译.北京：中央编译出版社，2001：154.

上流行，不仅要符合制作者的利益，还必须符合目标受众族群的各种不同利益，即电视节目的生产与流通要符合大众经济的一般规律。作为一种特殊的文化商品，电视节目可以同时在"金融经济（它在两个子系统中使财富流通起来）与文化经济（流通着意义和快感）"这两种不同的经济中流通①。随着产业化政策的全面推行及市场经济的蓬勃发展，商业资本的扩张将媒介产业带入一个新的丛林时代。在此背景下，电视节目表现出明显的精英主义倾向，收视率开始作为节目的考核指标被纳入电视台的管理系统，并逐渐成为频道调控、节目制作的指挥棒②。具有精英文化特质的国学是电视台追求收视率的当下所需。

从表达形式来看，国学电视节目是一种"集体狂欢式"的文化表达。国学电视节目通过稀释文化浓度，降低消费门槛，采取"高度娱乐和表演性质的结构方式，在当前时代中寻回'传统文化'的语境现实性"③，把国学从精英文化供人膜拜的神坛拉回至大众文化人间烟火的喧嚣之地。琴棋书画剑、诗酒茶花香……国学电视节目就是通过这些表征中华传统文化的符号，实现大众传播媒介对文化意识的承载，且已经成为媒介进行文化再现的一种有效路径。这类节目之所以受到观众青睐，"是节目中颇具亲民色彩的文化表达形式与多数人愿意采纳的文化习得方式有不少'暗合'之处"④。也正因如此，才会出现"国学明星""国学达人""国学大咖"等类似的头衔和称谓。

从生产机制来看，国学电视节目是去深度化的文化符号生产。国学在节目中仅仅是代表着中华传统文化符号的包装样式，是唤起所有中国电视观众内心深处情感涟漪的程式化配方之一，而非内化于节目的肌理之中。国学电

①　［美］约翰·费斯克.理解大众文化［M］.王晓钰，宋伟杰译.北京：中央编译出版社，2001：32.
②　陈波.话语流变与社会变迁——中国电视谈话节目研究［D］.武汉大学博士学位论文，2017：64.
③　颜梅，何天平.电视文化类节目的嬗变轨迹及文化反思［J］.现代传播，2017（7）：89.
④　颜梅，何天平.电视文化类节目的嬗变轨迹及文化反思［J］.现代传播，2017（7）：89.

视节目是在资本和市场的双重驱动下知识的流行化生产，契合着消费主义对文化工业的诉求。

从接受动机来看，国学电视节目是一种消费符号。对国学电视节目的收视兴趣更多的是基于对中华民族文化记忆中"诗意栖息"的想象，并非文化自觉意识层面"文化传承"的意愿。同时，收看国学电视节目，既能满足人们多样性文化消费，又能满足人们怀旧以及文化寻根的情感需要。

通过以上分析我们不难看出，形式多样的国学电视栏目所呈现的是颇具消费色彩的文化消费景观。

四、国学电视栏目的多重价值

曾被誉为"第一媒介"的电视是人类科技的结晶与产物，也是当代最发达的大众传播媒介和文化载体。社会各界从各个角度论述电视具有的功能和价值，电视的诸多功能是通过其所传播的内容实现的。

国学对全体中华儿女而言，具有独特的精神价值和情感意义。黄钊先生在其《我们振臂呼唤国学复兴》的诗中这样写道："国学——源远流长，博大精深！它从盘古走来，迈过了六千年辉煌历程！国学——功勋卓著，内涵丰盛！它是华夏文明的圣火，它是民族精神的母亲！"[1]袁行霈先生也认为，作为固有文化传统深层的部分，国学不仅直接或间接地融入现实生活，而且已经渗透进中华儿女的心灵深处[2]。

对于一个国家、一个民族而言，其发展离不开文化的传承，而任何一个国家和民族都有着自身特色的历史文化，对于中华民族而言国学既是其文脉，也是其得天独厚的文化优势。中华民族要发展、要振兴，就必须将国学积极地传承下去。国学电视节目突破电视娱乐化的重围，将富有人文厚度、精神高度与学术价值的国学，以独特的易于现代民众接受的视角切入，同时将爱

---

① 黄钊. 国学与儒释道文化发微［M］. 北京：中国社会科学出版社，2011：自序1-2.
② 袁行霈. 国学研究（第一卷）［M］. 北京：北京大学出版社，1993：1.

国主义的、民族主义的家国情怀融入其中，对中华优秀传统文化进行了创新性地传播，充分体现了当下民众的需求和主流文化的诉求。

《百家讲坛》《问津国学》等栏目通过不同的选题传播中华民族的历史、哲学以及自强、勤劳、敬业、忍让、博爱、友善的精神品质。《汉字英雄》《中国成语大会》《中国诗词大会》等国学节目充分发挥电视媒介影像化呈现的可视性优势，通过题型选择、环节设置等方式在竞争和对抗中传播汉字、成语及诗词，在一定程度上填补了广大受众的知识盲区，让受众学会正确的书写并知晓汉字以及成语诗词背后的文化意蕴。《国家宝藏》栏目通过名人演绎国宝的由来和历史，让人们感受到中华文化源远流长以及祖先们的无穷智慧，无形中提升了民族自豪感。因此，传播国学的电视节目具有文化价值、史料价值、情感价值以及思想价值，是多元价值的集合体。

五、国学电视栏目的"季播"现象

季播概念源于美国的电视界，这里的"季"不是自然时节上的意义，指的是电视播出机构根据收视市场观众收视习惯呈现出的季节性变化，对频道节目配置、播出安排所做的应对性调整。依照传播规律和受众生活形态而按"季"编播节目，意味着以观众为中心的电视生产理念正在逐步形成[1]。按季播出的电视编排方式，有利于锁定目标受众，同时保持其对频道或节目的黏度。

目前，越来越多电视节目以"季"为单位来编排和播出，其优势主要有三个：第一，季播节目的时间可控性强，每季播放期最长不超过半年，而等待周期最长也不会超过一年，这样可以避免收视的盲目性和不确定性，也便于电视生产机构能够及时针对受众的喜好调整节目形式及内容，更好地满足受众需求。第二，"季播"短播放期和短等待期的特点使得电视制作机构能

---

[1] 高广元.中国农业电视发展战略研究［M］.北京：中国传媒大学出版社，2016：96.

够更好地细分市场需求，培育与栏目定位相符的受众群体，为栏目培养一批忠诚的粉丝。第三，"季播"方式使得电视台与广告商的关系更加灵活。一方面，电视台可以分季进行广告招商；另一方面，广告商也可以根据节目每季的收视情况调整广告投放。

2005 年轰动全国的综艺性选秀节目《超级女声》拉开了中国电视季播的序幕。2006 年央视原经济频道从 7 月 10 日开始，在整个暑期进行了长达 59 天的季播尝试，标志着中央电视台迈出了季播步伐。2006 年初，重庆卫视利用元旦、春节假期，推出了"黄金月、中国节"的编排项目，首次在频道运营中提出"编播季"的概念。2012 年 7 月，浙江卫视第一季《中国好声音》的热播，奠定了国内季播电视节目发展的里程碑。此后，电视季播制模式被中国电视界广泛推广，不仅仅综艺节目，国学电视节目也纷纷采用季播模式来树立节目品牌。

2013 年，中央电视台《中国汉字听写大会》、河南卫视《汉字英雄》及《成语英雄》、河北卫视《中华好诗词》；2014 年，中央电视台《中国成语大会》、江西卫视《挑战文化名人》、浙江卫视《中华好故事》、贵州卫视《最爱是中华》；2015 年，四川卫视《诗歌之王》、陕西卫视《唐诗风云会》等数十档节目统统采用季播模式，成功地在中国电视荧屏上刮起一阵又一阵国学风。以《中国诗词大会》大会为例，第一季于 2016 年 2 月在中央电视台首播，这档以"赏中华诗词，寻文化基因，品生活之美"为宗旨的国学电视节目用其创新的形式、高雅的内容赢得了观众的芳心，引起了社会的热议。有了第一季的铺垫，第二季更是掀起收视狂潮。

表 3.2 《中国诗词大会》第一季（2016 年）收视数据

场次	播出日期	起始时间	终止时间	关注度（%）	市场占有率（%）	排名（央视）	排名（总）
1	2016 年 2 月 12 日	20:07	21:43	0.5866	8.7131	3	4
2	2016 年 2 月 19 日	20:06	21:40	0.6005	7.6191	3	4
3	2016 年 2 月 26 日	20:04	21:39	0.5647	7.0912	3	5

续　表

场次	播出日期	起始时间	终止时间	关注度（%）	市场占有率（%）	排名（央视）	排名（总）
4	2016 年 3 月 4 日	20:08	21:45	0.5533	6.9661	4	5
5	2016 年 3 月 11 日	20:02	21:36	0.6052	7.9059	3	4
6	2016 年 3 月 18 日	20:00	21:37	0.5337	7.0052	4	7
7	2016 年 3 月 25 日	20:02	21:37	0.5383	7.6612	3	4
8	2016 年 4 月 1 日	20:03	21:38	0.4591	6.7428	3	7
9	2016 年 4 月 8 日	20:00	21:39	0.5037	7.2440	3	4
10	2016 年 4 月 15 日	20:01	21:38	0.5452	7.8808	3	6

表 3.3 《中国诗词大会》第二季（2017 年）收视数据

场次	播出日期	起始时间	终止时间	关注度（%）	市场占有率（%）	排名（央视）	排名（总）
1	2017 年 1 月 29 日	20:04	21:41	0.5972	9.2459	4	4
2	2017 年 1 月 30 日	20:07	21:50	0.5133	8.3502	5	5
3	2017 年 1 月 31 日	20:06	21:50	0.5501	9.0040	3	3
4	2017 年 2 月 1 日	20:06	21:50	0.5161	8.0315	3	3
5	2017 年 2 月 2 日	20:06	21:50	0.5984	8.9949	3	3
6	2017 年 2 月 3 日	20:05	21:50	0.5946	8.5117	3	3
7	2017 年 2 月 4 日	20:04	21:39	0.7012	9.7111	3	6
8	2017 年 2 月 5 日	20:03	21:40	0.6340	8.3442	3	3
9	2017 年 2 月 6 日	20:03	21:45	0.7537	10.1447	3	3
10	2017 年 2 月 7 日	20:05	21:45	0.9409	12.3759	3	3

根据节目第一季和第二季收视数据统计[①]，以每季总决赛的市场关注度来看，第一季达到 0.545%，第二季冲刺到 0.941%，而当日《新闻联播》的市场关注度在 1.2%，创下了中央电视台文化类节目收视之最。收视率的不俗表现使得节目在获得可观的经济效益的同时，也体现了国学经典厚重的文化价值：带领观众在"熟悉的陌生题"中领会中华诗词文化精髓，从古人的智

---

① 数据来源于百度《中国诗词大会》贴吧.中国诗词大会收视率汇总分析［OL］.［2017-2-15］http://tieba.baidu.com/p/4982460070.

慧和情怀中汲取营养，涵养心灵，让古代经典诗词融入国人的血脉，传承中华民族文化基因。

第二节　国学电视传播的受众心理

电视受众是遥控器的主宰，看哪个节目，看多长时间是由观众说了算，因此电视受众对于电视节目有很强的自主性和主观性。但是，电视的收看虽然有其偶然性，但受众并不总是无缘无故就去打开电视并选择其中某一个电视节目收看的。[①] 受众对于电视频道的选择，实质上是一种价值为核心的选择行为。无论是固执性受众，还是随机性受众，在做出任何收视行为的时候，观众在潜意识或显意识之中都是一种对价值的追求[②]。在电视频道增量、电视节目林立的收视环境下，只有以受众为中心，紧紧围绕受众的需求和期待，国学电视节目才能赢得受众的关注。《百家讲坛》之所以能从低谷中逆势而起，引领"电视讲坛"风潮，制胜法宝就是厘清了受众定位，选准了目标受众，在消费环境变化中满足了受众的心理需求。

剖析普罗大众国学电视节目的收视心理，大致有以下几类：

一、娱乐消遣的狂欢体验

娱乐是人的一种本能需求，是人的肌体和精神实现良性循环的辅助性元素。"娱乐、放松、无目的的玩耍是生活不可缺少的一部分，从心理学和生理学上说，是保证旺盛的精力、刺激和强化活动能力所必需的。"[③] 娱乐消遣是观众收看电视的重要目的。

特别是当今，生活节奏加快，社会竞争激烈，人们面对的生活压力、心

① 陈旭光等.影视受众心理研究［M］.北京：北京师范大学出版社，2010：79.
② 胡智峰，杨乘虎.电视受众审美研究［M］.北京：北京师范大学出版社，2010：9.
③ ［匈］阿诺德·豪泽尔.艺术社会学［M］.居延安译.上海：学林出版社，1987：12.

理压力和精神压力剧增，更加渴望能从游戏和娱乐中舒缓紧张的神经、宣泄压抑的情感，排遣内心的焦虑，享受歇斯底里的狂欢。这也就是为什么电视娱乐节目如今能够大行其道的重要原因，而为了满足人们多元化的文化需求，国学电视节目中也通过竞赛、游戏、故事等方式注入娱乐化因子。

对于一部分人而言，国学电视节目是电视媒体为了满足受众需求而炮制的另一种口味的娱乐性文化消费大餐：既可以品味"松间明月、大漠孤烟、梅花傲雪、小桥流水的感动"，又能"在声画交相辉映的荧屏世界中得到消遣和放松"。^①因此，从某种意义上讲，收看国学电视节目仅仅是部分人满足其娱乐消遣的另一种形式，其功能与电视娱乐节目没有什么两样。

二、趋同心理下的跟风收看

人是群体性动物，以群体的形式进行活动，群体是将个人与社会相连接的桥梁和中间纽带。趋同心理是人的群体性的重要体现。趋同心理，也被称为"遵从性"，指的是个人希望与群体中多数意见保持一致，避免因孤立而遭受群体制裁的心理。模仿和趋同心理具有一定的普遍性。人的趋同心理可以从"沉默的螺旋"、群体规范与压力、从众效应等多个理论视角予以阐释。

关于"沉默的螺旋"理论，最早由德国女社会学家伊丽莎白·诺尔–诺依曼在 1972 年东京举办的世界心理学大会上提出。该理论认为，"人们具有与生俱来的对意见态度的判断力，和倾向于自己周围的意见态度的调适力"^②。

群体规范与压力大意为个人在群体中必须遵守相应的规则，群体中的多数意见会对个人意见产生不同程度的压力。在面临群体压力的情况下，个人和少数意见一般会对多数意见采取服从态度。

---

① 李绍元. 消费时代的电视真人秀研究：基于表演学视角［M］. 北京：中国书籍出版社，2016：211.

② ［德］伊丽莎白·诺尔-诺依曼. 沉默的螺旋：舆论——我们的社会皮肤［M］. 董璐译. 北京：北京大学出版社，2013：71，64.

从众效应又称"羊群效应""乐队花车效应"，是指个体会受到群体强烈的影响，朝着与大多数人一致的方向变化。从众效应的核心要义就是个人会模仿大多数人的行为或决策。

尽管以上三个理论产生的背景不同，但是它们都有一个共同的主张：人是一种社会动物，具有避免因同周围环境格格不入而陷入孤立状态的"社会天性"。

一档电视节目的火爆，一部分是由于个人的兴趣和爱好，而另一部分是由于跟风收看的从众行为。借助电视，个体可以融入无差别的整体中。2017年2月，《中国诗词大会》第二季在央视热播期间，"总决赛"成为网络与现实社交中最热门的话题。比赛结束之后，"国民美少女"武亦姝迅速成为微博热搜榜第十名。在《中国诗词大会》成为社会舆论的焦点话题时，即使对诗词不感兴趣，为了不让自己显得与周围的群体成员不一致，很大一部分人会有意去收看节目，保持与周围人有共同的话题。

需要指出的是，在跟风收看电视国学电视节目的趋同心理下还潜藏着一种"面子"心理。青年学者石勇对这种国学节目消费心理的描述可谓入木三分："国学作为一种高雅的、有品位的、有文化内涵的东西，在这个俗不可耐的时代，恰恰能够给人们提供一种'想象性身份获得'的冲动。大众并不需要懂得什么是国学，他只需要知道自己消费的东西名叫'国学'就够了。"[①]

三、求知欲催生的自我提升

求知心理是指受众倾向于选择对具有知识性内容的关注[②]。学习各种知识是观众收看电视的心理需求之一。电视文化节目是以文化信息的知识性传播为基础，这是区别于其他电视节目的核心特质。观众收看文化类节目时怀有完善自身知识结构、提升自我文化素养的心理预期。

---

① 陈壁生，石勇.国学热：十年人文热点对话录［M］.广州：中山大学出版社，2007：149.
② 陈旭光等.影视受众心理研究［M］.北京：北京师范大学出版社，2010：250.

国学电视节目不仅具有知识性、更具有思想性和理性色彩。知识性表现在国学电视节目能够超越时间和空间的限制，充分运用视听语言将厚重深奥的国学知识以一种较为直观的方式呈现给观众，提升观众对中华传统文化的认知。思想性表现在国学电视节目不只是对国学进行普及性的传播，还旨在引导观众增强对中华民族的认同感，增进对中华传统文化的文化自觉与文化自信。理性色彩则表现在国学电视节目中传播的信息是中华民族学术之根、之源，需要观众运用理性思维去思考、体悟。

如上所论，如果说逗引观众开怀大笑的娱乐性节目能够给观众带来直观的感性认识，在某种程度上缓解精神疲劳，国学电视节目则能够或多或少提升观众的认知水平、知识储备与思维能力。正如胡智峰教授等人在评价《百家讲坛》时所说："如果仅仅从电视的外在形式讨论，这样的节目能够走红是匪夷所思的；没有帅哥美女、没有美丽的画面，只有一个个长相平常的中年人在简单的构图中讲话，完全不能给人带来任何一种感官上的满足；没有跌宕起伏的情节、没有角色的扮演，也很难为观众带来感情的满足，这样的节目却能够走红，只因为它们的内容牢牢吸引住了观众，他们的信息量满足了观众求知欲。"[①] 因此，观众为了拓宽知识面，提升文化内涵，会主动收看国学电视节目。

四、文化基因的"习性"兴趣

法国社会学家布尔迪厄在论及艺术生产和接受的问题时，"习性"一词曾被多次提及。"习性"是文化产品的生产和传播的基本规则，在某种程度上等同于社会公众的趣味规则。"习性"之所以能够影响受众的接受趣味和注意力，因为"习性"中包含着对熟悉感和归属感的无意识内化。而熟悉感和归属感中最重要的东西，正是某种"习性"，也就是趣味[②]。受众对国学电

---

① 胡智峰，杨乘虎.电视受众审美研究［M］.北京：北京师范大学出版社，2010：138.
② 周宪.文化表征与文化研究［M］.北京：北京大学出版社，2007：181，187.

视节目的接受，从表面上看是兴趣使然，实则是对中华传统文化怀有浓厚的熟悉感和归属感。

熟悉感是指当受众面对自己曾经接触过的某类文化产品时所产生的特有的亲近感，而在不断地接触过程中这种亲近感又反过来强化了人们对这类文化产品的接受度。归属感是指在人们接触这些熟悉的文化产品时所产生的认为此类产品属于自己所在群体的回归感，它体现在人们往往认为此类文化产品中已经凝聚了其所在群体的价值观并且以意识形态的方式表现出来。尽管历经数百上千年的风雨洗礼，国学的核心内容如伦理道德、价值观念、仪式礼俗及语言文字等仍深深影响着中华儿女，国学的文化价值和精神力量已经融入中华民族的血脉中。因此，受众对国学电视节目的"习性"是文化基因的展现。

从文化认同角度而言，每一个国家、种族都对自己民族的文化怀有复杂而暧昧的情感。每一个中华儿女都对灿烂辉煌的中华文化怀有强烈的感情依恋和无上的崇敬之情。这种情感尤其显著地反映在每一位中国人对中华优秀传统文化难以割舍的归属感和认同感上，而且这些情感"不仅能够在代际之间纵向传递，而且能够在代际内横向传递"[1]。生长在中国文化土壤中的电视观众，很自然地对传播国学的电视节目有一种情感上的皈依和兴趣。

五、内心焦灼下的文化慰藉

20 世纪 90 年代中后期以来，追求金钱与张扬自我，成为中国社会最广大民众的生活理想与现实目标。而诗意的激情和理想的想象，在现实生活的重压下，在物质主义的诱导下被颠覆，精神世界全面溃退[2]。陈力丹先生说：

---

[1] 王源. 中华传统文化的具象化传播：原创性电视节目发展的新路径［J］. 西南大学学报（社会科学版），2017（6）：152.

[2] 杨状振. 重组话语：新媒体时代的中国电视批评［M］. 上海：上海交通大学出版社，2012：10.

"面对物欲横流，人们的心理不适也接踵而至。这是一种经历不同的文化处境而带来的'文化震惊'，容易使人们心理处于焦虑、焦灼、失落、躁动的状态。"①

文化问题是其他领域问题的投射。恰如雅斯贝斯所言："现代生活的紊乱使我们难以理解实际发生的事情。我们正在一片未经标测的海洋上航行，无法到达这样一个岸口：在其上我们可以获得观察全体的清晰视野。或者，用另一种比喻来说，我们是在一个漩涡里旋转。这个漩涡仅仅向我们显露种种事物，因为我们在它的涡流里被拖着前行。"② 多元化的价值诉求与浮萍般的飘荡常态造成了社会纽带关系的弱化和归属感的消解。在凝聚力削弱，共识感消弭、不确定性增强的社会中，人们不知所措，没有既定的价值可以遵循，也难以形成对某种理想的尊崇和笃信。人们渴望归属、渴望慰藉、渴望安抚，这是现代社会大众的共同心理需要。

与此同时，市场经济的快马加鞭和信息技术的便捷发达使人们的生活步入了快节奏的轨道。纵然不少人对"采菊东篱下，悠然见南山"的宁静闲适有着挥之不去的情结，然而也只能从国学的文化消费中心向往之。但是当下的人们很少能够静下心来阅读经典，而国学电视栏目恰好满足了人们的这种需求，通过轻松愉悦的形式让心灵短暂放飞于古典文学的空灵境地，给人们带来一种内心的充盈和精神的慰藉。

第三节　国学电视传播的效果

你方唱罢我登场的国学电视节目把中国电视荧屏装扮得活泼热闹，丰富了电视节目生态，打破了电视剧与综艺娱乐节目"二分天下"的局面，不仅

---

① 谢苏妮，齐雷杰.讲坛类电视栏目还能火多久？[N].人民日报（海外版），2008-1-28：7.
② ［德］卡尔·雅斯贝斯.时代的精神状况［M］.王德峰译.上海：上海译文出版社，1997：28.

使国学获得社会各界的广泛关注，为电视文化节目的运作提供了有益的经验和范本，还引发了一系列连锁反应。从传播效果的角度而言，国学电视传播的效果呈现多元面向。

一、推动国学热潮持续升温

21世纪以来的国学热潮的形成本就是得益于媒体的助力。近些年，国学电视传播又一次次引燃人们对国学的热情，使得国学热波及面更广，影响力更大。

（一）国学电视传播架起了国学和大众之间的桥梁

在寻常意义上，国学对于社会大众而言是陌生的。这种陌生感主要来自两个方面：其一，国学孕育产生的时空与现实生活有距离。代际不同，话语范式、审美标准与价值诉求也存在差异，现代人对国学中的许多内容不甚熟悉或闻所未闻；其二，认知国学需要一定的专业知识，比如文献学是学习国学的敲门砖，而这些知识只有少数专业人士掌握，一般大众是不了解甚至是难以理解的。

正因为国学与受众日常生活经验存在着一定的时空差距、认知差距，存在着知识鸿沟、专业门槛、认知障碍[①]，即使部分人有了解自己所生存的文化土壤和中华民族历史文化的需要，但是因为这些门槛与障碍的存在也只能望洋兴叹。所以，国学大多数时间囿于学术殿堂，在现实生活中普及面窄，存在感低。

国学电视节目在传播国学知识时进行了媒介化改造，使得艰涩的国学呈现出通俗化、大众化的面貌，大大降低了大众了解国学的门槛和学习国学的难度。国学电视传播架起了国学和大众之间的桥梁，在国学普及和推广上起到了积极作用。朱国良认为，《百家讲坛》中的"于丹和易中天善于让学术

---

① 杨乘虎.中国电视节目创新研究［M］.北京：中国传媒大学出版社，2014：124.

走出象牙塔，将文言文用通俗易懂、明白晓畅的白话来表达，让受众得以在中国传统文化的汪洋中，一掬清泉为快"。①

通过电视对国学的传播，百姓可以轻松方便地享受国学的熏陶，获得精神需求的满足。国学电视传播开拓了国学传播的渠道，将学术引向大众，适应了当下国人文化自信的需求。

（二）国学电视传播激发了民众学习国学的热情

一个个"现象级"国学电视节目圈粉无数，激活了国人血脉中潜在的国学基因，燃起了大众了解国学的兴趣，在全社会营造了学习国学的氛围。媒介专家靳智伟和北京师范大学教授康震一致认为，中国人的"诗心"从未消亡，中国受众有着浓厚的诗词文化情节，《中国诗词大会》之所以走红，正是因为激活了藏在人们心中热爱诗词的热情②。

国学电视传播也推动国学热向多面延伸，向纵深推进。我们不妨从国学电视节目中涌现出"国学达人"的视角展开思考，尤其是在国学电视节目中脱颖而出的国学小明星，他们在节目中展现出的才华与智慧赢得满堂喝彩。他们对于国学知识的掌握熟稔于心，出口成章，既让人称赞，也点燃了一部分人学习国学的热情，尤其拨动了家里有同龄孩子的家长的心。有社会需求就有新的商机，近几年市场上的国学培训机构，如国学堂、国学班、儿童诵经班等如雨后春笋般出现。虽然不能把国学班的出现完全归功于国学电视传播，但是，国学电视传播在一定程度上促成了国学培训市场的形成与繁荣。

大众传播媒介具有"议程设置功能"，"在多数时候，它不能左右人们怎么想，但是却可以决定人们想什么"③。从整体传播效果来看，近几年电视荧屏上频繁出现的国学电视节目，已经开始显现出"议程设置"功能，引发全

---

① 朱国良. 于丹的《论语心得》所感［OL］.［2007-1-23］http://theory. people.com.cn/GB/40538/5317555.html.

② 章琰. 国学节目圈粉无数综艺迎来"文艺复兴"［N］. 羊城晚报，2017-2-13：B01.

③ Bernard C. Cohen. *The press and foreign policy*［M］. Princeton：Princeton University Press. 1963：13.

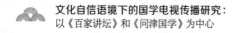
社会对国学的热切关注。

（三）国学电视传播促进国学热由"假热"向"真热"转变

国学热的提法频频出现于各种场合，学者们普遍把近年来的国学热认为是中华优秀传统文化的复兴。但是国学热究竟"热"到何种程度？目前学界尚无统一定论。有代表性的观点大致有三种：第一种，当下的国学热是相对意义上的"热"。20世纪90年代之后尤其21世纪以来，社会对国学的态度比五四运动之后大有转变。第二种观点则认为，所谓的"国学热"是子虚乌有的。之所以这么说，是因为跟晚清以前相比，现在对国学的学习与研究还差之千里。现在国学才稍微回暖，要说有多热，则是靠不住的。第三种观点比前两种略显温和，是相对折中的态度。持这种观点的学者认为，国学热是虚热。这个论断基于以下两点：其一，我国从小学到大学的正规化、体制内的教育系统中，没有真正把中华文化经典作为中国的学生学习的必修课程[①]。其二，当下的国学热是鱼龙混杂、精华与糟粕并存的国学热，是各方利益交织和角力形成的国学热。在对国学传播历程梳理的基础上，本书倾向于第三种观点，即当下的国学热存在着"虚火过旺"的现象。

国学热的"虚火过旺"着重是指当前传统文化中的沉渣泛起，误导了人们对国学的认知。带着文化节目气质的国学电视节目以各种形式传播着国学，让人们在国学元典中感受先贤的智慧，在历史长河中追寻民族的精神、在诗词曲剧中丰富生活的诗意。这些国学知识增强了文化认同，升华了审美品格，丰富了情感体验，让观众在惊叹国学的博大精深时，学会辨析国学不是市井中打着国学名号的看相算命，不是制胜商海的宝典秘籍，也不是满足权欲的宫廷争斗，更不是"之乎者也"的"文化脸面"。

当然，电视传播国学知识时也有一些哗众取宠的内容，这是应当极力避免的。从整体上看，国学电视传播在发掘国学价值，增强文化自信，实现国

---

① 郭齐勇语. 参见郭齐勇. 让国学"虚热"变"真热"[J]. 孔学堂，2016（01）：19.

学由"假热""虚热"向"真热"的转变发挥了良好的舆论引导功能。

二、拉动国学出版产业增长

当一种电视文化原有的意义在传播过程中产生出新的价值或意义来，或者这种文化的传播面增加而使传播后的文化相比传播前的文化有了某种增值放大，这就是电视文化的增值现象。一方面，表现为量的增加，另一方面表现为质的增值。[①] 国学节目热从电视荧屏不断席卷到文化出版领域，如音像制品、电子书，尤其是图书出版业。国学电视传播有力地带动了国学图书出版产业，无论是国学图书的出版，还是国学图书的销售，都出现了数量惊人的增长，创造了电视文化增值景观。

在目前所有的国学电视节目中，讲坛类节目涉及国学内容广泛，造就的学术明星最多，因而以《百家讲坛》为代表的讲坛类节目对国学类图书出版的带动最为显著。可以说，《百家讲坛》的成功衍生了巨大的附加产值：2004 年，阎崇年根据讲稿修改增订而成的《正说清十二帝》，上市 3 个月累计销售 16 万册，出版后的一年内销量即达到 32 万册。殊不知，在阎崇年未上《百家讲坛》走红之前，他的著作《袁崇焕传》只卖出 200 册，而这本著作正是他被节目组选中的学术实力证明。2005 年，以讲坛内容为基础改编的《刘心武揭秘〈红楼梦〉》在作者与红学家的激烈争辩中狂销 60 万册。2006 年上海文艺出版社以 500 万元的高价夺得《易中天品三国》（上）的版权，首批印量 55 万册，两个月之内数次重印，销量超过 200 万册。2006 年国庆长假期间，《百家讲坛》栏目连续 7 天播出系列讲座《于丹〈论语〉心得》。仅仅过了一个月，图书版《于丹〈论语〉心得》旋即在中华书局出版，首次印量竟高达 60 万册，且一个月之内两次重印，印数已达百万。2008 年1 月，王立群教授以在《百家讲坛》所作同名讲座内容为蓝本而撰写的《王

---

① 张建，夏光富.电视节目解析［M］.重庆：重庆大学出版社，2015：135.

立群读〈史记〉之项羽》，在重庆出版集团出版时首印 20 万册，且销量一直在不断刷新。这样的发行业绩与以往的普及性人文社科类出版物相比，无异于天文数字。此外，姚淦铭的《老子与百姓生活》、纪连海的《历史上的和珅》等书发行量也都不俗。不仅如此，《百家讲坛》还带动了原本滞销的经典读本的销售，各大出版社借势推出各种解读传统文化的普及读物，为"国学热"再添一把旺火。①

阎崇年老先生很有感触地说，他研究了一辈子清史，出版了二十多本学术专著和几百篇学术论文，但其知名度仅仅是在学术界，出的书也从没有卖火过，但《百家讲坛》让他火了，仅《正说清朝十二帝》一书就发行了几十万册之多，这样的印数他以前是想都不敢想的。②

如果说《百家讲坛》掀起了第一波国学图书出版浪潮，2013 年 8 月播出的《中国汉字听写大会》节目唤醒了更多人对汉字的兴趣和对汉字背后中华文化的学习，更是促进了与汉字有关的图书发行。2014 年 8 月由接力出版社出版的《中国汉字听写大会·我的趣味汉字世界》获得了社会的广泛认可与支持，该套图书上市四个月便销售 16 万册，入选《中国新闻出版报》8 月优秀畅销书榜总榜 TOP10，并且入选中国图书评论学会"大众好书榜"。2015 年，中国第一部现代意义上的辞书——《辞源》推出了第三版，在港澳台地区和美国、法国、日本、韩国、老挝等国家同步上市，且好评率高达99%。

无独有偶，2017 年 2 月《中国诗词大会》刚刚落幕，全民读诗的热潮随即开启。"《中国诗词大会》大热后，诗词类图书一下子成了市场爆款……不仅《唐诗三百首》《宋词三百首》等古诗词选集有多个版本在热销，《中国诗词大会》同名图书、《凯叔选给孩子的 99 首词》《一剪宋朝的时光》等诗

① 赖黎捷等. 媒体奇观视域下的中国电视娱乐文化转型研究［M］. 广州：暨南大学出版社，2013：86.
② 赵晓峰. 电视讲坛还很兴盛 各种"讲坛"都很火爆［OL］. http://yule.sohu.com/20081214/n261195759.shtml.

词赏析解读类图书也屡屡登上畅销书排行榜前10名。截止到2017年8月份，节目同名图书《中国诗词大会》（上下册）已累计销售34万套（68万册），目前还在不断加印。"① 在当当网，中国古诗词类图书销量明显上升，环比增长5倍。诗词类图书能拔得2017年图书热销爆品的"头筹"……既有偶然成分，也有必然成分。偶然之处在于搭上了热门电视节目的顺风车。②

国学电视节目除了在促进国学图书销量上功不可没，还催生了一批国学图书。"面对传统文化类图书出版的形势大好，一些出版社自然瞄准时机，以最快时间推出各种各样的传统文化经典普及读物，不禁让读者眼花缭乱。"③ 这些图书既有国学电视节目中嘉宾的著作，还有与国学电视节目主题接近的图书。

国学电视知识分子出书热。以蒙曼、郦波、康震为例，三位均是名副其实的国学知识分子，分别担当过多档国学电视节目的点评嘉宾，出版的与国学电视节目相关的著作成果喜人。

表3.4　蒙曼、郦波、康震等三人出版著作一览表

序号	著者	书名	出版年份	出版社
1	蒙曼	《唐明皇》	2016 年	新星出版社
2	蒙曼	《太平公主和她的时代》	2016 年	新星出版社
3	蒙曼	《武则天》	2015 年	广西师范大学出版社
4	蒙曼	《蒙曼说唐·唐玄宗》	2013 年	陕西师范大学出版总社有限公司
5	蒙曼	《长恨歌》	2010 年	中国国际电视总公司
6	蒙曼	《蒙曼说唐·长恨歌》	2010 年	陕西师范大学出版社
7	蒙曼	《汉唐精神：直面历史与经典的13堂课》	2009 年	中央编译出版社

① 邢虹，李洋.《中国诗词大会》带火诗词类图书［N］.南京日报，2017-3-1：B4.
② 中国出版传媒商报. 诗词书热销背后的营销路径［OL］. 2017-2-28. http://www.etjbooks.com.cn/show.aspx?generalid=42685&nodeid=7.
③ 魏沛娜."传统文化热"带动图书出版［N］.深圳商报，2017-8-7：C01.

续　表

序号	著者	书名	出版年份	出版社
8	蒙曼	《太平公主》	2008 年	中国国际电视总公司
9	蒙曼	《蒙曼说唐·乱世红颜》	2008 年	广西师范大学出版社
10	蒙曼	《蒙曼说唐·武则天》	2008 年	广西师范大学出版社
11	蒙曼	《武则天·第一部·皇后之路》	2007 年	中国国际电视总公司
12	蒙曼	《武则天·第二部·一代女皇》	2007 年	中国国际电视总公司
13	蒙曼	《唐代前期北衙禁军制度研究》	2005 年	中央民族大学出版社
1	郦波	《人生自有境界：郦波品诗词与人生（壹）》	2017 年	学林出版社
2	郦波	《五百年来王阳明》	2017 年	上海人民出版社
3	郦波	《大明战神：郦波评说戚继光》	2016 年	中国工人出版社
4	郦波	《丹心报国：郦波评说于谦》	2016 年	中国工人出版社
5	郦波	《千古名相：郦波评说张居正》	2016 年	中国工人出版社
6	郦波	《清正为官：郦波评说海瑞》	2016 年	中国工人出版社
7	郦波	《王世贞文学研究》	2011 年	中华书局
8	郦波	《郦波评说曾国藩家训》	2011 年	中国国际电视总公司
9	郦波	《清官海瑞》	2010 年	中国民主法制出版社
10	郦波	《救时宰相于谦》	2010 年	中国民主法制出版社
11	郦波	《抗倭英雄戚继光》	2010 年	中国民主法制出版社
12	郦波	《风雨张居正》	2009 年	中国民主法制出版社
13	郦波	《郦波评说千古爱情·宋元明清那些爱》	2008 年	东方出版社
14	郦波	《郦波评说千古爱情·五代前的那些爱》	2008 年	东方出版社
15	郦波	《王世贞文选》	2001 年	苏州大学出版社
1	康震	《中国散文通史（隋唐五代卷）》	2013 年	安徽教育出版社
2	康震	《康震评说唐宋八大家·三苏》	2012 年	中华书局
3	康震	《康震评说唐宋八大家·欧阳修、曾巩》	2010 年	中华书局
4	康震	《康震评说唐宋八大家·韩愈》	2010 年	中华书局
5	康震	《康震评说唐宋八大家·柳宗元》	2010 年	中华书局

序号	著者	书名	出版年份	出版社
6	康震	《康震评说诗圣杜甫》	2010 年	中华书局
7	康震	《诗国文苑：古代文学经典选读》	2009 年	中国人民大学出版社
8	康震	《康震评说苏东坡》	2008 年	中华书局
9	康震	《康震评说李清照》	2007 年	中华书局
10	康震	《康震品李白》	2006 年	东方出版社
11	康震	《中国古代文学史（下卷）》	2005 年	南海出版公司

从上表可以看出，蒙曼、郦波、康震三位学者在介入电视节目后，出版的个人专著成果十分丰硕，其中相当一些图书是根据他们在电视节目中的讲稿蓝本编著而成。

事实上，每一档国学电视栏目引爆荧屏后，都会刺激相关主题的国学图书出版。2017 年上半年出版业七大关键词其中之一就是"传统文化热"。除了中华书局、凤凰出版社等大部分专业类和古籍类出版社之外，还有不少非专业古籍出版社出版了大量传统文化经典普及本。

当然，短时间内有这么多同类图书问世，质量上不免出现同质化或粗制滥造的现象，但国学图书出版数量和出版种类数量的增长客观有力地说明，国学电视节目已经渐渐形成了一个庞大的文化产业链，在创造自身品牌文化价值的同时也带动了国学图书出版产业的繁荣。

三、促使电视知识分子概念"合法化"

国学节目不仅丰富了电视荧屏，还造就了一批"国学明星"：阎崇年、刘心武、易中天、于丹、王立群、郦波、康震、蒙曼等。这些人将原本过于理论和学术的国学予以通俗化阐释，使得国学可以深入浅出地"飞入寻常百姓家"。他们在促进国学传播的同时，也把自己打造成一张张传播国学的"名片"。2006 年山西卫视《新闻午报》栏目如同评选影视明星一样，选出了《百家讲坛》的十大名嘴："最投入"孙丹林、"最洒脱"孔庆东、"最人气"易中天、"最争议"刘心武、"最另类"纪连海、"最幽默"金正昆、"最关键"阎崇年、"最悬疑"毛佩琦、"最严谨"马瑞芳、"最学术"王立群。这些原本在书斋中经年累月默默无闻的学者因为在电视上亮相几次就迅速蹿红，拥有了明星般的社会关注度与影响力，一度被媒体称作"学术超男 / 超女"。

其实，无论是"学术明星""明星学者"还是"学术超男 / 女"，在笔者看来这些称号都有些许揶揄之嫌。做学术和搞娱乐特点不同，对人的要求也有天壤之别，这些杂糅组合而成的称号，就好似沾染电视的学者一只腿站在学术界，一只腿站在娱乐圈，看则两边都懂点，实则两边都不精，沦为"墙上芦苇头重脚轻根底浅，山间竹笋嘴尖皮厚腹中空"之流。因此，本书认为把参与电视传播的专家学者统一称为"电视知识分子"最为恰当。对于电视知识分子，人们的态度是复杂的。

（一）电视知识分子的身份论争

电视知识分子顾名思义就是活跃在电视媒体上的知识分子。电视知识分子出现以后，原本同属一个类群的知识分子分成了新的两类：第一类是学者和作家等，即传统意义上的知识分子，他们旨在自己的领域里著书立说；另一类是现代意义上的知识分子，即媒体化的知识分子，他们经常通过电视媒体发表自己的研究成果或观点。众所周知，商业化运作要求电视节目大众化、视觉化并迎合市场需要，这样一来，电视知识分子慢慢就走上了商业化的道路。从此，人们对电视知识分子的争议持续发酵。

电视知识分子与一般专家学者有同有异。相同之处在于：书斋中的学术研究是他们共同的"主战场"；在传播文化和思想方面，他们具有相同的公共性价值。不同之处在于：电视知识分子活动场域扩大，他们频频现身于电视媒体，以主讲人和特邀嘉宾的身份传播自己的观点和见解；借力于电视这种大众媒介，电视知识分子的文化传播范围更加广泛；二者本质上的区别是因为传播对象的不同，传播思想和文化的方式方法也不同，学术型知识分子有标准的学术话语，传播对象主要是知识界或"圈内人"。而电视知识分子面对的则是普通大众，他们必须寻找精英文化与大众文化的最佳契合点，以通俗易懂的语言表达自己的观点，否则就会出现无效传播的尴尬。

电视与知识分子的"串场"于二者而言是共赢之举。对于知识分子而言，站在思想浪潮的前沿，他们可以将自己的思想在更大的空间以更快的速度传播，进而产生更广泛的影响。对于电视媒介而言，借助知识分子的知识和思想，通过他们的内容解读和话语建构，可以潜移默化地影响社会公众的精神领域，提升电视文化品位，实现电视的文化担当职能。

既然"学者使电视深刻，电视使学者有为"，那么人们对电视知识分子族群是否推崇有加、点赞称颂呢？现实通常比想象要复杂得多。有学者认为，电视是视觉的艺术，所谓明星其实是一个被反复强化的视觉符码，是空心的形象、客体化的欲望和文化工业的产品。知识精英的明星化已经成为当今电视的一大景观，这只能解释为电视传媒的胜利[1]。也有学者认为，电视化的知识分子对文化的传播不仅无助，反而削弱了文化的光晕。"电视学者"这一特殊身份的明星化发展态势，直接造成节目在文化意义上的全面弥散[2]。

于是，我们禁不住发问：学者与电视"互搭梯子"究竟为何有如此大的争议，争议的出发点何在？笔者认为，电视知识分子之所以一边炙手可热，一边又要面对不绝于耳的批评，有其深刻原因：

1. 地位差异的文化逻辑受到威胁

文化史的研究揭示了这样一个现象：文化或文学艺术不过是一个类似物理学上所说的"场"，是由各种力量错综复杂的对立关系构成的。对于法国当代社会学巨匠皮埃尔·布尔迪厄而言，"从场的角度思考就是从关系的角度思考"[3]。

---

[1] 魏鹏举.知识娱乐化：电视传媒对于历史与知识的改造［J］.文艺理论与批评，2002（5）：120-121.

[2] 颜梅，何天平.电视文化类节目的嬗变轨迹及文化反思［J］.现代传播，2017（7）：88.

[3] 包亚明.文化资本与社会炼金术：布尔迪厄访谈录［M］.上海：上海人民出版社，1997：141.

　　"场域"是布尔迪厄社会学中的一个关键的空间隐喻，是"位置之间客观关系的网络或图示"①。"场域"有其规则，即博弈。文化或艺术场内所出现的一切活动，无不与位置和资本之争有关。②一部分知识分子对介越电视场的知识分子（通常被称作"媒介知识分子"）的批判，究其实质是一部分文化人争取自己优越位置以"合法化"的斗争，也即一部分知识分子没有"安守本分"地在书斋坐冷板凳，反而转身到喧嚣热闹的电视文化场域，并且实现了华丽转身，名利双收。"对这些权力（或资本）的占有，也意味着对这个场的特殊利润的控制。"③"除了声望的放大、传播与增值外，文化资本的收益还带来了知识分子的社会关系结构的高度能产性"④，原本文化场域中平衡的位置关系和利益格局被打破，于是，出现了对文化资本或资源的争夺。

　　学术研究与大众传媒文化，大多数时候确乎是各不相干的两块文化场域，但是，一旦大众传媒借用了"经典""教授"之类的名衔，两个文化生产场的机制运作就产生了交集。而在这一交集之中，电视知识分子激起了不少学者的危机意识和嫉妒心理。也难怪，上了几次电视就名利双收，怎么不叫人艳羡？近年来，由一本畅销书引申出了一个名句——"谁动了我的奶酪"，用以形容社会各利益群体对资源的争夺。很明显，易中天等国学知识分子动了某块奶酪。⑤

　　2. 对文化精英迷失心性的隐忧

　　电视媒体，"一方面凭借强势的技术霸权不断消解知识精英的话语权力，

---

① ［美］戴维·斯沃茨. 文化与权力：布尔迪厄的社会学［M］. 陶东风译. 上海：上海译文出版社，2012：136.

② 周宪. 文化表征与文化研究［M］. 北京：北京大学出版社，2007：355.

③ 包亚明. 文化资本与社会炼金术：布尔迪厄访谈录［M］. 上海：上海人民出版社，1997：142.

④ 包亚明. 在语言与现实之间［M］. 上海：上海远东出版社，1998：71.

⑤ 杨早. 评价于丹：学术规范还是传播法则［J］. 清华大学学报（哲学社会科学版），2008（1）：110.

另一方面又常常不失时机地向知识精英们暗送秋波,相互借重"①。我们不难发现,大部分国学电视节目都会邀请嘉宾,有些嘉宾还不止参与一档国学节目。这部分人频繁亮相电视媒体,就会让观众很自然地形成这样一种印象:这个(几个)人是国学某个领域的"权威"。而且"时间一久,道行一高,这些明星化了的学者往往信以为真地把自己当作了权威,容不得别人批评,处处显出莫名的优越感和自恋的得意劲儿。"②更糟糕的是,一旦这极个别嘉宾的"权威"地位树立起来,他们就更会被电视台所追捧,在受众心目中的专业认可度也更高。在这样的情况下,传统意义上的学者、作家还在努力著书立说,影响却越来越有限;传统意义上学术刊物的读者群也会越来越有限。相反,传媒化的知识分子大行其道,他们的影响力越来越大,甚至超过了传统的知识分子③。

　　长此以往,电视媒体的承认和好评就成为评价知识分子学术水平高低的指示灯,况且,电视场还存在着大众文化的资本与利润的诱惑。如此一来,那些学术水平和专业知识比出入电视场的人还要高的学术精英就会心生愤慨。这是由中国知识分子的特点所决定的。

　　众所周知,中国历来没有独立的知识分子阶层,知识分子群体在中国也一贯是弱势群体。支撑知识分子群体的精神源泉就是他们引以为傲的知识分子名号以及深厚的知识功底。可悲的是,现在连心中最神圣、最荣光的学术水平也要被大众因刻板印象而误认为比电视上的嘉宾逊色一筹,心中怎能不郁闷落寞?为了排遣这种失落和愤懑,一些知识分子难免迷失心性,向电视媒体低头献媚,转身去电视场寻找认可和象征资本,博取观众的"伪认同"。

①　魏鹏举.知识娱乐化:电视传媒对于历史与知识的改造[J].文艺理论与批评,2002(5):121.

②　亚奇.直面易中天[A].蔡栋主编.说不尽的易中天[M].长沙:湖南人民出版社,2006:169.

③　[法]雷米·里埃菲尔.传媒、知识分子与政治[A].刘昶译.高晓虹.电视传播思想力[M].北京:中国传媒大学出版社,2010:209.

更为糟糕的是，如此下去，文化精英就会丧失主体性，精英的光环也将消失殆尽。

（二）电视知识分子概念的"合法性"

电视知识分子概念的"合法性"是指电视知识分子这一称谓得到更为广泛和深入的认同。许多知识分子，尤其是"学院派"认为"电视知识分子"一词不甚恰当，甚至对其心存芥蒂，但电视知识分子群体却是客观存在的。法国媒介学家德布雷对此早有论断："大众媒介借着扩大接受的领域，降低了知识分子合法性的来源，以更宽广的同心圆包围了职业的知识分子……大众媒体已经打破了传统知识阶层的封闭，以及传统知识阶层的评价规范和价值标准。"[1] 我国学者牛慧清教授也认为，"我国的知识分子从诞生的那一刻起，就与大众传媒结下了不解的情缘"，她更进一步指出，"知识分子与电视媒体的结盟并不是一厢情愿的诉求和绑缚，相反，他们之间的'联姻'恰恰是彼此需要的客观结果，甚至是彼此相交换的结果"[2]。

学术界一般认为，"电视知识分子"一词最早由法国社会学家布尔迪厄在其著作《关于电视》中提出[3]。布氏在书中把"电视知识分子"的特征描述为"在电视上'挖一段时间'，得以靠媒介生存"[4]。事实上，"电视知识分子"这个提法在布尔迪厄的这本大作还没有被译介到国内之前就已经存在。根据布尔迪厄本人在《关于电视》的前言中所述："本书根据 1996 年 3 月 18 日录制的两次电视讲座内容修改、整理而成，这两讲属法兰西公学院系列课程，

---

① Debray. *Teachers, Writers, Celebrities: The Intellectuals of Modern France* [M]. London: New Left Books, 1981: 81.

② 牛慧清. 中国电视知识分子与电视媒体关系研究 [M]. 北京：中国传媒大学出版社，2010: 58.

③ 学者时统宇在其论文《试论"电视知识分子"》中开篇即言："'电视知识分子'的概念是法国著名社会学家布尔迪厄提出的。"学者陶东风在做客中央电视台国际网络《电视批判》论坛时也讲到："'电视知识分子'这个概念在我的印象中是一位法国的已故社会学家提出的。"而这位已故的社会学家正是法国学者布尔迪厄（著者加）。

④ ［法］皮埃尔·布尔迪厄. 关于电视 [M]. 许钧译. 沈阳：辽宁教育出版社，2000: 87.

于1996年5月由巴黎一台播出《关于电视》和《记者场与电视》。"① 该书随后由我国学者许钧翻译，于2000年由辽宁教育出版社出版发行。而在此之前，汉语中就已经有"电视知识分子"出现。根据可查资料，至少有四处表述都先于2000年，分别是何东的《电视"知识分子"》（载《天涯》，1997年第5期）、周安华的《论中国"电视知识分子"》（载《文艺争鸣》，1998年第2期）、黄书泉的《〈生活空间〉的人文精神》（载《读书》，1999年第5期），以及刘炘的著作《电视重构论：转型期中国电视的文化选择》（中国广播电视出版社，1999年）②。

虽然"电视知识分子"一词早已存在，但其成为一个学术问题并引起研究者的兴趣，还是在《百家讲坛》走热之后。"随着《百家讲坛》'造星运动'的进行，国内关于'电视知识分子'的研究也相应多了起来。"③ 此后，"'电视知识分子'问题不再作为一种简单的电视媒体本身运作中出现的现象，已经开始被作为文化现象、社会现象来关注"④。

在电视业界与学界的共同关注中，"电视知识分子"的概念不仅成为一个"合法性"存在，研究"电视知识分子"甚至可以说成为一个学术热点。从笔者所掌握的资料来看，有三篇博士学位论文都是以"电视知识分子"为研究主题，分别是：陈媛媛的《社会转型时期的知识分子媒介形象研究》（武汉大学博士学位论文，2008年）、张玉川的《中国电视知识分子论》（四川大学博士学位论文，2008年）、陈红梅的《电视场对学术场的介越研究》（华中科技大学博士学位论文，2012年）。不仅如此，前两篇学位论文随后还皆以学术专著的形式公开出版⑤。另外，学者牛慧清也根据其对知识分子与电

① ［法］皮埃尔·布尔迪厄.关于电视［M］.许钧译.沈阳：辽宁教育出版社，2000：1.
② 张玉川.中国电视知识分子论［M］.成都：四川出版集团巴蜀书社，2011：16-17.
③ 陈红梅.电视场对学术场的介越研究［D］.华中科技大学博士学位论文，2012：12.
④ 张玉川.中国电视知识分子论［M］.成都：四川出版集团巴蜀书社，2011：34.
⑤ 武汉大学陈媛媛博士的《社会转型时期的知识分子媒介形象研究》于2009年由湖北人民出版社出版；四川大学张玉川博士的《中国电视知识分子论》于2011年由四川出版集团巴蜀书社出版。

视媒体共时互动的研究出版专著《中国知识分子与电视媒体关系研究》（中国传媒大学出版社，2011 年）。可见，"电视知识分子"一词正在更大范围、更深程度得到各界的认可。

四、激发新媒体对传播国学的热情

随着数字化终端智能手机的普及，以微博、微信为代表的即时通信媒介全面渗透人们的生活。与报纸、电视等传统大众媒介相比，这些新媒体具有"船小好调头"的显著优势，传播的机制相对灵活，符合现代人插空式、碎片化的阅读习惯，更加注重对社会关注的焦点、热点话题的传播。

以汉字、成语、诗词等代表的国学知识在电视媒介中的精彩呈现形成了一个又一个媒介事件，影响了大众舆论，也在电视开机率走低的媒介竞争格局中实现了关注度和收视率的逆袭。这些现象拨动了微博、微信以及手机App 等新媒体的心弦，它们天生具有传播热点的特质，自然要做到与大众话题同频共振。随着《中国诗词大会》在央视的热播，依照赛事改变而来的同名手机 App 很快问世。通过百度搜索引擎键入"国学 微博"，找到相关结果 2,960,000 个，键入"国学 微信公众号"，可以找到相关结果 2,970,000 个。

新媒体为国学开辟了新的传播平台，成百上千传播国学的微信公众号、手机应用程序在喧闹中如过江之鲫般纷纷登场。相较于新媒体传播国学的热情，其传播内容和效果更值得人们关注。这里以搜狗导航栏中的国学微信公众号为例（搜狗引擎专门设有"微信"导航栏目），从微观视角对新媒体传播国学的内容和效果进行剖析。

在搜狗搜索栏中键入"国学"，共检索出微信公众号 193 个，删除完全重复之后共有 182 个（详见附录三）。笔者通过对此 182 个微信公众号 PC端推送的文章进行数据抓取（数据挖掘时间 2017 年 12 月 25 日），共抓取文章 2273 篇。按抓取关键词热度排序如下表所示：

表 3.5　搜狗导航栏国学微信公众号数据挖掘主题排名

序号	关键词	篇数
1	传统文化、历史	913
2	人生感悟、心理	499
3	健康、中医养生	329
4	风水、算命	145
5	亲子、教育	141
6	其他	116
7	亲情、家庭	66
8	友情、青春	22
9	爱情、两性	16
10	经学、小学、蒙学、目录学、诸子百家、唐诗宋词	13
11	茶道、棋艺、绘画、书法	10
12	书院、国学院	3

　　为了更深入地了解每一类别中主要的传播内容，著者对排在前四位的微信推文做了统计词云图。

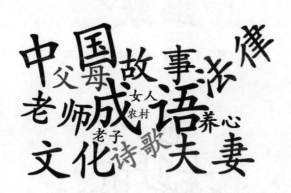

图 3.1　传统文化、历史类词云图

图 3.2　人生感悟、心理类词云图

图 3.3　健康、中医养生类词云图

图 3.4　风水、算命类词云图

通过对 182 个微信公众号中的 2273 篇推文的统计分析，当前新媒体（微信）传播国学的内容令人担忧。虽然名义上是国学公众号，但传播的内容却鱼龙混杂，既有商业贸易信息，如文化活动策划、礼仪策划及市场营销策划等广告推文；又有风水算命歪理邪说，比如运势、姻缘、解梦之类的玄妙解析，沉渣泛起。从关注量和文章点击阅读量来看，经营成功的国学微信公众号凤毛麟角。

基于对大量国学微信公众号的考察，本书认为，其唯一的，也是最大的优点在于涉及的国学内容非常广泛，有国学原典、家风家训，还有古代寓言故事等，但相较而言，其缺点却十分突出。

首先，各微信公众号的内容多数是"老面孔"，推文内容缺乏新意，有复制粘贴之嫌，而且排版老式，难以激起读者的阅读欲望。

第二，"挂羊头卖狗肉"，虽宣称主旨在于"用经典的国学力量来感悟人生的智慧""弘扬中华优秀传统文化"等，但所发布的大多数文章却是充满现代浮夸气息的"鸡汤文"，以及充满着商业信息的广告软文，让关注者有上当受骗的感觉。

第三，对目标受众缺乏深入分析。传承中华优秀传统文化，新生一代无疑是中坚力量，但是一些国学公众号依旧采用呆板、老套的方式来呈现内容，难以让青年一代产生仔细阅读的兴趣。

总体而言，目前新媒体的国学传播尚未行成气候，甚至可以说不仅没有促进国学的传播，反倒使国学陷入市井流弊的泥沼。究其原因，最重要的是运营者的心态：一种是心术不正、急功近利，一心想着通过经营公众号靠打赏等谋利；另一种则是心气坦然、乐在其中，运营国学微信公众号全凭个人兴趣，而不顾受众的阅读需求与接受心理。笔者在对"友邻国学"微信公众号运营者邓凯[1]访谈时，其直言："当时开办这个公众号是基于自己的个人兴趣和爱好，微信公众号可以作为传播国学的平台和载体，但其影响力是远远

---

[1]　华中师范大学古典文献学博士，宁波财经学院讲师，研究方向：阳明学。

不够的。"

本章小结

如雨后春笋般相继登陆电视荧屏的国学电视栏目呈现出什么特点？受众是基于什么样的心理动因收看国学电视栏目？先后掀起汉字热、成语热与诗词热的国学电视传播效果如何？本章主要回答了这三个问题。

通过对现时存在的国学电视栏目共性和规律性的透视，本书把国学电视栏目呈现出的特点归纳为五个方面：分别是国学电视栏目的原创性、祛魅化、消费属性、多元价值以及"季播"现象等。无论对于什么类型的电视栏目而言，抓住受众的心都是至关重要的。也正是因为国学电视栏目所具有的以上五个特点满足了受众的不同心理需求，才激起了受众对该类节目的收视兴趣。本书认为受众收看国学电视栏目的心理动机主要有娱乐消遣的狂欢体验、趋同心理下的跟风收看、求知欲催生的自我提升、文化基因的"习性"兴趣以及内心焦灼下的文化慰藉等五个类别。

国学电视栏目的刷屏霸榜，不仅丰富了电视文化生态，为如何更好地传播国学做出有益探索，还通过其文化增殖效应在相关领域产生了广泛的影响，集中表现为：推动国学热潮持续升温、拉动国学出版产业增长、促使电视知识分子概念"合法化"以及激发新媒体对传播国学的热情。

第四章　国学电视传播的个案研究

—— 以《百家讲坛》和《问津国学》为例

在本书第二、三章对国学电视传播进行宏观分析的基础上，为了把研究引向深入，同时使整个论文的架构更为紧凑合理，形成对国学电视传播既有宏观把握，又有微观聚焦的格局。本章选取《百家讲坛》和《问津国学》两个国学栏目进行个案研究，其中重点研究两个栏目的传播内容和传播效果。

通过对《百家讲坛》和《问津国学》这两个栏目国学传播内容的分析，可以大致反映出目前电视媒介中都传播了哪些国学内容。

从电视荧屏上播出的国学电视节目来看，所传播的国学内容相当丰富，有的一档节目其传播内容只聚焦于国学领域的某个板块，如《中国汉字听写大会》《中国成语大会》《中国诗词大会》《汉字英雄》《唐诗风云会》《诗歌之王》《中华百家姓》《知根知底》等；有的节目每一期或每几期传播国学的一个主题，但选题范围广泛，如《百家讲坛》《国学开讲》《国学堂》《中华文明大讲堂》以及本章要重点关注的地方电视台国学节目《问津国学》；还有的国学节目一期中会涉及国学的不同领域，如《开心学国学》《挑战文化名人》《超级简单》《国学小名士》《最爱是中华》等。

之所以以《百家讲坛》和《问津国学》为例来透视国学电视传播的内容，主要基于以下考虑：首先，两个讲坛类国学栏目选题涉猎范围广，而且比一期节目要涉及许多国学知识点的节目更成体系；其次，两档节目在传播方式上更为接近传统的以传道为主的国学传播形式；最后，两档节目在层次上具有典型的代表性。因此，以这两档节目为个案，可以基本透视目前进入电视传播视域的有哪些国学内容。

　　同时，传播效果是也电视研究必不可少的内容，有学者甚至认为，"电视研究也就是效果研究"①。本书第三章从宏观层面分析了国学电视传播效果，为了对国学电视节目的传播效果做微观层面的考察，本章还分别对两个栏目的其中一期进行焦点小组研究。这里有必要先对焦点小组研究方法做一个简要的介绍。

　　焦点小组研究最初由美国社会学家罗伯特·默顿在1941年提出，首先被传播学家拉扎斯菲尔德用于分析受众对特定的（宣传）小册子、广播节目和电影的反应。它具体是指"由一位协调人主持，对一小群经过精心挑选的人进行访谈的研究方法"②。这种方法被广泛地应用于广告、市场营销、社会学、心理学等领域，也是传播学中大众媒介的受众研究常用的研究方法。"焦点小组访谈法最显著的特点就是群体间的互动，而通过这种互动得出的数据和参考资料往往是其他数据搜集方法所无法实现的。"③因此，焦点小组法最主要的优点是"不仅解答了抽样调查所无法回答的'为什么'的问题，而且也捕捉到了在一对一的个人访谈中可能被遗漏的思想领域"。而且，焦点小组坚持让参与者在一个开放的谈话中进行自我表达，"小组成员之间动态的交流，为焦点小组提供了它作为研究方法的特性和力量"④。

　　为了便于对《百家讲坛》和《问津国学》两档栏目作对比分析，对两档栏目焦点小组研究做到四个相同：

　　一是所选取的用于焦点小组研究的视频主题相同。一个是《百家讲坛》2008年2月7日节目，北京师范大学艺术与传媒学院教授于丹所讲的《于丹〈论语〉感悟（一）孝敬之道》（下称《〈论语〉感悟——孝敬之道》），

① ［英］利贝斯，卡茨. 意义的输出：《达拉斯》的跨文化解读［M］. 刘自雄译. 北京：华夏出版社，2003：8.
② 李琨. 传播学定性研究方法［M］. 北京：北京大学出版社，2009：43.
③ ［英］安德斯·汉森. 大众传播研究方法［M］. 崔保国等译. 北京：新华出版社，2004：306.
④ ［美］大卫·E. 莫里森. 寻找方法：焦点小组和大众传播研究的发展［M］. 柯惠新，王宁译. 北京：新华出版社，2004：257.

另一个是《问津国学》2017 年 9 月 24 日节目，武汉大学国学院副教授秦平所讲的《〈论语〉的孝悌忠恕思想（上）孝悌之道》（下称《〈论语〉的孝悌之道》）；二是每个栏目焦点小组访谈的组数相同，均是两组；三是两组焦点小组研究的流程相同。《〈百家讲坛〉/〈问津国学〉焦点小组研究设计流程》详见附件二；四是参与焦点小组访谈的受访者相同。

第一组焦点小组访谈在湖北省武汉市欢乐大道某小区进行。受访者是本小区居民，共 12 人（5 男 7 女），编码顺序为 Y01 至 Y12。

第二组焦点小组访谈在湖北某省属高校的一个会议室进行。受访者是该校一年级在读学生，共 12 人（6 男 6 女），编码顺序为 R01 至 R12。

与第二组受访者职业和学历程度相同、年龄相仿的情况不同，第一组受访者的社会信息相对复杂。第一组受访者年龄从十几岁到六十几岁，学历从初中跨到博士研究生，职业涉及面广，有医生、初中学生、职员、工人、私营企业主和家庭主妇等。

第一节　国家级电视台国学栏目的标杆：
《百家讲坛》国学传播分析

《百家讲坛》是个传奇，开播前三年少有人问津，之后又在辉煌时傲居收视率榜首；它收获了学界和电视业界的称赞，也同样饱受各界的批驳。它在收视率从抛物线的最高处回落时，又慢慢淡出人们的视线。任何一个产品都有生命周期，电视栏目也不例外，但是，《百家讲坛》的生命周期却有些非同寻常。今天的《百家讲坛》以怎样的姿态在运转？十七年间[①] 它传播了国学的哪些内容？受众对它的评价如何？传播效果怎样？本节将对这些问题进行探讨。

---

① 本章书稿完成于2018年，对《百家讲坛》和《问津国学》两个栏目的个案研究均计算至此时，以下不另作说明。

一、《百家讲坛》栏目简述

《百家讲坛》自 2001 年开播至今已经有近十七个年头，已然具备了成熟的制作班底及流程，节目传播效果早已形成了独树一帜的品牌效应，是中国最具有影响力、首屈一指的国学讲坛类电视节目。2006 年，《百家讲坛》栏目获得由国家广电总局颁发的年度优秀电视文化栏目奖，被媒体评为"2006 年当代中国十大新闻事件"之一，成为当年的文化热点现象①。

2008 年之后，《百家讲坛》收视率呈现平稳下滑趋势，很多关于"《百家讲坛》将死"的预测甚嚣尘上，栏目情形不妙的报道频频见诸报端：如新晚报《"百家讲坛"收视率低迷 风光不再》、扬州日报《百家讲坛"七年之痒"》（2008 年 11 月 28 日）、齐鲁晚报《〈百家讲坛〉病在哪里》（2008 年 12 月 14 日）等。网络上更有为《百家讲坛》提前奏唱挽歌的标题：《把脉百家讲坛 敢问路在何方》《央视〈百家讲坛〉已经进入倒计时》《媒体清算百家讲坛：收视率下降 改不改或许都死》《百家讲坛：死亡倒计时，现在开始》。

《百家讲坛》若想重新走入观众视野，必须重新思考节目的定位与发展方向。文化评论家张柠认为，《百家讲坛》的危机来自形式而非内容。"中国文化博大得很，永远没有说完的一天，但是《百家讲坛》却面临危机了，为什么？形式的问题。""再好的内容，再好的形式，观众也会有审美疲劳的一天。"②事实上，当一个节目忙于总结成绩的时候，就是其形成固定模式、失去创新力的时候，模式的形成意味着遮蔽性的凸显③。"江山代有才人出，各领风骚数百年"，从创新的理念来看，中国的电视节目本就需要常变常新。毕竟，任何一个节目存在的时间一长，就会不可避免地形成固有的套路，一方面是形成栏目风格，稳定收视群体的需要；另一方面也是创作队伍陷入思

① 赵化勇.中央电视台发展史（1958—2008）[M].北京：中国广播电视出版社，2008：85.
② 张建，夏光富.电视节目解析[M].重庆：重庆大学出版社，2015：136.
③ 凌燕.可见与不可见——90年代以来中国电视文化研究[M].北京：中国传媒大学出版社，2006：79.

维定式，创造力不足，节目的"造血"功能越来越差，从而陷入了模式化困局①。

其实，每个电视节目都有不同的问题存在。《百家讲坛》发展的每个时期均面临着不同的问题。2001年成立之初沉寂无声的时候存在着过于"高冷"的问题，2005年左右收视走红的时候又出现了庸俗化、娱乐化的问题，2008年高峰期过后又被媒介惦记着已经病入膏肓，什么时候寿终正寝的问题。从2008年哀歌初唱至今已经将近十个年头，《百家讲坛》仍在播出。接下来还会播出多久，以什么样的形式播出，依然需要考虑文化立台、受众需求、收视表现等综合因素。

2018年2月10日，《百家讲坛》以新的面貌与观众见面。"新"不仅体现在启用全新的演播室，更体现在演播室内不设观众席，现场观众是通过网络平台遴选的一百位虚拟观众，目的是增强主讲人与观众的互动。在主讲人讲授的过程中，网络观众可就当期主题对主讲人提问，每一期有三次主讲人与网络观众的互动问答。这种穿插在节目中"你问我答"的形式，在一定程度上克服了电视讲坛类节目由主讲嘉宾从头讲到尾的单向传播模式的局限。事实上，缺乏有效互动既是电视媒体与新媒体相比的软肋，更是人们对《百家讲坛》指出的关键问题之一。

二、《百家讲坛》传播国学内容考察

鉴于本节是对《百家讲坛》国学传播内容的分析，因此笔者按照古籍经史子集四部类分法，对《百家讲坛》自开播到2017年12月31日5300余期节目（部分节目有重播）所传播的主要国学内容进行了归类。

---

① 张建，夏光富.电视节目解析［M］.重庆：重庆大学出版社，2015：156.

（一）《百家讲坛》内容归类

1. 经　部

主要有《易经的奥秘》系列、《诗经》系列、《解码汉字》系列、《论语》心得系列、《中华孝道》系列、孔子眼中的"仁""义""礼""孝"、《论语》感悟系列等。

2. 史　部

主要有《汉代国策风云》系列、《清十二帝疑案》系列、《明亡清兴六十年》系列、王立群读《史记》系列、《贞观之治》系列、《国史通鉴》系列、《大宋谜案》系列、《崇祯那些年》系列、姜鹏品读《资治通鉴》系列、《甲午 甲午》系列、《大明疑案》系列、《开元盛世》系列、《文景之治》系列、《雍正十三年》系列、《郑和下西洋》系列、《大秦崛起》系列、易中天品三国系列、《大唐英雄传》系列、《大唐巾帼传奇》系列、《杨雨话中秋》系列、《诗歌话清明》系列、《中国神话》系列、《清十二帝疑案》系列、《传奇太后》系列、《正说和珅》系列、《汉代风云人物》系列、《明十七帝疑案》系列、《正说清朝二十四臣》系列、《正说三国人物》系列、《李白》系列、《杜甫》系列、《唐伯虎》系列、《纪晓岚》系列、《慈溪》系列、《吕不韦》系列、《苏轼》系列、《李斯》系列、《范蠡》系列、《李清照》系列、《武则天》系列、《周岭解密曹雪芹》系列、《唐高宗真相》系列、《康熙大帝》系列、《千古中医故事》系列、《李煜》系列、《太平公主》系列、《大明第一谋臣刘伯温》系列、《正说包工》系列、《战国说客双雄之张仪》系列、《金戈铁马辛弃疾》系列、《风雨张居正》系列、《班墨传奇》系列、《苦命皇帝咸丰》系列、《白居易》系列、《唐宋八大家》系列、《水墨齐白石》系列、《名相管仲》系列、《永乐大帝》系列、《抗倭英雄戚继光》系列、《清官海瑞》系列、《大明名臣之"救时宰相"于谦》系列、《竹林七贤》系列、《末代皇帝溥仪》系列、《鲜为人知的杨家将》系列、《传奇王阳明》系列、《侠骨柔情陆放翁》系列、《大国医》系列、《名人酒故事》系列、《大风歌》系列、《英雄项羽》系列、《跟司马懿学管理》系列、《囚徒天子光绪》系列、《千秋是非话寇准》

系列、《纳兰心事有谁知》系列、《汉武帝的三张面孔》系列、《狄仁杰真相》系列、《许叔微》系列、《喻嘉言》系列、《徐灵胎》系列、《吴鞠通》系列、《皇甫谧》系列、《明太祖朱元璋》系列、《成败论乾隆》系列、《端午时节话屈原》系列、《汉献帝》系列、《千古一后》系列、《女皇武则天》系列、《心怀天下范仲淹》系列、《大明脊梁张居正》系列、《唐玄宗与杨贵妃》系列、《司马光》系列、《雍正和他的甄嬛们》系列、《发现上官婉儿》系列、《刘备的谋略》系列、《名相晏婴》系列、《风云唐太宗》系列、《宋太宗》系列、《朱棣身后那些事儿》系列、《中国故事之爱国篇》系列、《三国名将蜀国篇》系列、《风云南北朝之苻坚》系列、《你所不知道的溥仪》系列、《戏里戏外说历史》系列、《走近朱熹》系列、《宋徽宗之谜》系列、《诗歌三曹》系列、《走进林则徐》系列、《大宋名相赵普》系列、《五百年来王阳明》系列、《博物馆之旅》系列、《镇馆之宝》系列、《地下长安》系列、《考古探源》系列、《大故宫》系列、《国宝传奇》系列、《镇馆之宝》系列、《国宝迷踪》系列等。

3. 子　部

《三十六计》系列、先秦诸子·百家争鸣系列、《三字经》及解读《三字经》系列、解读《弟子规》系列、《百家姓》系列、《孙子兵法》系列、《黄帝内经》系列、于丹《庄子心得》系列、《红楼梦》主题系列、《水浒传》主题系列、《聊斋》主题系列、从悲到喜说《西厢》系列、玄奘西游记系列、《三言二拍》系列、《书法与中国哲学》系列、《书法档案》系列、《解读中医》系列、《曾国藩家训》系列、《中华家训》系列等。

4. 集　部

主要有诗词主题系列，如《诗歌里的春天》《唐宋词体演进》系列、《鉴赏唐宋诗》《诗歌唐朝》系列等。

必须要说明的是，《百家讲坛》作为一档电视栏目，在传播国学知识的同时也考虑电视传播规律和受众接受心理，讲述中文史穿插，一些节目很难明确归为经史子集的哪个部类，如《诗歌唐朝》系列，以诗说史，以诗言人。

为了便于考察且坚持分类标准一致，本书的分类以《百家讲坛》每期栏目标题为主。

（二）《百家讲坛》传播国学内容特点

《百家讲坛》前期选题广泛，集百家争鸣之大成，曾涉及文化、生物、医学、经济、军事等各个领域。2004年之后，节目制作人和策划人达成共识：主讲人文科学，并偏重史学。因此，节目主题现多以文化题材为主，并较多涉及中国历史、中国文化，注重系列化、规模化。《百家讲坛》的策划选题呈现出鲜明的特点：

第一，选题的延续性、系列化。《百家讲坛》选题系列化是其重要的传播策略，这点已在第二章第二节有所阐述。

第二，选题的经典性。《百家讲坛》所选择的国学典籍都是世代相传、耳熟能详的国学内容，如《论语》《三字经》《孟子》《孝经》中的精神内核是中国人做人做事的基本遵循，深刻地影响了中国人的生活方式、行为方式和思维方式。这些老少皆能言的国学知识降低了选题难度，传播起来更加容易使观众产生共鸣。

第三，选题以史居多。从对《百家讲坛》选题四大部类的分类来看，史部内容最多，远超其他三部之和。依历史人物展开话题，以历史事件借题发挥，既有文化品位和历史感，又有群众基础和关注度。这些是《百家讲坛》栏目的平民化路线、通俗化风格，也是《百家讲坛》栏目迈向成功的秘诀[①]。

第四，选题的借势化。从《百家讲坛》几个收视高峰的选题来看，都与本土所热映的电视连续剧有直接的关系：近二十年来各种清宫题材的电视连续剧所制造的"清宫"文化，直接导致《百家讲坛》策划了《清十二帝疑案》系列讲座，并立即吸引了大批观众（如果说清宫连续剧以"戏说历史"的方式开辟了一个广阔的观众市场，《百家讲坛》则是以"正说历史"的方式来

---

① 王静思. 传统文化的电视媒介传播——以"百家讲坛"为例 [D]. 吉林大学硕士学位论文，2011：20.

对这个市场做深度开发）。其他几个收视率高的选题也莫不如此：借着《汉武大帝》的热播，策划《汉代风云人物》系列；借着重拍《红楼梦》的契机，策划揭秘《红楼梦》系列等①。

三、《百家讲坛》传播效果：《于丹〈论语〉感悟——孝敬之道》的焦点小组研究

根据焦点小组研究设计流程，在对《于丹〈论语〉感悟——孝敬之道》的焦点小组访谈结束后，笔者对访谈录音进行文字输出，对访谈内容解码如下：

（一）栏目知晓度高

参加焦点小组访谈的两组人员合计 24 人，仅有 1 人不知道《百家讲坛》，其余 23 人全部听说过这个节目，19 人知道这个节目在央视科教频道播出，并且这 19 人都看过该节目。对于收看《百家讲坛》的次数，有 17 人表示"看过一些"，有 15 人能够说出《百家讲坛》两位以上主讲人的名字，易中天和于丹被提及的频率最高。

（二）收看节目的行为与动机因人而异

15 位受访者均称，收看《百家讲坛》是为了增加知识。

Y11：我家里支持我看《百家讲坛》，说可以增加我对历史学习的兴趣。（Y11 为初中学生）

R03：这个节目讲得比较有意思，不枯燥，一边做家务一边学知识。

主持人：你说的有意思是指讲座的内容还是主讲人的讲述方式？

R03：都有。

Y06：一档节目火不火，能不能为大众所接受，要看当时人们的需求，

---

① 叶勤.《百家讲坛》现象研究——对电视媒体的文化生产机制的反思［J］. 社会科学论坛，2008（8）：85.

喜欢什么。如果不能满足观众的需求，观众也就没有收看这个节目的动力。

（三）收看节目的需求满足程度与年龄、文化程度以及生活阅历有关

R02：于丹以"心灵鸡汤"的方式讲解《论语》，如果是出于让大家当时便于理解的目的，增加共鸣，可能会有效果，但是转身就会忘掉，没有内涵。

Y05：以表演的、煽情的方式讲国学，只是让大家莞尔一笑，或者暂时抚慰一下焦虑的心灵而已，之后记不住什么实质性的东西。包括易中天《品三国》也是这样的，我不知道别人会有什么感受，但是像我这个年纪，如果真的想要学习纯正的国学，是不可能通过于丹的讲座来实现的。

历史学者许纪霖也认为，"在真正有思想的人看来，会发现在那些华丽的辞藻和机智的修辞背后，实际上是一个空荡的灵魂、一个苍白的手势，纵然能够泛起一时的摩登泡沫，但很快便会成为过时烟云，像大浪淘沙般消失得无影无踪"[①]。（Y05是三十六岁的医学博士，从受教育程度来说属于"有思想的人"行列。）

Y12：人们收看节目，一定是选择对自己有用的，没用的肯定不会去浪费时间。（受众的选择性接受）而且我觉得人都有一定的生活经验和生活阅历，会比较和鉴别，尤其是到我这个年纪，我不是听所有的东西都会相信。以我现在的眼光去看于丹的节目，我很可能不会去收看，但我读大学那会儿还有点崇拜于丹呢。

受众不是对任何传播内容都来者不拒，而是一种选择性接受。传播效果的达成取决于目标受众的价值判断。"受众所遵循的价值判断主要来源于以电视为代表的大众媒体与受众沟通过程中形成的判断体系"，而判断体系的形成与"受众的个人资料包括性别、受教育程度、年龄、地域文化背景、心理特征以及个人经验，也包括受众所接受的社会行为规范"[②]相关。知识储备

---

① 许纪霖.中国知识分子十论［M］.上海：复旦大学出版社，2004：31.

② 靳智伟.电视受众市场研究［M］.北京：北京师范大学出版社，2010：9.

越丰富的人对外在信息的"把关"就更严格，对信息的接受更为挑剔。

（四）栏目满足了受众了解国学的浅层需求

R08：如果是传播货真价实的国学，绝不能为了迎合观众而采取媚俗的手段。因为想学国学的人所需要的是正统的"国学"。所以传播国学，"学院派"国学研究是必不可少的。反过来说，社会上也需要国学的"入门教育"，国学电视节目就是完成这个任务。

R06：利用公共舆论平台所讲的这些内容，如果是学者，不值得发自内心地去尊重；但是如果仅仅是一个传播者，那于丹是合格的。但是，想要从《论语》中学习真学问，还要靠自己"细嚼慢咽"。

R02：国学在于历史的厚重感，它既然能够流传上千年，沉淀至今，一定是经得起推敲的。就像《论语》，它并不是大部头，但是那么多人反反复复地研读它，我相信里面一定有很多可供汲取的精华。每个人读《论语》都能读出不一样的东西。

主持人：是不是说学习国学，必须要每个人自己去研读国学典籍？

Y03：我个人是赞成这种观点的，自己的品、悟是非常重要的。我们常说"熟读唐诗三百首，不会作诗也会吟"，意思就是读得多了，自然会理解其中的真意。可是问题是这个过程，对于现代人来说太漫长，耗费的时间太多。现代人是没有办法集中精力，花这么多时间去读一部《论语》，甚至读半部的可能性也不大。

于丹所讲的《论语》重在阐释经典和分享人生经验，传播的主要是人生感悟。"不引经据典，不考证训诂，讲得浅一点，但多结合当下的实际，联系现实人生，多带点生活的酸甜苦辣，带点快餐的味道。"[①] 可以说，《百家讲坛》让《论语》走进大众，也成功地激发了人们了解国学的兴趣。但是在王兆胜看来，"作为国家层级的学术平台……《百家讲坛》应该以其宽阔的

---

① 朱国良. 于丹的《论语心得》所感［OL］.［2007-1-23］. http://theory. people.com.cn/ GB/40538/5317555.html.

视野、博大的情怀、深刻的见解、高尚的品质、优雅的风度以及中正的趣味,一扫以往的世俗虚妄、混乱不堪、低级趣味等风气,成为引领国民精神的强大引擎"①。从《百家讲坛》所遭受的诸多批评与指责来看,栏目显然并没有达到这个效果。

(五)《百家讲坛》成为人们认可的电视栏目品牌

有10人收看《百家讲坛》都是因为他人的推荐;有22人表示除了《百家讲坛》,没有看过其他类似的节目。

Y07:家里很担心我长时间看电视影响学习,不过周末电视上播放《百家讲坛》时,我妈妈会主动叫我看。

Y06:中午没有什么其他好看的节目,我们家吃午饭的时候经常看这个节目。

知名的电视栏目能够增加受众的认可,树立电视节目的品牌意义重大,既能提升观众对节目的忠诚度,又能扩大影响力。

(六)受众更愿意接受通俗化、轻松化的节目

R05:《百家讲坛》作为一个电视栏目,它面向的就是广大的普通老百姓,而老百姓是不大关注学术和大道的。

R01:人们愿意去听《百家讲坛》,是因为把文言文转换成了白话文,而且是很生活化、通俗化的语言,能够让人们听得懂。为普通人接触国学搭建了一个桥梁。

R05:文言文是人们主动接触国学的一大障碍。

Y02:我记得以前读书,学习文言文,第一遍很少能够读懂,甚至形成了心理障碍。试想,生活中不需要用文言文去交流,如果不是要应付考试,我不会去硬着头皮学。我估计跟我一样心理的大有人在。

---

① 王兆胜.俗陋的媒体与国民精神的空位 [A].张法,肖鹰,陶东风等著.会诊《百家讲坛》[M].合肥:安徽教育出版社,2007:75.

Y09：现代的人们都非常累，不太喜欢被人说教。最初我并不喜欢周星驰的电影，太夸张了，但是后来我慢慢地喜欢上了。看他的电影是一种解脱，更确切地说是对压力的释放。在人们面对压力的时候，需要有一个宣泄的窗口。放松是很重要的。

Y03：还有一点：工作了一天，本来已经很累，如果在看电视节目时还要烧脑，我肯定不乐意去看。如果能够不动脑筋，就再好不过了。

R09：但是如果节目搞得太弱智了，也不会得到大家的认同。还是要把握好度。

R04：《百家讲坛》的选题是大家有一点了解又不是很清楚的选题。完全陌生的太烧脑。

Y05：记得以前中央电视台有一档《读书时间》的节目，这个节目其实很好，很有品位，但是要费力地思考。现在这个节目已经不存在了。《中国诗词大会》设有特邀嘉宾，会对一些有难度的题目进行讲解，听完嘉宾的讲解，即使你从来没有听过这首诗，大致也能猜到正确答案是哪个。嘉宾的设置就是为了降低节目的难度。

国学博大精深，繁复深邃，它"全方位渗透在每一个中国人的日常生活和性格思想之中，也是某种意义上抽象深奥的存在"[1]。因此，电视媒体对国学的传播要把握好受众的可接受度。低于受众固有的常识性知识，会导致受众的流失；远远超出受众的理解范围则会面临"曲高和寡"的风险。《百家讲坛》"直接把艰深的知识设计成一个个通俗易懂的剧本，让主讲来进行绘声绘色的表演……辅之以影像、动漫、图表等丰富的视觉手段，这种颇具表演性的知识演绎方式为其聚集了大量的人气，也成就了一批学术偶像"[2]。

---

① 王源. 中华传统文化的具象化传播：原创性电视节目发展的新路径［J］. 西南大学学报（社会科学版），2017（6）：149.

② 樊葵. 媒介崇拜论：现代人与大众媒介的异态关系［M］. 北京：中国传媒大学出版社，2008：215.

（七）传播模式的固化影响节目的传播效果

Y12：在当时当地，于丹、易中天他们的讲述方式是可以的，但是如果长期这样搞，观众会认为《百家讲坛》是一个文化含金量低的节目，不仅传播方式单一，而且没有内涵，没有深度。其实我没有太多的时间看电视，但是在每周日晚上我还是会尽量抽时间看《国家宝藏》这档节目。我觉得节目传播的也是国学内容。很详细地告诉我们这个宝藏的前世今生。通过看节目，我能够很清楚地知道它的来历，为什么这么重要，能够称得上"宝藏"。我喜欢这样的节目。

Y08：《百家讲坛》是一个人在那干巴巴地讲。一个人讲的节目我能接受的是单田芳、刘兰芳的评书。为什么他们讲那么多年，而且那么多人喜欢听？因为他们在讲故事。而且他们讲得抑扬顿挫，让人觉得很有吸引力。

R10：其实，不断满足观众多变的、异质的需求，也是电视节目创新的动力。如果一档节目长时间维持一种形式不变（《百家讲坛》形式的改变迫在眉睫），不去改进，很可能被观众抛弃。

（八）传播内容的贴近性与传播效果呈正相关

Y10：我们国学中有很多好的品格，如仁、义、礼、智、信等，以礼为例，这种优秀的品格就是在人们日常生活的实践中传承下来的。它体现在生活中的点滴，比如一家人用餐时，要请长辈先动筷子，这是小事，但是却是在传承国学中的礼。

R09：今天我们所传承的国学的内容，一定是跟老百姓生活息息相关的。这两年有一种精神在各行各业被推崇，它就是匠人精神。这个词在提出来之后为什么得到各行各业的认可？其实工匠精神是老祖宗一直身体力行的。我们现在博物馆里看到的那些陶器、瓷器、青铜器等，还有很多流传下来的工艺品，都饱含着这种精神。许多东西，即使在科技发达的今天，即使是能工巧匠，也未必都能做出。正是由于先祖们不断地去追求完美、追求极致，我们今天才能看到让世人惊叹的珍宝。所以，国学中蕴含的精神能与我们现实生活产生交集，一定会被传承地更好。

R04：国学节目不仅要表达通俗化，解决现代人文言文的困境，更要贴近生活。融入人们的日常生活，国学才能在大众心中扎根。无论通过什么形式传播国学——通过大学课堂传播国学也好，或者是通过大众媒介传播国学，都不能把国学当作"飘在空中的楼阁"，否则只会把国学越推越远。

（九）对主讲人传播方式的争议

R04：《论语》是儒家文化的代表作，于丹对《论语》的通俗化解读拉近了国学与观众的距离，有效地传播了国学。

R09：于丹所讲的是她自己学习《论语》的心得体会，"一千个读者就有一千个哈姆雷特"，每个人的心得体会自然不会相同。而且，有的人体会深，有的人体会浅。对于有人说于丹在讲《论语》心得时有理解错误的情况，或许她本来就是这么体会的。只是鉴于她的大学教授身份（受众认可度较高），而且是在电视这种大众媒介上传播，可能会把自己错误的理解扩散，导致对国学经典的误读。

R06：于丹所讲的心得，并非全是从《论语》中总结出来的，我刚刚看视频的时候注意到，于丹讲了一个"天神"的小故事，这就和《论语》没有一点关系。其实，对于孝的理解，即使不读《论语》的人，根据生活阅历和为人处世的经验，也能够悟出一二。感觉不是于丹在传播《论语》，而是《论语》被于丹利用了。

R02：从某种意义上说，正因为大众在日常生活中也能总结出这些感悟，才能成就于丹。因为于丹讲的心得和大众的心理经验有重合之处，能给大众熟悉的感觉，所以大家才爱看。

Y06：于丹这个视频讲得比较简单，都是"大路货"，听完之后好像也没有记住《论语》中的多少内容。

Y01：换个角度想，如果于丹不是以"心得""感悟"这样的方式讲《论语》，而是正襟危坐，像学术报告一般高谈阔论，又有几个人能够喜欢？如果真是这样的讲法，大众会敬而远之，那么，国学的传播效果就会更差。恐怕就连现在的大学课堂也不是这样了。

Y05：于丹所讲的《论语》心得为今天的国学热起到了造势的作用，可能于丹自己当初也没有想到自己会这么火。火的关键原因就在于之前没有人这么对待中华民族的"圣经"——《论语》，于丹是第一个用这种方式"吃螃蟹"的人，引起争论是情理之中。在大众和媒体的双重议论中，于丹用几期电视讲座营造了"于丹现象"，可以说是《论语》成就了于丹。很多人对《论语》以及《论语》心得"感冒"，就是奔着参与于丹现象去的。

事实上，于丹刚刚在《百家讲坛》讲完《论语》心得，就"一石激起千层浪"①。拉着《论语》的大旗，讲泛泛的人生哲理，那么《论语》中的思想到哪儿去了？"一个经典不会是封闭的、绝对的系统，因此，它是一个动态的、发展的事物，它可以重新开放，重新解释和重新塑造。"②而且"通俗性并不妨碍他们本身价值的伟大和风格的高尚，境界的深邃和思想的精髓"③。于丹可以用日常生活化的语言解读《论语》，但是在转化的过程中，《论语》似乎被剪断了，割裂了，抽空了。陶东风把于丹的讲授方式解释为"食利者的快乐哲学"。他指出，《论语》不是关于心灵的"快乐书"。《论语》之所以成为不朽经典，正是因为它的复杂和深奥。作为文化的普及者，我们可以把深奥的东西用通俗的语言讲述出来，却不能肢解它，更不能歪曲它④。

不过，于丹所讲的《论语》无论造成怎样的争议，但是有一点：她让《论语》这部传世经典重新回到了大众中间。她的讲解，就像烟花爆竹的"引捻"，一经点燃，就燃爆了人们学习《论语》的热情。更进一步说，正

---

① 公开对于丹进行反驳的书籍就有三种。分别是马千里的《当〈论语〉遭遇于丹》（海天出版社，2007年）、鄢圣华的《孔子很着急》（科学技术文献出版社，2007年）、李悦的《批判于丹：正说〈论语〉智慧》（民主与建设出版社，2007年）。
② 周宪.文化研究关键词［M］.北京：北京师范大学出版社，2007：36.
③ 宗白华.意境［M］.北京：北京大学出版社，1987：166.
④ 陶东风.食利者的快乐哲学.会诊《百家讲坛》［M］.张法，肖鹰，陶东风等.合肥：安徽教育出版社，2007：52.

是有于丹、易中天这样的"讲者",才成就了《百家讲坛》这个栏目,使得它成为电视品牌栏目。李泽厚和葛兆光也都认为,于丹至少让大家提升了大众对历史、经典和传统的兴趣,有用也有功①。

第二节　地方电视台国学栏目的名片:
《问津国学》国学传播分析

《问津国学》②作为湖北省屡受嘉奖的文化栏目,它以传承经典,弘扬文化为宗旨,为观众开启了一扇通向国学的大门。经过5年的发展,它现状如何? 它以"国学"冠名,在传播国学的哪些内容? 在受众中的影响力怎样,又显现出哪些问题?

一、《问津国学》栏目简述

《问津国学》是华中首档国学类电视讲座栏目、知名读书栏目,由武汉市政协、武汉市委宣传部、武汉广播电视台联合主办,武汉大学协办,2012年12月9日开始在武汉广电新闻综合频道(WHTV-1)播出。

《问津国学》包含"完整版"和"精华版":完整版,每期30分钟,以传统国学典籍讲座为主,结合当下思想文化变迁进行解读,每周日17:18播出;精华版,每期8分钟,用纪录片方式展示地域文化特色,区域人文风情,每周日22:30播出。

---

① 分别参见《会诊〈百家讲坛〉》中收录的《李泽厚:他们是精英和平民之间的桥梁》和《葛兆光:要共同提升不能集体沉沦》两篇文章,详见张法,肖鹰,陶东风等. 会诊《百家讲坛》[M].合肥:安徽教育出版社,2007:194,197.
② 《问津国学》栏目包含"完整版"和"精华版",因"完整版"与《百家讲坛》栏目相似度高,所以本书对《问津国学》的研究焦点是其"完整版"。对《问津国学》的分析得益于栏目制片人王光艳提供的材料支持。

截至 2017 年 12 月 31 日，《问津国学》已播出 5 年，其中，"完整版"播出 261 期，"精华版"播出 240 期，逐步发展成为武汉地区知名的读书品牌栏目，被誉为"武汉最有文化品位的栏目""武汉最具文化影响力的电视栏目"。主要内容涵盖"家训家教家风""儒家文化""忠孝文化""周易文化""楚文化""治国理政""道教文化""中小学国学课堂""乡风乡愁乡贤""中华传统文化与社会主义核心价值观""国学走进台湾""阳明心学""中国书法长江翰墨"等大系列。

开播至今，《问津国学》收视率翻了 6 倍，最高达 2.39，居武汉广电自办栏目前列，曾获中国电视"百家奖"栏目类一等奖、全国城市台社教优秀栏目二等奖、湖北广播电视奖（论文类）一等奖、武汉"十大品牌读书活动"、武汉广电十佳节目栏目、武汉广播电视奖优秀电视栏目类二等奖、武汉新闻奖二等奖、武汉广电先进集体、武汉广电品牌节目栏目暨制片人等荣誉。2014 年 9 月份，应邀参加"首届全球华人国学盛典"，这是除中央电视台外唯一受邀参与活动的电视媒体。2016 年，《问津国学》再次入围第二届全球华人国学盛典。

2013 年，《问津国学》开始陆续将节目输出湖北省内其他地方电视台。2014 年 11 月，《问津国学》在亳州落地，2015 年又强势登陆吉林白城、山西长治两家电视台，作为一档周播栏目，成建制开播。2016 年登陆"一带一路"核心城市新疆哈密。全国三大节目交易商之一——中广天择公司在全国范围内经过严格遴选，正式代理发行《问津国学》。目前，"百度"已列出了"问津国学"词条。

二、《问津国学》传播国学内容考察

纵观《问津国学》的选题，主题涵盖哲学、史学、宗教学、文学、礼俗学、民俗学、中医中药学等国学内容。具体可以细分为"家训家教家风""儒家文化""忠孝文化""周易文化""楚文化""治国理政""道教文化""中小学国学课堂""乡风乡愁乡贤""中华传统文化与社会主义核心价值观""国学走进台湾""阳明心学"等大的系列。

根据经史子集四部分类法，对《问津国学》（完整版）自开播到 2017 年 12 月 31 日共 232 期节目中所传播的国学内容进行分类。

（一）《问津国学》的内容分类

1. 经　部

《周易的美德》系列、《孝经》系列、《中庸》系列、《大学》主题系列、《汉字五千年》系列、《〈论语〉中的伦常秩序》系列等。

2. 史　部

《二十四节气的发明》系列、《史记》主题系列、《岳飞文化》系列、《武当大兴》系列、《趣谈中国文化》系列、《楚文化的正能量》系列、《中国文化的整体结构》系列、《春节年俗关键词》系列、《神话》主题系列、《湖北国学的传承》系列等。

3. 子　部

《儒道兼济》系列、《孟子与人格修养》系列、《道家文化与现代价值》系列、《道德经》系列、《孔孟》主题系列、《从寓言看庄子的人生境界》系列、《王阳明的人生与智慧》系列、《儒家》主题系列、《见贤思齐》系列、《国学智慧与人生修养》系列、《古琴文化》主题系列、《茶道与境界》系列、《皇家家训》系列、《钱氏家训》系列、《朱柏庐治家格言》系列、《〈颜氏家训〉与做人之道》系列、《家书家教》系列等。

4. 集　部

《盛唐诗歌与盛世精神》系列、《唐诗与唐人漫游生活》系列。

除了按照中国古籍内容区分的四大部类，《问津国学》还涉及其他的国学内容。如国学大家：《学术大师的气概与气韵》系列，国学发展与应用：《国学与用人之道》系列、《国学与心理学》系列、《乾坤与管理》系列。

（二）《问津国学》传播国学内容特点

1. 彰显地方文化特色

武汉是一座拥有 3500 年悠久历史的文化名城，是楚文化的发祥地，文化教育发达，国学资源丰富。《问津国学》注意从书斋走进现实，把传播优秀历史文化与宣传武汉城市精神结合起来，在市民熟知的文化景点、历史传说、历史文化名人中寻找创作的选题，让节目既能上接天线，又能下接地气。围绕武汉展开的话题，栏目推出了《岳飞文化》《楚国贤人文化》《楚剧百年》《花木兰传奇》《耕读传家十三代》等系列节目。先后走进古卓刀泉寺和汉阳龟山，讲解三国故事；走进琴台，讲解高山流水遇知音的故事；走进黄鹤楼，讲解李白；走进晴川阁，讲解大禹治水的典故；走进沙湖公园，讲解中国园林景观。总之，《问津国学》做到了对荆楚文化的深入挖掘。以 2013 年栏目播出主题为例：

表 4.1 2013 年《问津国学》节目播出表

时间	内容	主讲人	备注
2013.1.6	岳飞文化：忠	武汉科技大学文法学院教授 孙君恒	荆楚文化、核心价值观
2013.1.13	岳飞文化：孝	武汉科技大学文法学院教授 孙君恒	荆楚文化、核心价值观
2013.1.20	岳飞文化：廉	武汉科技大学文法学院教授 孙君恒	荆楚文化、核心价值观
2013.1.27	周易的美德：内圣外王（1）	华中师范大学历史文化学院教授 王玉德	
2013.1.3	周易的美德：内圣外王（2）	华中师范大学历史文化学院教授 王玉德	
2013.2.24	汉字五千年（1）	华中师范大学文学院教授 曹海东	
2013.3.3	汉字五千年（2）	华中师范大学文学院教授 曹海东	
2013.3.10	汉字五千年（3）	华中师范大学文学院教授 曹海东	
2013.3.17	见贤思齐（1）：贤人文化	华中师范大学历史文化学院教授 王玉德	荆楚文化系列

续　表

时间	内容	主讲人	备注
2013.3.24	见贤思齐（2）：怀古思今	华中师范大学历史文化学院教授 王玉德	荆楚文化系列
2013.3.31	见贤思齐（3）：勤政为民	华中师范大学历史文化学院教授 王玉德	荆楚文化系列
2013.4.7	见贤思齐（4）：文化创新	华中师范大学历史文化学院教授 王玉德	荆楚文化系列
2013.4.14	见贤思齐（5）：良德贤行	华中师范大学历史文化学院教授 王玉德	荆楚文化系列
2013.4.28	楚人诚信（上）	武汉文史馆馆员、教授 程涛平	荆楚文化系列
2013.5.5	楚人诚信（下）	武汉文史馆馆员、教授 程涛平	荆楚文化系列
2013.5.12	义以为上（上）	武汉大学国学院院长、教授 郭齐勇	
2013.5.19	义以为上（下）	武汉大学国学院院长、教授 郭齐勇	
2013.5.26	儒道兼济（上）	武汉大学国学院院长、教授 郭齐勇	名家讲座
2013.6.2	儒道兼济（下）	武汉大学国学院院长、教授 郭齐勇	名家讲座
2013.6.9	孟子与人格修养（上）	武汉大学中国传统文化研究中心教授 欧阳祯人	
2013.6.16	孟子与人格修养（下）	武汉大学中国传统文化研究中心教授 欧阳祯人	
2013.6.23	传统文化与治国理政（上）	文化部原部长 王蒙	名家讲座
2013.6.30	传统文化与治国理政（下）	文化部原部长 王蒙	名家讲座
2013.7.7	历史文化与中部崛起（上）	武汉大学历史学院教授 冯天瑜	
2013.7.14	历史文化与中部崛起（下）	武汉大学历史学院教授 冯天瑜	
2013.7.21	武当大兴（1）	十堰市政协副主席、教授 杨立志	
2013.7.28	武当大兴（2）	十堰市政协副主席、教授 杨立志	
2013.8.4	武当大兴（3）	十堰市政协副主席、教授 杨立志	
2013.8.11	武当大兴（4）	十堰市政协副主席、教授 杨立志	
2013.8.18	国学与用人之道（1）	武汉大学国学院副教授 孙劲松	
2013.8.25	国学与用人之道（2）	武汉大学国学院副教授 孙劲松	

时间	内容	主讲人	备注
2013.9.1	国学与用人之道（3）	武汉大学国学院副教授 孙劲松	
2013.9.8	国学与用人之道（4）	武汉大学国学院副教授 孙劲松	
2013.9.15	中国传统文化刍议——熊召政讲座	湖北省文联主席 武汉大学兼职教授 熊召政	
2013.9.22	茶道与境界（1）	楚天茶道研究中心主任 舒松	
2013.9.29	茶道与境界（2）	楚天茶道研究中心主任 舒松	
2013.10.6	茶道与境界（3）	楚天茶道研究中心主任 舒松	
2013.10.13	武汉武当：千年文脉一水牵	十堰市政协副主席、教授 杨立志	荆楚文化系列
2013.10.20	鉴古论今话武当	十堰市政协副主席、教授 杨立志	荆楚文化系列
2013.10.27	国学智慧与人生修养（1）	华中师范大学国学院副院长、教授 董恩林	
2013.11.3	国学智慧与人生修养（2）	华中师范大学国学院副院长、教授 董恩林	
2013.11.10	国学智慧与人生修养（3）	华中师范大学国学院副院长、教授 董恩林	
2013.11.17	国学智慧与人生修养（4）	华中师范大学国学院副院长、教授 董恩林	
2013.11.24	木兰文化：忠孝	黄陂区文保所原所长 黎世炎	荆楚文化、核心价值观
2013.12.1	木兰文化：勇节	黄陂区文保所原所长 黎世炎	荆楚文化、核心价值观
2013.12.8	古代生活礼仪（上）	武汉大学历史学院教授 杨华	
2013.12.15	古代生活礼仪（下）	武汉大学历史学院教授 杨华	
2013.12.22	孝传古今（上）	湖北工程学院教授 肖波	荆楚文化、核心价值观
2013.12.29	孝传古今（下）	湖北工程学院教授 肖波	荆楚文化、核心价值观

从上表可以看出，2013 年《问津国学》全年共播出 49 期，其中荆楚文化有 16 期，占比 32.7%。

此外，《问津国学》还多以地方民风民俗为选题。民俗是传统文化在民间植根最深，而且至今焕发活力的重要组成部分。结合传统节庆与武汉风俗，栏目组先后制作了《春节传统民俗系列》《清明》《端午》《七夕》《中秋》《重阳》等节目，2018 春节期间还推出《诗词民俗中国年系列》，这些节目很好地将中华传统文化与当今社会有机结合，实现了国学的当今表达。

2. 与主流价值观合流

促进国学传播，坚持国学为树立社会主义核心价值观服务，是开办《问津国学》栏目的主旨。2013 年围绕社会主义核心价值观，栏目组策划推出家国情怀系列，包括《岳飞文化》《见贤思齐》《儒道兼济：构筑中国人格两岸》等节目；注重把国学传播融入时政宣传，把挖掘国学的人文价值与加强个人修养、理想信念教育相结合，制作《传统文化与治国理政》《历史文化与中部崛起》《国学与用人之道》《国学智慧与人生修养》等专题；制作具有廉政教育价值的《俭以养德》和《鉴古观今话武当》专题。

三、《问津国学》传播效果：《〈论语〉的孝悌忠恕思想——孝悌之道》的焦点小组研究

根据对《秦平〈论语〉的孝悌忠恕思想——孝悌之道》焦点小组访谈内容的解码情况，对《问津国学》的传播效果做如下分析：

（一）知晓度不理想

参加焦点小组访谈的两组人员合计 24 人，仅有 3 人知道《问津国学》，其中 1 人看过几期，另外 2 人是在家人看的时候扫了一眼；其余 21 人没有听说过这个节目。

（二）传播内容较好地体现了节目宗旨

R03：听《问津国学》这个节目的名字，就知道是讲国学的。我所理解的国学就是儒家所讲的仁、义、礼、智、信、忠、孝等。刚刚所看的这个视频是讲孝文化的，跟这个节目的宗旨很吻合。

Y03：这期节目的主题是积极的，所宣扬的内容也是有益于社会的发展与稳定的。

Y09：这期节目的传播内容比较好，符合社会主义核心价值观，但是无法在大范围内造成深远影响。

《问津国学》栏目是由武汉市委宣传部主办，传播主题会紧跟官方的主流意识。事实上，鉴于我国特殊的媒介管理体制，媒介机构是党和政府的舆论喉舌。因此，电视荧屏上所有节目都必须遵循一定的审查原则，国学电视节目也不例外。《问津国学》和《百家讲坛》两个国学栏目的传播观点都牵涉到政府对社会价值体系的建设，因此潜意识中恪守相同的框架制约。

（三）地方电视台国学电视栏目应探索差异化发展战略

R11：今天我们看的这期《问津国学》是在讲《论语》，而《百家讲坛》也有讲论语，从栏目的名字来看，《问津国学》应该主要是讲国学知识。我没有做过比较，不知道这个节目跟《百家讲坛》不一样的地方在哪里。

R07：我也觉得如果地方台和中央台讲同样的内容，那地方电视台肯定没有中央台的效果好。

R05：尤其是两个节目的形式也相似。

Y09：秦平博士讲《论语》的"孝"是有水平的，毕竟是这方面的专家。但是我觉得在湖北讲孝文化（主要是面向武汉的电视观众，著者加），应该提一下我们孝感的孝文化，看看这个地方所提倡的"孝"与《论语》中的"孝"是不是一回事。

Y11：我外婆家是孝感的，有一次回孝感去看她，还参观了那里的孝乡文化园。

地方电视台的国学电视栏目应该按照接近性原则传播国学。"文化接近性"是国际知名的媒体与文化研究学者约瑟夫·D.斯特劳巴哈于1991年提出的全球传播与文化研究领域的重要理论。"文化接近性"最基本的论点包含两个层次：受众要么会因为对本土文化更加熟悉而偏爱国家或地方层面的节目；要么会更加偏爱超越国家层面的区域内的电视节目[①]。孔令顺在谈到地方台的发展时说："地方台的讲坛栏目应该更加注重其内容上的地域特色，要有贴近性，要明白自己适合讲什么东西。比如说山东，讲儒家文化、齐鲁文化就很好，大家都认可；而陕西台讲汉唐文明；北京台讲述古都北京的历史文化，也有很大优势。"[②] 实际上，《问津国学》在发展过程中一直在坚持立足湖北的国学资源传播国学的策略，"寻访国学源点"是栏目的一个亮点。

（四）栏目播出平台影响传播效果

Y05：在一个市级电视台播放这种纯文化类的节目，很难。毕竟收视人群有限。在我们家，除了中央电视台的几个频道，我们看得最多的是湖北经视，武汉广播电视台看得很少。且影响力十分有限，只能影响当地的部分群众，所以整体来说，节目的传播效果是十分平庸的。

我认为尽管内容不错，教授也很平易近人，但是可能传播方式有限，大家可能会不了解这个节目，它的影响力也会比较小。

R06：就讲座的水平，我觉得秦平博士讲的《〈论语〉的孝悌之道》和于丹所讲的《〈论语〉的孝敬之道》差别不大，感觉节目比较适合于少年和老年人观看，就是老少皆宜，具有浓厚的现代气息，比较好懂。

主持人：同样是讲《论语》中的孝文化，为什么于丹火了，而秦平的影响力没有这么大？

R06：可能是由于传播平台的原因，两个电视台之间的差距使得主讲人的影响力也有差距。

R08：于丹在央视讲《论语》，平台高，影响力大，令她成为公众人物；而秦教授所在平台有限，影响力不强，当然，中国不需要太多公众人物。

R02：于丹是第一个以心得感悟的方式讲《论语》的，属于第一个"吃

① 梁悦悦.金砖国学经验与全球媒介研究创新——约瑟夫·斯特劳巴哈教授访谈［J］.国际新闻界，2017（03）：62.

② 谢苏妮，齐雷杰.讲坛类电视栏目还能火多久？［N］.人民日报（海外版），2008-1-28：7.

螃蟹”的。

Y01：秦平讲的内容没有新颖的地方，在这个时代想要很快火起来，就必须有噱头，比如于丹讲的东西虽然被很多人批判，但是不可否认的是她也因此火起来了。

Y02：我觉得于丹会火，可能有一部分是因为平台，大家平时也会或多或少地看《百家讲坛》的节目，但我觉得她的火也是源于大家对她的批判，而秦平教授的讲解是很不错的，只是没有给他一个很好的平台，来让大家认识他。

Y09：于丹向大家展示的舞台更大，收听的观众更多，而且她对于《论语》的看法有些与大家不一致，就会引来大家的关注。

Y05：其实我不太认为于丹的火是真正的火，而是被批判得更多。火不火也要看平台，可能需要一个更广的传播平台去做一个节目，才能让更多人接触到。

R05：秦平博士没有火，原因在于两点：第一，平台太小，没办法将自己宣传出去；第二，没有把握公众媒体宣讲时通过语言调动观众注意力的方法。

Y05：于丹讲《论语》是在中央台，秦平讲《论语》是武汉地方台，传播范围一大一小，《问津国学》受众面明显小于《百家讲坛》的。另外，节目的制作成本和精良程度也有很大的差别，制作班底的质量也有高低。

R12：因为于丹是出现在中央电视台，而秦平出现在地方电视台，两台的覆盖范围没有可比性。再加上《百家讲坛》与《问津国学》的制作水平差异巨大，导致即使两人同样是宣讲《论语》，造成的影响程度却相差甚远。

（五）节目的制作水平拉低了受众观感

R01：《问津国学》节目的平台给人的感觉就很低端，和《百家讲坛》完全没法比，当然也有可能是经费原因吧。但是下面的观众也不“专业”，有的睡觉，有的扇扇子。

Y08：一看就知道下面的观众是事先找好的，可能《百家讲坛》栏目中的现场观众也是安排好的，但是感觉视频中《问津国学》的观众比较随意，有扇扇子的，有喝水的……

Y12：还有几个低头玩手机的。

Y03：毕竟是要在公共媒体上播出的，后期在制作的过程中应该把这些镜头剪去。

R10：画面的质感也没法跟《百家讲坛》相比。

R06：就整体印象来说，《问津国学》第一眼就是简陋，仅仅看这档节目的灯光、布置以及观众客串，都能透露出该档节目不高端。

R07：我认为这个节目的整体素质尚可，内容丰富，并且讲解得通俗易懂，但是其制作水平过于平庸，一味节省制作成本而在一定程度上牺牲了节目质量，导致其吸引力下降，无法达到其应有的影响力水平。

（六）主讲人对《论语》中"孝"的解读与受众的理解一致，认可度较高

R01：我赞成秦平所讲的"孝"，比较反对无条件遵从古代以及家长、长辈们所要求的孝，现在我们理解孝文化应该根据古代保留下来的《二十四孝》加以辩证的思考。

Y01：我认为孝道不是对父母的无条件听从，但是最基本的道德还是要遵守的。

Y05：我理解的孝，更多的为孝敬而非孝顺，我会更偏向于在理解父母思想的同时表达自己的观点。如果对于一些错误的观点也一味顺从的话，看似是孝，但其实从长远来看对父母和孩子都不好。孝敬的同时，孩子也需要自己的思想，当然前提是有理有据。

R12：秦平所讲的孝与我理解的"孝"基本一致。我认为"孝"不是无条件顺从，应该理性，独立地看待父母的言行，并且加以思考后再决定是否听从。但是在其关于赡养父母的观点上，我的看法与秦的看法略有出入，现代社会的养老制度逐渐健全，物质方面的赡养在很大程度上已不再依赖于子女，子女更应该关注父母精神层面的需求。

R08：无论是从孝敬还是孝顺的角度讲，"孝"的达成都需要父母与子女双方互相理解。我认为秦平博士的观点比较符合现代人的观念。

根据英国文化研究之父斯图亚特·霍尔的"编码／解码"理论，受众对媒介讯息有三种解读形态，一是同向解读或"优先式解读"，即按照媒介赋予的意义来理解讯息；二是"妥协式解读"，即部分基于媒介提示的意义，部分基于自己的社会背景来理解讯息；三是反向解读或"对抗式解读"，即对媒介提示的讯息意义做出完全相反的理解①。从传播效果的角度而言，同向解读效果最佳，容易引发观众与栏目的共鸣。

（七）平铺直叙的讲述难以长时间吸引受众的注意力

R02：整体风格较为轻松活泼，主讲人的方式较为平淡，容易理解。

Y10：内容比较熟悉，受众面应该是比较广泛的，都能听得懂。

Y04：他的讲座架构等不是很能吸引大家的眼球，所以可能传播效果不怎么好。

R10：秦平博士的讲课风格属于四平八稳的那种，如果是在我们的课堂上，学生可能会跑神。我刚才看视频中的观众也有人在下面玩手机。

（八）大众文化的冲击让人们失去对精英文化的兴趣

Y08：现在年轻人都爱看娱乐节目，像这样的文化节目可能即使调台的时候调到了也会调走。

Y09：节目的传播效果可能有限，目前社会风气普遍比较浮躁，能耐住性子看这个节目的观众较少。

R11：传播效果不好也跟现代人对国学的淡漠和网络娱乐的流行有关系。

---

① Hall Stuart. Encoding /Decoding. *Culture, Media and Language: Working Papers in Cultral Studies* （*1972—1979*）［J］. London: Hutchinson. 1980: 128-138.

R07：我觉得现在本来压力就挺大的，有时间看电视我会看一些轻松有趣的节目，比如明星的真人秀。

（九）传播渠道的单一性严重制约节目的传播效果

Y06：我估计这个节目传播效果不好，它应该把重心放在网络播放量的增加上，而不是局限于电视节目，只面对武汉的观众。

Y12：节目所在平台很普通，也很少有人收看，宣传力度也不够。因此，传播效果不会太好。

R03：首先，这个平台的观众十分有限；第二，看电视的人正在慢慢变少，而在手机上也基本没人去主动搜索这个节目。

R08：我觉得这个栏目的传播效果比较一般，因为身边人大多都没看过这个节目。它不像《百家讲坛》，同时有出书的宣传，而且当时部分中小学校假期作业就是要求看《百家讲坛》。

R12：节目宣传力度不够，加之新媒体时代的到来，冲击传统传媒的接受人数，所以节目无法达到预期的传播效果。

从对《问津国学》栏目的调查来看，传播渠道的局限是影响节目传播效果的关键因素。与《百家讲坛》相比，该栏目传播方式的单一性主要表现在两个方面：一是电视节目内容的出版传播。《百家讲坛》的许多主讲人把讲座内容改编后予以出版，发挥电视节目品牌效应；而《问津国学》虽然也曾有以讲授内容为蓝本，以"问津"的招牌在武汉出版社出书的尝试，并且策划出版了三本国学丛书：《修身篇》《知礼篇》《道德篇》，但并没有公开发行，而且这种尝试最终因各种因素而搁浅。二是电视节目的网络传播。《百家讲坛》的多期内容可以在网上轻松搜索，并且观看时清晰流畅。《问津国学》栏目的部分视频只能在武汉广电网（http://www.whbc.com.cn/）才能搜到，且大多数节目视频无法打开，少数能打开的观看时断断续续，这种观赏体验难免影响到受众对该节目的印象和评价。

事实上，《问津国学》曾有积极研发和制作国学传播的衍生产品，打造

集电视、图书、动漫、网络四位一体的立体传播国学格局的宏愿，并且创作
完成了两集动漫节目：《国学智慧·子路问津》《国学智慧·守信的人》，之
后再没有接续。要达成立体化国学传播格局，《问津国学》还有很长的一段
路要走。

第三节　《百家讲坛》和《问津国学》国学传播的比较分析

在对《百家讲坛》和《问津国学》两档国学栏目的传播内容和传播效果
分析的基础上，本节运用比较分析的方法，探讨为何两档栏目的影响力不同，
传播主体的差异在哪里？它们都传播了哪些国学内容？为什么这些内容同时
得到两档栏目的青睐？两档栏目又面临着怎样的发展困境？

一、两个国学电视栏目的传播主体比较

这里所说的传播主体既包括栏目的生产机构与播出平台，还包括栏目所
邀请的讲座嘉宾。

（一）生产机构与播出平台比较

强势的播出平台更有利于文化节目在收视和口碑上获得成功。文化节目
相比综艺节目相对小众，更需要借助强势的播出平台来进行推广，让观众能
够知道节目的存在，从而产生观看的兴趣。这也是为什么河南卫视的《汉字
英雄》早于中央台的《中国汉字听写大会》播出，但也是后者的影响力和关
注度更大的原因之一①。

《百家讲坛》和《问津国学》两个栏目的生产机构分别为中央电视台科
教频道和武汉广播电视台。《百家讲坛》以中央电视台科教频道为主要播出

---

① 张建. 电视节目解析［M］. 重庆：重庆大学出版社，2015：128-129.

平台，还被中央电视台其他频道和一些省级卫视引进播出。《问津国学》在武汉广电新闻综合频道播出，也被湖北省内外一些地市级电视台引进播出。

中央电视台作为国家级电视传播机构，在中国大陆的影响毋庸置疑。在国内收视市场，中央电视台的收视份额基本保持在全国收视市场的 30% 左右，其拥有的雄厚实力，平台影响力和资源调配执行力不言而喻；武汉广播电视台是地市级电视台，主要服务本地域电视观众，电视传播辐射的范围也是有限的，电视台本身的综合实力相对薄弱，人财物等各方面自然不能与央视比肩。

《百家讲坛》得益于央视平台的强大优势，多年来节目品质稳定，把枯燥的讲坛类节目打造成为一个立体的品牌，不单创造了电视节目自身的品牌，还以节目品牌为核心，通过创新融合延伸产业链，在国学典籍出版、国学"明星"产出、新媒体关注热度等领域全面开花。《百家讲坛》是地方台推出讲坛类电视节目的首要借鉴对象。

《问津国学》在栏目主框架的创作上以《百家讲坛》为策划蓝本，融入并突出表现地域性文化特点。选题上主要集中于国学中具有普世价值的人文知识，在传播国学知识时追求深入浅出，并不细化，点到为止。录制场景设计相对简单，后期制作上不够精致，虽然讲授过程中穿插有图表、字幕、短片和模拟动画，整体视觉效果尚有提高空间。

（二）讲座嘉宾比较

《百家讲坛》专家阵容可谓豪华，很多大名鼎鼎的大师名家，如杨振宁、李政道、丁肇中、周汝昌、叶嘉莹、霍金等，都赫然名列在早期《百家讲坛》名单上。之后，为了提高节目的表演力，关于主讲专家的甄选，《百家讲坛》的编导万卫提出对主讲者遴选的三个标准：学术水平、表述能力和人格魅力。在这一标准下，对主讲者的遴选可谓"百里挑一"。"我们有一个大前提，专家首先要有真功夫，在他的行业里有研究成果，所以圈里有名的大学教授、研究员，都是我们的搜寻目标。此外，还要求主讲人有风度和口才，毕竟这是电视口播节目。"因此，《百家讲坛》在全国各地延揽主讲人，《问津国学》的一部分主讲人也曾经是《百家讲坛》的主讲嘉宾。

《问津国学》受经费有限等条件制约，讲座专家集中在湖北省，尤其是武汉地区。如果说《百家讲坛》主讲人的全国海选是"四处采蜜"，而《问津国学》的主讲人则主要是湖北省自产。

表 4.2 《问津国学》湖北地区主讲人统计表

年份	栏目总期数	主讲人是湖北地区的栏目期数	湖北地区主讲人所占百分比
2012 年	4	4	100%
2013 年	49	45	91.8%
2014 年	52	47	90.4%
2015 年	52	47	90.4%
2016 年	52	39	75%
2017 年	53	50	94.3%

（备注：湖北地区主讲人是指主讲人的工作地在湖北省）

从上表统计数据可以看出，湖北地区主讲人是《问津国学》的绝对力量。主讲人几乎囊括了湖北省国学研究领域内的名师大家，如郭齐勇、唐翼明、冯天瑜、严昌洪、刘玉堂、张三夕、王玉德、吴根友、董恩林等。为了保证主讲人有稳定来源，《问津国学》栏目与湖北省所在高校，尤其是武汉大学、华中师范大学等学校建立了密切的合作关系。

同时，为了扩大《问津国学》在海内外的影响力，栏目组充分利用武汉大学、华中师范大学等高校学术交流平台，先后邀请海外汉学家何燕生（日本）、李绍崑（美国）参与讲座，陈金辉（马来西亚）、谢维娜（保加利亚）、高田时雄（日本）等接受专访，介绍海外汉学。多次邀请台湾教授参与讲座，丁原基（中国台湾）、朱荣智（中国台湾）等多次来大陆举办讲座。

二、两个国学电视栏目的传播内容比较

在传播内容上，《百家讲坛》和《问津国学》（完整版）存在一定的交集。

著者根据两档节目从开播至 2017 年 12 月 31 日的节目安排表，对两档节目传播主题相同的情况进行了统计，发现两档节目的选题交集于以下几类：一是汉字；二是诸子百家（老子、孔子、孟子）；三是《论语》；四是唐诗；五是四大名著（如《西游记》《红楼梦》）；六是家训家教；七是神话；八是书法；九是中医；十是孝文化。下表是两档节目相同主题示例（汉字、孟子、中华孝文化）：

表 4.3 《百家讲坛》与《问津国学》相同传播主题——汉字

百家讲坛			相同主题	问津国学		
播出时间	主讲人	主题		播出时间	主讲人	主题
2005.05.31	赵世民	探谜中国汉字（上）		2013.2.24	曹海东	汉字五千年（1）
2005.06.01	赵世民	探谜中国汉字（下）		2013.3.3	曹海东	汉字五千年（2）
2014.10.14	张一清	解码汉字（1）：汉字的起源		2013.3.10	曹海东	汉字五千年（3）
2014.10.15	张一清	解码汉字（2）：夏	汉字			
2014.10.16	张一清	解码汉字（3）：商、周				
2014.10.17	张一清	解码汉字（4）：秦				
2014.10.18	张一清	解码汉字（5）：汉、晋				
2014.10.19	张一清	解码汉字（6）：隋、唐				
2014.10.20	张一清	解码汉字（7）：宋、元				
2014.10.21	张一清	解码汉字（8）：明、清				

表 4.4 《百家讲坛》与《问津国学》相同传播主题——孟子

百家讲坛			相同主题	问津国学		
播出时间	主讲人	主题		播出时间	主讲人	主题
2009.06.02	傅佩荣	孟子的智慧（一）：孟子这个人	孟子	2013.6.9	欧阳祯人	孟子与人格修养（上）
2009.06.03	傅佩荣	孟子的智慧（二）：教育这件事		2013.6.16	欧阳祯人	孟子与人格修养（下）

续　表

百家讲坛			相同主题	问津国学		
播出时间	主讲人	主题		播出时间	主讲人	主题
2009.06.04	傅佩荣	孟子的智慧（三）：什么叫孝顺	孟子	2016.3.20	于亭	孟子：人性与自我修养（上）
2009.06.05	傅佩荣	孟子的智慧（四）：修养的奥秘		2016.3.27	于亭	孟子：人性与自我修养（中）
2009.06.06	傅佩荣	孟子的智慧（五）：仁政的理想		2016.4.3	于亭	孟子：人性与自我修养（下）
2009.06.07	傅佩荣	孟子的智慧（六）：批判异端		2017.10.8	刘乐恒	孟子与墨家（上）孟子思想的确立
2009.06.08	傅佩荣	孟子的智慧（七）：辩论的目的		2017.10.15	刘乐恒	孟子与墨家（下）仁学与义论
2009.06.09	傅佩荣	孟子的智慧（八）：人性的善恶				
2009.06.10	傅佩荣	孟子的智慧（九）：快乐度人生				

表 4.5　《百家讲坛》与《问津国学》相同传播主题——孝文化

百家讲坛			相同主题	问津国学		
播出时间	主讲人	主题		播出时间	主讲人	主题
2011.02.01	朱翔非	解读《弟子规》02：入则孝之一	孝文化	2014.10.26	刘乐恒	孝经（上）
2011.02.02	朱翔非	解读《弟子规》03：入则孝之二		2014.11.2	刘乐恒	孝经（下）
2011.02.03	朱翔非	解读《弟子规》04：入则孝之三		2017.9.24	秦平	《论语》的孝悌忠恕思想（上）论语的孝悌之道
2011.02.04	朱翔非	解读《弟子规》05：入则孝之四		2012.12.23	肖波	孝传天下
2011.02.05	朱翔非	孟子的智慧（三）：什么叫孝顺		2012.12.30	肖波	孝泽中华

百家讲坛			相同主题	问津国学		
播出时间	主讲人	主题		播出时间	主讲人	主题
2001.07.19	张祥龙	孝的艰难与动人	孝文化	2013.1.13	孙君恒	岳飞文化：孝
2008.02.07	于丹	于丹《论语》感悟（一）：孝敬之道		2013.11.24	黎世炎	木兰文化：忠孝
2004.09.24	马明达	孔子眼中的"孝"		2013.12.22	肖波	孝传古今（上）
2011.02.01	朱翔非	中华孝道 01：孝经传世		2013.12.29	肖波	孝传古今（下）
2011.02.02	朱翔非	中华孝道 02：孝的力量		2015.12.20	赵法生	百善孝为先
2011.02.03	朱翔非	中华孝道 03：家有家风				
2011.02.04	朱翔非	中华孝道 04：孝的真相				
2011.02.05	朱翔非	中华孝道 05：非常底线				
2011.02.06	朱翔非	中华孝道 06：人际的温情				
2011.02.07	朱翔非	中华孝道 07：长大成人				

通过表4.3、表4.4、表4.5可知，对于同样的传播主题，《百家讲坛》的策划性更强，传播角度更加立体。但是，对于地方国学资源的传播，《问津国学》关注度更高（如表4.6所示），这也从一个侧面给人启示：地方电视台的国学电视节目应当立足本土，深挖地方独有的国学资源进行精心打造，这样既能够保证地方台国学节目的原创性，还能够打造地方电视台的文化品牌。地方电视台尽管没有中央电视台的平台优势和传播实力，但是"文化的传播是没有界限的，能够引起观众共鸣的电视节目不仅能够俘获本地观众，其文化深度所产生的强大魅力更是能够突破地域，走向全国"①。

---

① 万佳.文化类电视节目的价值坚守和突围策略［J］.视听界，2017（5）：94.

表 4.6 《百家讲坛》与《问津国学》相同传播主题——民俗

百家讲坛			相同主题	问津国学		
播出时间	主讲人	主题		播出时间	主讲人	主题
2004.09.23	倪宝臣	钤记中华（三）：民俗	民俗	2017.1.22	陈建宪、王光艳	春节年俗关键词：祭祀
				2017.1.29	陈建宪、王光艳	春节年俗关键词：生肖
				2017.2.5	陈建宪、王光艳	春节年俗关键词：守岁
				2017.2.12	陈建宪、王光艳	春节年俗关键词：团聚

在众多的国学知识中，为什么以上几个方面的主题同时得到两档栏目的青睐？

一是电视传播的国学内容在一定程度上反映了受众需求。俞虹教授认为："实现传播最佳效果的重要前提，是传者和受者的需求接近乃至吻合。"[①]在物质生活得到基本满足的前提下，越来越多的电视观众萌生对中医养生的渴求，对茶艺的兴趣。因此，两个栏目中都有涉及此类主题的内容。同时，"绝大多数的观众更希望能够从电视上看到自己感兴趣的内容，而所谓感兴趣的内容主要是自己有一知半解的内容主题"[②]。中国人普遍对历史比较熟悉，因此，历史内容在两个栏目中均占比最重。

二是两档节目都是以传播国学为主，国学经典是国学中的重要组成部分，因此在这两个节目的共同选题中，国学经典叠合度最高。张隆溪在其《阐释学与跨文化研究》的集子中引用伽达默尔的话说："经典总是超越变动的时代和变动的趣味至上……凡是我们称为经典的，我们都总会意识到有某种经久长存的东西，有独立于时间条件而永远不会丧失的意义——那是和每一时刻的现在并存的一种没有时间性的现在。"张先生随后对这句话进行阐释：

---

① 俞虹.电视受众社会阶层研究［M］.北京：北京师范大学出版社，2010：41.
② 胡智峰，杨乘虎.电视受众审美研究［M］.北京：北京师范大学出版社，2010：141.

"经典并不是脱离现在的古代文本，却是和我们现在的状况和目前的关怀紧密相关联的。"①因此，这两档栏目的内容自然不能绕过《论语》《孟子》《史记》等国学经典。

《百家讲坛》和《问津国学》传播国学内容广泛，经史子集均有涉猎，但也有部分国学内容没有触及，比如版本学、目录学等。原因大致有两点：

第一，传播内容方面。古典文献学中的版本学、目录学、训诂学以及校雠学等知识具有较强的专业性，而"专业知识需要通过专门的学习和实践才能掌握，是大脑内存储的特殊认知图式……在大多数情况下，听话人理解话语意义的障碍来自对专业或行业术语所反映的认知图式的缺乏"②。因为非专业人士对专业行业话语有一定的理解难度，接受这类知识的能力有限，因而传播起来也会遇到一些解读上的困难。同时，从《百家讲坛》传播内容的经、史、子、集四部的分类来看，史部所占比重最大，但是节目中所传播的历史知识大多是谜案、疑案及历史人物的解读，而正统的史学则分量较小。事实上，正统的史学是一个严谨甚至枯燥的领域，观众接受这些内容也需要一定的专业基础。因此，为避免传播内容曲高和寡，电视节目制作方会有意回避这些主题。

第二，传播媒介方面。从现有的电视制作手段来讲，正如"并不是所有的文学作品都适合改编为电视文学作品"，并不是所有的国学知识都能够在电视荧屏上展示。一般而言，"要选择那些适宜于屏幕表现，能够构成鲜明屏幕形象的作品搬上屏幕"③。显然，版本学、目录学很难通过形象化手段进行传播。但是大多数知识在传播的时候，都要经过"电视化"这一关，"电视化"获得成功，这种知识的电视传播才有可能有相应的效果，而不能进行充分的"电视化"的知识传播，往往会出现事倍功半的结果④。

① 张隆溪.阐释学与跨文化研究［M］.北京：生活·读书·新知三联书店，2014：59-60.
② 刘澍心.语境构建论［M］.长沙：湖南人民出版社，2006：255.
③ 高鑫.电视艺术学［M］.北京：北京师范大学出版社，1998：149.
④ 胡智峰，杨乘虎.电视受众审美研究［M］.北京：北京师范大学出版社，2010：179.

同时，必须要指出的是，为了满足受众对国学的好奇心，甚至是神秘感，电视媒体表露出了"献媚"的迎合之态。连《百家讲坛》的明星嘉宾易中天自己都说："我肯定是恰好迎合了社会的某种心态，或者说某种需求。"这种迎合主要体现为两个方面：

首先，从内容选择上讲：

对历史疑案和探秘的过分热情；

对历史人物的外史乃至野史的过分关注；

对神话、传奇、小说中虚构人物的过度解读。

这些内容对观众而言，属于"最熟悉的陌生人和事"，尽管可能之前理解得不完全准确，但是已经有或多或少、或深或浅的了解。因此，选择这些内容会降低栏目学术性选题难度，却也无形中把栏目自降品格。在主讲人的话语中充斥着"结局到底如何""究竟是死于什么原因""又遭遇了什么"等诸如此类的语言模式，观众在这些内容中并不能感受历史的温度与厚重，获取最多的恐怕只能是探知到隐秘信息的快感。但是，国学电视节目毕竟不同于故事会，学者上电视不能仅仅讲故事、揭谜题，满足观众的窥探欲。也不能"仅仅停留于满足受众的求知欲而不注意引导受众的求知欲，有时候反而会扼杀受众的求知欲"[1]。

再次，主讲风格的表面化、世俗化和迎合观众的倾向，将普通百姓作为传播对象，当然可以注重知识，尤其应该考虑到深入浅出和通俗易懂。但是，这并不等于说要与百姓站在同一审美层次，甚至去迎合他们的趣味，或者跌落到比百姓还低的水平。如汉史、清史讲座往往过于强调宫廷你死我活的争斗，以此来吸引听众，至于如何理解这种残酷的斗争以及它的启示作用，则往往被忽略了[2]。

其次，从传播形式上讲：

---

[1]　胡智峰，杨乘虎.电视受众审美研究［M］.北京：北京师范大学出版社，2010：141.

[2]　王兆胜.俗陋的媒体与国民精神的空位［A］.张法，肖鹰，陶东风等著.会诊《百家讲坛》［M］.合肥：安徽教育出版社，2007：80.

　　一是故事化表达贯穿节目始终。《百家讲坛》的制作方自己把栏目的成功归纳为两个思路：一条是"以故事说人物，以人物说历史，以历史说文化，以文化说人性"；另一条是"就熟说生，就近说远，浅入深出，借势发挥"。①对于第一条，栏目在实际运作过程中已经变成了以故事说人物，以故事说历史，以故事说文化，以故事说人性。但是，无论什么内容都"叙事"当先，这样就忽略了传播对象本身的特性，导致思辨的内容消失，话题的深度亦被抹平。国学的人文与精神价值则被压缩或淹没在故事、情节、悬念的庞大包装中，造成国学的空心化和国学传播的肤浅化。

　　二是传播语言过度通俗化。尽管"许多电视节目的语言都是口语化的——日常生活用语"②，但是国学电视节目所传播的内容毕竟不同于生活服务类电视节目。诚然，国学典籍中的文言文在传播时需要转化为便于观众接受的白话文，不过过度通俗化却丧失了国学的语言美感。著者在对于丹《论语》感悟——孝敬之道进行焦点小组研究时，一位受访者也谈道："易中天说周瑜是周帅哥，说孙权是孙帅哥，但是《三国》中对周瑜和孙权的描述很形象，仅仅用'帅哥'这个词，太浅薄乏力，反倒破坏了这些人物在人们心中的形象。"

三、两个栏目国学传播的相同困境

（一）国学电视栏目播出时间设置

　　节目播出效果如何，固然与节目的内容和形态有关，但是与播出时间的安排也大有关联。假如没有在适当的时间安排播出，即使内容再好，形式再新颖，但是多数观众无暇观看，也收不到预期的效果③。

---

① 赵化勇.中央电视台发展史（1958—2008）［M］.北京：中国广播电视出版社，2008：85.

② ［英］尼古拉斯·阿伯克龙比.电视与社会［M］.张永喜，鲍贵，陈光明译.南京：南京大学出版社，2001：19.

③ 刘建鸣.电视受众收视规律研究［M］.北京：北京师范大学出版社，2010：65.

电视剧与综艺节目是收视率的两大巨头，大多数情况下，电视文化节目与电视剧、综艺节目相比，在黄金时段不具备太大的竞争性。为了保持频道在黄金时段的竞争能力，部分电视台把文化类电视栏目安排在中午12：30—13：00，大多数安排在23：00之后，甚至是00：00之后。《百家讲坛》现在播出时间是：首播每天11：53，重播每天23：04。《问津国学》包含"完整版"和"精华版"：完整版，每周日17：18播出；精华版，每周日22：30播出。

在一般意义上，20：00—22：00是电视媒体的黄金时段。随着互联网的发展，观众收看电视的手段正在发生变化，网络电视成为45岁以下人群收看电视的重要平台,这在客观上打破了电视播放时段的原有格局①。电视播出机构大一统的"黄金时段"的"含金量"正在降低。不同的受众群体有不同的集中收视时间，也就是自己这个群体的"黄金时段"。

所谓"兵无常势，水无常形"，国学电视节目的播放时间应当结合观众的作息规律与收视规律，根据节目的定位以差异化的方式来选择播出首播和重播时段，最大限度地满足广大电视受众的收视需求。

（二）国学电视传播话语陌生化程度的把握

电视受众包含着不同教育水平、不同文化层次的各阶层受众，为了获得大众的"最低的共同文化"或"最低的大众素养"的认同，电视媒介在传播国学时必须通俗化。

借用现实话语和生活经验来诠释国学内容本无可厚非，但是如果使用生活中比较随意性的口头语言长篇大论，观众会觉得过于熟悉，没有新鲜感，进而产生审美疲劳，也会使节目出现庸俗化、幼稚化的问题。

如果传播过程中的书面语言过多，话语太过学术，会让观众觉得晦涩和抽象，造成理解上的困扰与阻碍，会使节目陷入曲高和寡的尴尬之境。可见，

---

① 张建.电视节目解析［M］.重庆：重庆大学出版社，2015：129.

对国学知识的传播既不能太深奥，又不能太通俗，可谓是进退维艰。

"电视生产其实就是距离化的传播艺术。"[①]似曾相识、一知半解的内容才能勾起观众收看的欲望。美学大师滕守尧对人的审美心理有着精到的描述："只有那些与他们熟悉的事物有所不同，但又可以看出与它们有一定联系的事物，才能真正吸引他们。这就是说，只有那些不是与心中的图式完全雷同和完全无关的形式，即与内在图式具有一定差异性的图式，才能引起人的敏锐的知觉。"[②]国学电视传播良好效果的取得，"不仅需要遵循电视传播的一般规律，更重要的是要准确定位受众的接受水平线，处理好已知和未知的关系。如果内容都是受众已知的，自然无人喝彩；如果内容大部分都是受众未知的，过高的专业门槛当然无人问津。可能恰当的比例是三三制：三分之一未知，三分之一已知，三分之一知半解。"[③]

（三）国学电视传播的误传与误读

误传主要是指主讲人在讲授中所传播的知识性谬误以及对国学知识的错误性解读；误读主要是指受众对主讲人所讲的内容由于知识背景、人生阅历的不同而做出的对抗性以及消极性的理解，或者是把主讲人对国学典籍的阐释和个人心得当作了经典本身。误传是针对传播者，误读是针对受众而言。

于丹在讲解《论语》时就多有误传现象的发生，比如"我们今天也常会说，天时、地利、人和是国家兴旺、事业成功的基础，这是《论语》对我们现代人的启发。"于丹此话有一处硬伤："天时、地利、人和"并非出自《论语》，而是出自《孟子·公孙丑下》。于丹将孟子的话当作孔子语，犯了张冠李戴的错误。

---

①　胡智峰，杨乘虎.电视受众审美研究［M］.北京：北京师范大学出版社，2010：234.

②　腾守尧.审美心理描述［M］.成都：四川人民出版社，1998：57.

③　胡智峰，杨乘虎.电视受众审美研究［M］.北京：北京师范大学出版社，2010：228.

误传的内容大多是显现的，可以经由其他方式予以校队或修正①。而误读则是受众心理层面的活动，一旦形成便很难改变。因此，误读比误传后果更为严重。更为糟糕的是，在逻辑上，这种情况发生的可能性非常之大。"人们认同的只是这种'心灵鸡汤'似的传统文化，而对于远不只抚慰心灵，涉及人格的塑造、道德与社会秩序的规范等的传统文化，则因其不能通过他们心理上的检验，而不能得到理解和认同。甚至也存在这样的可能，人们误认为这种'心灵鸡汤'似的文化就是传统文化。它一旦通过心理上的渗透进入人们人格结构的内核，可真的就是文化的变异了。"②由此可见，当这种情况发生时，电视传播国学比不传播危害更甚，贻害更久远。因此，国学电视传播应当尽量避免对国学的误传与误读。

（四）国学电视传播的形式与效果

国学电视传播的通俗化是使国学走向大众的撒手锏，而通俗化也使国学电视传播饱受诟病。电视传播国学之所以要通俗化，正是为了要在国学和大众之间架起一座桥，拉近国学与大众的距离，使节目更加符合大众口味，进而保证国学电视传播效果。从理论上讲，传播形式是实现传播效果的基本前提和必要条件。但事实上，电视传播国学所采取的通俗化传播形式却远远不能保证国学电视传播的效果。

如前文所述，电视媒体在传播国学时表露了迎合之态。其实迎合实为电视媒体追求高收视率的无奈之举。收视率是悬在电视节目制作机构头上的"达摩克利斯之剑"，因此，对大众品位的追逐成了国学电视传播必须要考虑的重要问题，电视知识分子也自觉地参与其中，让深沉的学术理念与通俗文化接轨，这的确在文化普及和学术推广上起到了积极作用③。但仅仅通俗化

---

① 有人专门把于丹讲解《论语》时的知识性谬误集结出版。如马千里所做的"《于丹〈论语〉心得》引文释义硬伤大观"，参见马千里.当《论语》遭遇于丹［M］.深圳：海天出版社，2007：192-232.

② 陈璧生，石勇.国学热：十年人文热点对话录［M］.广州：中山大学出版社，2007：169.

③ 张玉川.中国电视知识分子论［M］.成都：四川出版集团巴蜀书社，2011：312.

是远远不够的，因为即使通俗化后的国学能够让人看得懂，也是以知识的形式出现，不能通过迎合大众的心理，使大众产生某种情绪或情感而改变他们。由此可见，尽管电视媒体以近乎献媚的姿态去讨好观众，却未必能保证国学传播的效果。

本章小结

本章是对国学电视栏目《百家讲坛》和《问津国学》的个案分析，重点考察了两档栏目的传播内容和传播效果。

对传播内容的分析遵循电视媒介在传播国学的哪些内容，为什么是这些内容得到电视媒介的青睐的思路展开。通过采用古籍经史子集四部类分法对两档栏目所传播的国学内容进行分类，发现两个栏目的传播内容各具特点。《百家讲坛》传播内容的特点有：选题的延续性、系列化；选题的经典性；选题以史居多；选题的借势化。《问津国学》传播内容的特点有：彰显地方文化特色；与主流价值观合流。本章还对两档栏目自开播到 2017 年 12 月 31 日传播主题情况的相同进行了统计，反映出两个栏目传播国学的重点集中在对受众现时需求的满足和对国学经典的弘扬。同时，由于存在传播困难和解读困难，两档栏目都没有涉及对版本学、目录学等国学知识的传播。

对两档栏目传播效果的分析采用了焦点小组研究法。选择两档栏目中主题一致的一期节目进行焦点小组访谈。通过对访谈内容的解码，得出影响传播效果的因素分别是：传播平台、节目制作质量、传播方式、传播渠道的丰富程度、传播内容的贴近性以及受众的知识储备与对信息的解读能力等。基于对两档栏目传播效果的比较分析，本书认为，国学电视传播的困境有以下四个方面：一是国学电视栏目播出时间设置；二是国学电视传播话语陌生化程度的把握；三是国学电视传播的误传与误读；四是国学电视传播的形式与效果。这为探寻国学电视传播的优化策略提供了思考基点。

第五章　国学电视传播存在的问题与优化策略

随着市场经济的发展、商业化程度的提高，文化与商品开始有机结合，文化越来越成为一种商品进行生产与消费。同时，面对大众文化的扩张和传播环境的变异，电视文化在其裹挟下显现出强烈的商业性和消费性，突出表现在电视节目的创作发行日益转向为取悦大众和市场。电视传播国学的实践就是在这样的环境中进行的。国学电视传播在大众文化消费与传播对象的"共商"中，制造了一个个话题性电视栏目，激发了大众对国学的兴趣，同时也生发出一些问题。本章从多重视角分析了国学电视传播存在的问题与原因，并从弘扬国学和文化复兴的立场探讨了国学电视传播的优化策略。

第一节　国学电视传播的文化消解现象

国学电视传播用平民化、通俗化的方式传播百姓"日用而不自知"的国学知识，这种方式打破了很长一段时期国学只有学术研究基础的专家学者才能接近的局面。但是，在国学电视栏目走平民化路线的同时，不同程度消解了国学所负载的价值、逻辑和深度，致使国学快餐化、肤浅化。"儒学复兴运动"代表人物之一黄玉顺曾言："国学热中无国学。"[1]

---

[1] 黄玉顺. 中国学术从"经学"到"国学"的时代转型 [J]. 中国哲学史, 2012（1）: 119.

一、国学电视栏目在传播国学时浅尝辄止

国学是中华民族在特定的历史文化语境中，对现实生活的总结与思考，散发着智慧的光晕，具有哲理性、抽象性等特点，而电视是利用形象生动的传播优势为受众带来感官享受的大众媒介。用感性的传播载体去传播理性的学术话语，必须要进行电视化处理。电视对国学进行加工改造过程中之所以会出现"空心"现象，原因主要有三点：

（一）电视媒介的线性传播特征

电视是一种线性传播媒介，具有时间性和过程性的传播特征。这决定了电视媒介本身不适宜传播深刻化和学术化的内容。"电视节目不宜设置过多过繁的理解障碍。冷僻的专业术语、枯燥抽象的理论，都有可能成为电视观众转换频道的直接原因。"[①] 从1987年开始的历次全国电视观众抽样调查的数据来看，中国电视观众的文化程度以中学学历为主。而国学中则存在着大量的典故与术语，考虑到大多数观众的知识结构与理解能力，电视传播国学过程中的浅层次表达是必然之选。以《开心学国学》为例，该节目是《开心辞典》于2009年制作推出的大型国学知识竞赛活动，最终要遴选出一批民间学国学的高手。从知识面来看，节目包含的比赛内容十分广泛，经史子集、琴棋书画等均有涉猎，但是，从深度来看，大都是国学领域简单的常识问题[②]。

（二）电视文化的大众化属性

"电视是当代大众文化的神话与象征系统。"[③] 电视文化表现出的消费性、

---

① 金维一.电视观众心理学［M］.上海：复旦大学出版社，2005：15.

② 朱亚琨.文化消费学视角下的"国学"电视节目研究［D］.四川师范大学硕士学位论文，2015：29.

③ 金元浦.文化研究：理论与实践［M］.开封：河南大学出版社，2004：215.

通俗性（甚至媚俗性）、无深度感等，是大众文化所追求的基本目标①。电视之所以广受欢迎，就在于其具有明显的大众文化特征：观看电视消费门槛很低，既不需要任何专业训练，也不需要运用高度的抽象思维能力。正如尼尔·波兹曼所言："电视对成人和儿童、知识分子和劳动者、傻子和智者都没有两样。"②电视叙事文本与典籍叙事文本最大的不同在于：前者用影像传播，而后者用文字传播，而影像具有直观性、浅显性和感官刺激性。"电视的制作是拒绝深度的，因为电视的观众要求看到的是轻松愉悦的节目。"③况且，大众传媒的任务本就不是搞学术研究，只是把文化做了替代性的解读。

（三）国学电视栏目重形式而轻内涵

国学电视栏目偏重形式大致有三种情况：其一，注重在传播手段上下功夫，有意或无意忽略了国学节目传播对象的特殊性；其二，将国学的主题弱化，仅注重节目的娱乐功能和表层的视听享受，无法给予观众更多的"营养"；其三，仅仅关注到国学最表面、最浅显的东西，国学的文化价值和精神内核却没有得到深层挖掘。

从目前国学电视传播的现状来看，以上三种情况往往相伴共生。以 2013年火爆电视荧屏的《中国汉字听写大会》为例，该节目旨在唤醒更多的人对文字基本功的掌握和对汉字文化的了解，意欲让更多的人领略汉字之美。为了吸引观众的眼球，节目采取竞赛制，节目组还煞费苦心的邀请到中国社会科学院语言研究所三位文字学专家对汉字进行解读和点评。尽管专家们都是文字学领域的权威，但是在解读时也仅是蜻蜓点水。不是他们对汉字背后所蕴含的知识不熟悉，而是必须让位于节目的流畅性和观众急切等待答案的心理感受。这也是当前国学电视节目中存在的较为典型的情节冲突挤压传播主

① 欧阳宏生. 21世纪中国电视文化建构［M］. 成都：四川大学出版社，2011：189.

② ［美］尼尔·波兹曼. 童年的消逝［M］. 吴燕莛译. 桂林：广西师范大学出版社，2004：112.

③ 魏鹏举. 知识娱乐化：电视传媒对于历史与知识的改造［J］. 文艺理论与批评，2002（5）：123.

题的问题。在关注的焦点仅限于输与赢的较量中，节目最终沦为对字典的死记硬背，而没有去挖掘文字背后的文化宝藏。

事实上，国学电视节目以及所有的电视文化节目在传播文化知识的过程中都会面对这样的窘境：文化节目本身的特性、电视媒介传播上的特点，以及大众的心理取向构成了双重的矛盾，让电视文化节目在发展中常常陷入两难之境：一方面，电视是一种线性传播，具有即时性。而文化节目所传递的文化信息，内涵极其丰富，很多时候需要观众反复咀嚼才能真正地消化吸收，但电视传播的转瞬即逝让观众在短时间内很难对这些文化信息形成记忆，更不要说深入的认识与理解；另一方面，大部分观众看电视，要么是渴望得到娱乐与放松，要么是获得情绪的宣泄，追求的是一种及时的快感。而文化节目本身具有的知识性、思想性与理性色彩需要观众静下心来慢慢品味，去思考与探索。如何在文化节目的诉求、电视传播的特质，与大众的心理取向三者间找到一个平衡？[①] 对于国学电视节目而言，传播过程中化深奥为浅薄、化理性为感性或许是双重矛盾夹击下的无奈之选，最终造成国学传播内容的肤浅化也就在预料之中了。

二、框架理论视域下电视传播国学的模式化表达

框架分析是由著名社会学家欧文·戈夫曼引入社会科学领域的。在1974年出版的《框架分析：经验组织论》一书中，戈夫曼将"框架"视为一种"解释图式"。他指出，"框架是人们用来认识和阐释外在客观世界的认知结构，人们对于现实生活经验的归纳、结构与阐释都依赖一定的框架，框架使得人们能够定位、感知、理解、归纳众多具体信息"[②]。在实际运用中，"框架"既可作为动词，被视为某种建构真实的过程；又可视为名词，如吉特林

---

① 张建，夏光富.电视节目解析［M］.重庆：重庆大学出版社，2015：110.

② E. Goffman. *Framing Analysis: An Essay on the Organization of Experience*［M］. New York: Harper and Row, 1974: 21.

所定义，表示一系列信息筛选、强调与再现的原则。吉特林把媒介框架定义为"持续的认知、诠释和表达模式，也是一种选择、强调和排除模式，通过这种模式，符号处理者依惯例组织表述，不管是语言的还是视觉的"①。最广为引用和全方位的对框架的定义也许是甘姆森与莫蒂里安尼所提出的，"为尚未呈现的事件提供意义的一种中心组织思想或者故事脉络"。坦卡特等人也表达了近似的看法，认为媒介框架就是"通过对信息的选择、强调、概括和加工，从而建立一种中心化的、组织化的观念"②。

无论从哪种视角来阐释框架的内涵，都表达出共同的指向：框架的形成本质上与"选择"和"凸显"有关。在传播过程中，框架至少存在四个领域：传播者、文本、受众和文化③。

传播者在形成其信仰系统的框架（通常为模式）引导下做出有意无意的架构判断，以决定说什么。

文本包含框架，表现为能强化事实或判断主旨的特定关键词、措辞、刻板印象、信息来源和句子的存在或缺失。

引导受众思考和做出结论的框架可能会、也可能不会反映文本中的框架和传播者形成框架的意图。

文化是普遍援引的框架的背景。事实上，文化就是社会群体中大多数人表达和思考所显示的一系列经验性框架。

框架也许以隐形的形式存在，但是无论传播者、文本、受众或者是文化任何一个领域的框架，其力量都是巨大的：不可违逆，只能遵从。以《百家讲坛》为例，从主讲人讲稿文本的书写，到讲解时的逻辑层次、辅助的电视形象化表达等，每一期节目都是在预设框架内的传播，每一个环节都涉及选

① 周勇.理解电视：从理论到方法的路径［M］.北京：中国广播电视出版社，2012：118.
② 邵培仁.传播学［M］.北京：高等教育出版社，2015：160.
③ 周勇.理解电视：从理论到方法的路径［M］.北京：中国广播电视出版社，2012：119.

择和凸显。马瑞芳在其研究《百家讲坛》主讲人的著作《百家讲坛：这张魔鬼的床》中有这样一段话：西方神话有张魔鬼的床，人被捉到床上，长了截短，短了拉长。百家讲坛对主讲人来说，也是张"魔鬼的床"。床的尺寸是"传统文化，服务大众，深入浅出，雅俗共赏"①。这里的"床"就是节目制作方遴选主讲人和选题内容的框架。

框架涉及的传播效果不是由传播内容的不同造成的，而是取决于信息的特定部分如何被表达（被架构）。②就连被《百家讲坛》捧红的学术明星易中天也如是说："要想在《百家讲坛》获得成功，学者需要具备两个条件：一是你能够被修理；二是你甘愿被修理。"

遗憾的是，被"框架"改造的过程也是国学文化价值流失的过程。正如尹鸿先生所言："大众传媒的逻辑，的的确确也在伤害着，一定程度上歪曲着学术，因为它的话语方式不一样，呈现形态不一样，对学术的深度，学术的纯粹性有伤害。"③

三、国学媒介化过程中的"文化折扣"与文化抽绎

"文化折扣"的概念是希尔曼·埃格伯特首次使用，"意指少数派语言和文化版图，这些少数派语言和文化版图应该得到更多关注，以保护其文化特性"④。这里所说的"文化折扣"是指在国学电视传播过程中由于各种主客观因素所导致的国学文化价值的衰减，这些因素主要包括古今转化折扣和传播媒介转换折扣。

如果说文化折扣理论是舶来品的话，文化抽绎则是本土化语式。"抽绎"一词见于《汉书·谷永传》，即"又下明诏，帅举直言，燕见绌（抽）绎，

① 马瑞芳.百家讲坛：这张魔鬼的床［M］.北京：作家出版社，2007：206.
② 周勇.理解电视：从理论到方法的路径［M］.北京：中国广播电视出版社，2012：121.
③ 尹鸿：文化精英与话语控制权［A］.王渭林总编，郭敬宜主编.交锋人文开坛·非常策划与当代中国［M］.上海：学林出版社，2004：148-149.
④ 薛华.中美电影贸易中的文化折扣研究［D］.中国传媒大学博士学位论文，2009：6.

以求咎愆"。抽绎有两种解释：一是从中理出头绪。如"能抽绎先儒之书，而发其端绪之未竟者"；二是演绎，推论出。如"这情节是从古代神话中抽绎出来的"。从单个字来理解，"抽"的意思有：把中间的取出，从事物中提出一部分，概括，减缩，引出，抒发，选择等；"绎"的意思有：理出头绪，连续不绝，陈述，陈列等 ①。国学的电视抽绎就是从浩瀚的国学资源中抽绎出合适的成分，经过分析、梳理、创意、设计等工序，转化为电视大众文化产品（国学电视节目）进行传播。大众传媒的一个显著功能是传承人类文化遗产。因此，其在文化传播中扮演重要角色。国学电视抽绎将国学从原有的时空中提取出来变为一种超越时空的具体物象，给予更大范围的展示与传播，促使国学得到弘扬。需要提及的是，抽绎不是原汁原味的照搬照抄，而是再生性生产和制作，是多种创意与设计的抽绎。

国学价值和意义的实现某种程度上取决于国学传播的广度和深度。在与现代传播媒介融合之前，国学或可被称为"学术国学"，其主要传播形式为课堂讲授、高校学术研究和期刊发表，传播特点是学术性强、对信息接收者要求高。而国学与现代传播媒介联姻之后，传播形式较之前更为丰富、更为灵活、更为平民化，极大地激发了大众对于国学的兴趣，提高了国学的普及率。

但是，国学的特点决定了国学的大众化传播之路不会一帆风顺。国学产生于传统社会特定的历史背景之下，与当代社会生活环境和文化语境有较大差异，因此，今人对国学有距离感和陌生感。同时，国学典籍多是以繁体字和文言文的形式得以留存与传播，对于已经习惯简体字的今人而言难免感到晦涩难懂。这意味着在用电视这种现代化媒介传播国学时，必须打破古今差异造成的两种不同信息接收体系之间的壁垒。如果照搬国学典籍中原词原句，难免要置受众于晦涩难懂的尴尬之境。

为了跨越精英化的国学典籍与大众之间的鸿沟，国学在媒介化过程中必

---

① 刘建华，Cindy Gong. 民族文化传媒化［M］. 昆明：云南大学出版社，2011：50.

须做出符合时代特点、适应受众接受习惯的改变。因为"时间和历史，总会不断在前代经典和当代观众之间开掘着新的理解深度"①。这些改变或多或少耗损了国学所固有的思想和内容。一方面，大众传媒需要迎合观众的视觉、听觉的快感，必须舍弃一部分思想。譬如娱乐化之后的国学电视节目，难免受到电视媒介自身特性的局限，难以在深度上有所作为。② 另一方面，"即使最完美的复制，也必然欠缺一个基本元素：时间性和空间性，即它在问世地点的独一无二性"③。信息在从一种媒介转换到另一种媒介的时候，不可避免地会发生损耗。国学的意蕴在电视媒介中经过解构、复制及组合等过程，再通过电视话语、画面、文字等形式呈现出来，最后由不同知识背景的受众接受，这一系列过程中的每一个环节都有可能产生理解上的偏差。

电视实现了人类文化的视觉化转向。20世纪30年代，德国哲学家海德格尔就已预言：世界即将进入"图像时代"，今天电视媒介已经成为社会普遍的"文化景观"，并演化为"视觉文化"大家庭中不可分割的一员④。电视媒介具有"视听兼备"的特性，即可视与可听同时并行，这是其他媒介无法效仿与匹敌的，这也使得电视媒介拥有此前任何媒体所无法想象的信息形象感和现场感。与其他媒介相比，其最大的优势就是形象、生动、直观的表达。但是在表达以抽象的文字为主要形式的国学时，电视媒介的优势就消解了。

众所周知，图像是一种直观的、更"真实"的符号，而文字则是一种抽象的间接的构建的符号；这种抽象的符号要求人类在阅读时必须开展理性的思考，而电视却与其背道而驰。时时处于动态之中的图像及声音使受众无法思考，因为思考会影响观看。⑤ 电视时代的现实是，人们阅读纯粹文字形式

---

① 余秋雨.观众心理学［M］.上海：上海教育出版社，2005：193.
② 徐维玮，吉峰.娱乐化时代下的国学传播探析［J］.四川戏剧，2015（10）：23.
③ ［德］瓦尔特·本雅明.机械复制时代的艺术［M］.李伟，郭东 编译.重庆：重庆出版社，2006：4.
④ 黄鸣刚.电视传播与影响力［M］.北京：中国广播电视出版社，2017：144.
⑤ 黄鸣刚.电视传播与影响力［M］.北京：中国广播电视出版社，2017：146.

的抽象作品越来越少，甚至古典的哲学思想也必须仰仗图像的解说才能吸引人的兴趣。

为了让观众体验到感官愉悦，国学电视节目在向"过去"的国学典籍取材时，受文学思维传统的影响，通常的处理手法是用语言（解说词）赋予画面素材一定的价值和意义，但是这对于构建一个具有现实时空的叙事系统是无能为力的。[①] 法国社会学家布尔迪厄早就坚定地指出："电视并不太有利于思维的表达。"[②] 曾执导《上下五千年》《陶瓷的年代》等佳作的著名电视编导刘郎曾深有感触地说："最难的一点，就是将有一定深度的学术思考，如何交融于具体的、有限度而且只能是表现现在时态的电视画面之中。"[③] 为了改变表达抽象化的国学时有心无力的局面，电视会采用情景化叙事手法来化解困境。然而，这些技法都无力改变电视在国学典籍的阐释过程中出现消解知识深度的状况。

第二节　国学电视传播的市场至上现象

大众传媒的发展带来了娱乐霸权主义，电视具有娱乐消遣的天然属性，因此电视荧屏娱乐之风劲吹，几乎所有的节目都融入了娱乐的元素，国学电视节目也不例外，抓住娱乐性大做文章。同时，作为大众文化的推动者，电视节目表现出明显的大众文化痕迹，大众文化的商品属性和消费属性助涨了电视节目的抄袭之风和炒作之风。国学电视节目通过不断拟合于商业逻辑与市场需求并得以批量生产，进而获得大众广泛的认同与接受。但是，有的国学栏目呈现的国学只是戴着国学的礼帽，却忽略了对国学中所蕴藏的文化价

---

① 杨华.传统文化电视再传播的制约因素及策略［J］.北华大学学报（社会科学版），2003（3）：29.

② ［法］皮埃尔·布尔迪厄.关于电视［M］.许钧译.沈阳：辽宁教育出版社，2000：28.

③ 尹静媛.境界——有感于刘郎的电视艺术［J］.电视研究，2002（10）：61.

值和民族精神的弘扬。国学电视栏目在崇尚娱乐至上、利益至上的同时，使得国学电视传播呈现出庸俗化面向。

一、消费时代的传播环境中文化生产与文化消费的博弈

"消费社会"最初是由法国思想家让·鲍德里亚在著作《消费社会》一书中提出。该书开篇即言："作为新的部落神话，消费已成为当今社会的风尚。它正在摧毁人类的基础，即自古希腊以来欧洲思想在神话之源与逻各斯世界之间所维系的平衡。"① 这段话既发人深省，又像是一个魔咒，使得整个人类社会笼罩在了消费的迷雾之中。人们消费的不再仅仅是可供果腹的物质食粮，文化等精神产品也成为消费的客体。正如让·鲍德里亚所述："文化，当它朝着另一种论述滑去的时候，当它变得与其他物品同质并可相互替代时，它就变成了消费物品。"② 此时，正在经历市场经济和社会转型的中国，其文化内核中的消费种子也在悄然生长。一种新的文化语境在 20 世纪 90 现代已经形成。主流文化虽然以权威的形式不断强化并向社会发出询唤，但多样化的倡导同时也为大众文化生产和消费提供了合法的依据。文化一旦进入市场，它的消费对象主要是民众，这个庞大的群体惊人的消费吞吐能力，使市场具有了无限的潜力和空间。于是，一种以消费为特征的文化生产方式及市场，在改革开放的时代迅速登场和蔓延。③

"如果说每一个时代都有自己的文化主题的话，那么 21 世纪的文化主题，无疑是消费主义文化的泛滥与流行。"④ 因此，消费社会和文化消费是研究国学电视节目一个无法回避的视角。具体原因有两个：一是国学电视节目的价

---

① ［法］让·鲍德里亚.消费社会［M］.刘成富，全志钢译.南京：南京大学出版社,2008：前言。

② ［法］让·鲍德里亚.消费社会［M］.刘成富，全志钢译.南京：南京大学出版社，2008：96.

③ 孟繁华.众神狂欢：世纪之交的中国文化现象［M］.北京：中央编译出版社，2003：39.

④ 杨状振.重组话语：新媒体时代的中国电视批评［M］.上海：上海交通大学出版社，2012：22.

值和意义是在大众的文化消费活动中生成；二是消费社会构成了国学电视节目运作的具体语境。

在关于文化消费的研究中，西方马克思主义的文化消费思想独树一帜。马克思主义认为，生产和消费之间存在着辩证关系。按照马克思的观点，国学电视节目的出现是大众文化消费的选择，而观众对国学电视节目的文化消费有力地促进了国学电视节目的生产。国学电视节目与以消费为核心的大众文化之间有着不可回避的关系。甚至可以说，从它的诞生开始，就被披上了一层浓厚的消费主义外衣。国学电视节目和其他娱乐、相亲、真人秀等电视节目一样，正是因为有大众对国学的需求和消费，才刺激了形式多样的国学电视节目的产生。

在消费社会，文化成为可以按照消费者需求而生产出来的商品，娱乐化的快感生产和消费是当下电视文化的主体，电视文化呈现出浓烈的消费主义色彩。欧阳宏生教授认为，"无论是从结构要素，还是从生成和传播过程及其社会影响来看，电视文化都是一种消费文化"[①]。作为文化产品的国学电视节目也被贴上了商品的标签，而原先的电视观众则成为至高无上的消费者。为了适应和满足消费者的需求，国学电视节目必须想方设法取悦消费者。消费者的喜好就是国学电视节目努力的方向。毕竟，一个电视节目只有得到受众的认可与接受，才能在激烈的电视竞争市场占有一席之地，获得较好的广告收益；反之，一个节目的专业水准再高，那也难免会陷入孤芳自赏的境地。电视需要生存，就是需要把受众的数量最大化，而把风险和不确定性最小化。换一种说法即是无论什么样的节目，最紧要的是吸引住观众的眼球，越久越好，越多越好。

回到生产——消费模式上来，文化接收者（受众）对文化生产的要求，已经完全不同于理想主义文化中那种激情的工具主义的文化，而是需要更加

---

① 欧阳宏生.21世纪中国电视文化建构［M］.成都：四川大学出版社，2011：44-45.

带有游戏性和娱乐性的文化消费①。进入大众传媒时代，人们的消费心理被娱乐解构，娱乐成为消费文化的主导，电视娱乐文化已经成为一种强势的意识形态，不断地强化大众对于娱乐文化的接受乃至认同。电视是制造快乐的梦工厂，不管是纯娱乐节目，还是其他新闻类、教育类节目中的娱乐化因子，都能带来轻松、快适的愉悦感受，因为娱乐化能制造快乐。快乐是本真自我的外在表现，是对刻板、教条的细仿与反讽②。

电视媒体应当播出什么样的节目，与电视观众需要什么样的节目，是一个问题的两个方面，一面对应电视节目的生产，一面对应观众的消费。所以说，电视屏幕中的娱乐因子，是时代社会的消费语境与电视作为文化产业的商业追求相互适应的结果。③为了俘获更多电视观众的心，取得可观的收视率，国学电视节目纷纷披上了娱乐的外衣，以大众、轻松、感性的传播方式传播国学。令人担忧的是，有些国学节目只是假借国学的名头行娱乐之实，陷入了泛娱乐化的泥潭。

二、收视率至上的传播理念下电视受众的兴趣与快感生产

在消费社会中，"大众文化挟持流行趣味与商业利益，抽空了精英文化与启蒙理想的想象基元"④，把媒介文化改造成为消费文化。电视文化从生产到消费都被纳入到了商品化的轨道，商品化、市场化和产业化是电视文本的本体特征。制片商真正关心的也只是节目是否"好卖"，即收视率的问题⑤。

---

① 周宪.文化表征与文化研究［M］.北京：北京大学出版社，2007：266.
② 杜晓红.电视文化中的"快感"问题研究［M］.北京：中国书籍出版社，2013：134.
③ 魏鹏举.知识娱乐化：电视传媒对于历史与知识的改造［J］.文艺理论与批评，2002（5）：123.
④ 杨状振.重组话语：新媒体时代的中国电视批评［M］.上海：上海交通大学出版社，2012：22.
⑤ 杜晓红.电视文化中的"快感"问题研究［M］.北京：中国书籍出版社，2013：85.

收视率是电视节目商品化的重要元素，^① 作为电视节目寻租行为的衡量器，"要么高收视率，要么死亡"已成为电视行业的生存法则，也是高悬在电视人头上的一把"达摩克利斯之剑"。电视栏目陷入了一场由收视率裁决胜负的竞争之中，如何才能投受众所好，如何才能避免末位淘汰，如何才能获得更大的广告利润，这是整个电视业的焦虑所在。收视率的高低决定着广告利润和商业资助是否丰厚，商业逻辑对电视的作用就是通过收视率来实现的，这是当代电视运作的一条基本规律。但是，"在文化经济中，消费者的作用并不作为线性经济交易的终点而存在"，在文化消费中，"他们主动从文本中生产出意义和快感"^②。因此，电视文化会尽力满足大众本能欲望和感性趣味（即快感）的消费动机。即使是理性的、深奥的内容，电视也通过其他的方式予以娱乐化呈现。窥视、游戏和狂欢等三种泛娱乐化形式都被泛滥地糅合于电视节目中。

出于天性以及后天的易得性，大众对娱乐有着天然的亲近。大众对娱乐化的事物兴趣益然，那些"游来荡去而且还喝着啤酒吃着炸鸡的家伙们"究竟是为了什么坐在电视机前，不吵不闹、乖乖地听任流荡的画面的调遣？观众们究竟是为了什么才会去看电视呢？观众收看电视最初的原动力就在于：一是获得信息和知识；二是获得愉悦感和放松感。^③ 于是，电视文化中充盈着娱乐化元素。娱乐化最能集中体现电视文化的消费性，能够被最广泛的受众群体接受和消费。对于这一点，尼尔·波兹曼最早发出振聋发聩的"娱乐至死"言论。我们不难发现，越是奉行娱乐至上的电视节目，收视率越是位居排行榜前列。

国学电视节目为了在众多类型的电视节目中不被收视率高压所击中，也

---

① ［加］文森特·莫斯可. 传播：在政治和经济的张力下［M］. 胡正荣等译. 北京：华夏出版社，2000：147.

② ［美］约翰·费斯克. 大众经济［A］. 罗钢，刘象愚主编. 文化研究读本［M］. 北京：中国社会科学出版社，2000：232.

③ 金维一. 电视观众心理学［M］. 上海：复旦大学出版社，2005：26.

充分调动娱乐的积极性，把深奥难懂的国学主题嫁接到娱乐节目的通俗形式中，最大限度地提升受众在观看节目时的欢愉感，以博得观众的厚爱。

游戏性是电视节目最常见的呈现快感的方式。"游戏是指由一系列规则组成的娱乐方式，有明确的目标和达到目标所允许使用的手段。"[①] 游戏娱乐是人的天性，"其中夹杂着很多感受——希望、担忧、高兴、愤怒和轻蔑，不断交错变换——它们是那样的活泼、强烈，以至于相当于一种内心运动，似乎推动了身体中所有的生命过程"[②]。精神分析派领袖弗洛伊德说游戏是本我的具体体现，德国美学家席勒说"只有当人是完全意义上的人，他才游戏；只有当人游戏时，他才完全是人"[③]。也即是说，游戏使得人成为真正的人。

为了满足受众娱乐天性中潜在的游戏心理，游戏娱乐也是电视的基本功能和特长。人们可以在电视荧屏上看到各类电视游戏节目，甚至相亲节目也设置成一种游戏化表达。引起人们热议的国学电视节目，如《中国诗词大会》《汉字英雄》等，为了给观众提供参与的快感，都采用竞赛游戏模式来传播国学知识。连面向少儿受众的国学节目如《国学小名士》《挑战小学生之最强国学少年》等节目也都采用竞赛游戏的方式传播国学。《中国诗词大会》中除了现场选手可以身临其境的感受游戏的紧张感和刺激感，节目中设置的百人团成员也一同参与体验。更多的是现场的观众以及电视机前的观众，也不自觉地主动把自己代入虚拟的竞赛情景，获得一种替代式的参与快感。随着节目的竞争进入白热化阶段，观众内心选择一个选手作为自己的"替身"参战，这种角色假设有效地提高了场外观众的在场感。

从社会现实来看，当前社会竞争异常激烈，从求学到求职再到升迁，无一不是只有通过竞争才能获取，晋级和淘汰已成为人生常态。从人的本性来看，人们对于新异刺激的东西更为感兴趣，只有比赛竞争才能激起受众的斗

① David Kelley. *The Art of Reasoning* [M]. New York: W.W.Norton&Company, 1988: 50.
② ［芬］尤卡·格罗瑙.趣味社会学 [M].向建华译.南京：南京大学出版社，2002：175.
③ ［德］弗里德里希·席勒.审美教育书简 [M].冯至，范大灿译.上海：上海人民出版社，2003：124.

志和好奇心。国学电视节目就是故意制造一种强烈的预设期待，让观众与节目中的选手同呼吸。这种模式既普及了国学知识，也为受众带来了"游戏冲动"。值得警惕的是，游戏的过程中，国学的文化价值已经被抽空，尤其是游戏结束后，国学与快感一同消散。在以娱乐快感为导向的制作理念下，国学沦为了游戏的符码。

三、国学电视栏目的工业化生产与商业逻辑

20 世纪二三十年代起，大众传播媒介的广泛使用催生了大众文化的出现。大众文化为追逐其商业价值最大化，必将其优势标准化、程序化和可重复化，经由大众传媒全力推广，便可获得压倒性优势。正是由于大众文化的这些特性，它一经形成便迅猛发展，以"文化暴力"的方式掠夺其他文化资源。

如果我们深入剖析当代大众文化，就不难发现它自身所具备有的某些本质特征。作为现代工业化、都市化产物的大众文化，反映了消费社会和大众社会的属性。尽管它形式多样、内容繁复，但在这些纷繁复杂的表象下，却显现出一种同质性的文化构成。①

大众文化是一种可复制的话语，因其市场运作的内在规律，往往具有标准化、无个性、程式化和媚俗等特征。20 世纪 40 年代，法兰克福学派的两位领军人物阿多诺和霍克海默创立了文化工业理论。"他们对美国文化产品工业化生产深表忧虑，认为存在着一种把文化视为消费品的全球性潮流……在任何情况下，文化工作都能提供标准化的产品以满足种种按特征划分的需求，而标准就来自这些划分好的特征。具有明显文化工业印记——系列化生产、标准化和劳动分工——的系列产品，构成了工业化生产的大众文化。"②

---

① 周宪. 文化表征与文化研究［M］. 北京：北京大学出版社，2007：145.
② ［法］阿芒·马特拉，米歇尔·马特拉. 传播学简史［M］. 孙五三译. 中国人民大学出版社，2008：47.

法兰克福学派在批判资本主义文化工业时，指出大众文化都是按照模式化的原则批量生产出来的，他把大众文化的时代称为"机械复制的时代"。而电视文化正具有"文化工业"特点，它制造了大量可以无穷复制的所谓"类像"供人们消费。电视用文化工业模式在其"拟态环境"中大批量复制出无个性、无特色、平面化、无深度、游戏性的文化产品。① 电视甚至一度被认为是文化工业的代名词，曾备受精英知识分子的批判。

电视文化具有娱乐化、平民化、商业化等大众文化的典型特征，也不是与精英文化水火不容的二元对立，但电视文化会把所有电视节目潜移默化地改造成带有大众文化气质的节目，对传播高雅文化的国学电视节目也不例外。遗憾的是，一档国学电视节目火爆之后，就会有雷同的节目相继出现。这些节目配方的程式化、生产的标准化、类型的稳定以及其他种种品格把大众文化内在形式的同质性表露无遗。于是，国学电视节目也呈现出无个性特色的类像化和同质性，即俗套程式、似曾相识。如《百家讲坛》火爆荧屏之后，上海电视台《东方大讲坛》、河北电视台《燕赵大讲堂》、北京电视台科教频道《名师讲坛》、北京卫视《中华文明大讲堂》、湖北教育频道《荆楚讲堂》以及黄河电视台民生频道的《黄河讲堂》等数十档类似节目跟风出现。诗词竞赛节目如《中华好诗词》《诗歌之王》《中国诗词大会》《唐诗风云会》等也呈现出高仿性。

事实上，创新是电视媒体获得较快发展的不二法门，是电视传媒永恒的主题。在市场竞争日趋激烈的今天，创新已经成为电视传媒生存的必要手段。② 但对于中国电视界而言，创新的实践远远落后于创新的意识。纵观中国电视荧屏，除了中央电视台外，省市和地方电视台很少有率先创新的节目。为什么电视生产主体在节目创新的态度上表现得积极而热烈，而在实践上却又表现得相当的谨慎与保守，不敢或不愿去率先创新呢？

---

① 高鑫，贾秀清.经济·文化与现代电视传媒［M］.北京：北京师范大学出版社，2009：163.
② 陈虹.电视节目形态：创新的观点［M］.上海：复旦大学出版社，2013：21.

　　"率先创新是指一个电视媒体领先于其他电视媒体，首次将某种类型的节目市场化，并获取相应的经济效益和社会效益的过程。率先创新更容易吸引观众的目光，可以在一段时间内享有一定的超额垄断利润……不过，由于我国节目创新缺乏版权法的保护，新节目的形态很容易被借鉴和克隆，因此率先创新随时面临替代者和赶超者的威胁。"① 可见，"之所以会出现'雷声大、雨点小'的问题，一个重要的原因，是中国电视节目创新确实存在着共性与普遍性的风险"②。

　　在大众文化的浸染下，电视业界已经是一个在相当程度上产业化了的文化场。法国社会学家布尔迪厄认为，在这个场里，不同的角色参与进来，他们之间依据各自的文化资本的大小，以及各自角色的功能，相互争斗，以便取得某种有利的地位。斗争的规则是产业化的经济游戏规则和资本增值的规律。这两个规则的运行目标就是经济效益最大化原则：把资本增值的最大化，转化为市场占有的最大化，转化为传播范围的最大化，转化为受众人数的最大化。在消费社会时代，接受者的数量和接受程度直接转变成现实利益，主导着生产者的文化生产模式和生产方向。③ 精明的电视人深谙电视场的游戏规则：一个新颖、高收视率的电视节目模板会给电视台和制作公司及广告商带来丰厚的回报。在缺乏知识产权保护的中国电视界，"克隆"一些运作"叫好又叫座"的当红电视节目能快速提高收视率，而且模仿、复制成本低廉，而低成本和高盈利是驱动电视节目运作的"两架马车"。于是，部分节目制作方索性避开开发新节目的创新风险和市场风险，在模仿的低成本中实现受众人数和收益的最大化。

　　众所周知，开发一档新节目要筹备很长时间，也需要投入很多的人力、物力和财力。大到选题策划、确定节目主题和形态等框架建构，小到场景布置、人员调配、经费预算等，只有每一个环节都反复推敲，甚至精益求精才

① 陈虹.电视节目形态：创新的观点［M］.上海：复旦大学出版社，2013：28.
② 胡智峰等.电视发展新论［M］.北京：中国社会科学出版社，2016：156.
③ 周宪.文化表征与文化研究［M］.北京：北京大学出版社，2007：86.

能推出一档经得起观众检验的电视节目。鉴于国学电视节目传播内容的特殊性，其开发制作相对而言难度更大。以近两年从综艺节目中杀出重围的《中国诗词大会》为例，"作为央视的台级重点节目，《中国诗词大会》一年的节目制作周期，录制 20 多天，前期筹备、策划、讨论近 3 年。""制作第一季时，颜芳（《中国诗词大会》第一季总导演，著者加）和她的团队整整工作了 600 多天，修改了 20 多版。"① 虽然最终该节目一度领跑了收视排行榜，整个团队为此付出的艰辛和心血却是投机取巧者难以企及的。因此，每当一个国学电视节目在市场上受到追捧，获取了丰厚的利润时，就会有大量的类似节目模仿它。

在诸多的国学电视节目中，我们不难发现，不同电视频道的电视节目从外观包装到传播主题都是雷同的，让人恍惚觉得拿起遥控变换频道时是不是遥控失灵。从节目嘉宾来看，由于收视率与名人明星的知名度呈正相关性，在名人明星资源极为有限的情况下，许多频道大批量生产复制这类将已经走红的国学明星作为收视筹码的节目，受众看到的只不过是熟悉的明星在不同的节目中来回穿梭。从节目选题来看，你传播诗词，我也围绕诗词做文章。从节目形式来看，你搞讲坛，我也开讲堂。紧跟已经"上道"且打开局面的国学电视节目，借鉴复制其成功之路是一条捷径。中国的国情决定了电视生态环境有其特殊性，它肩负着政治、文化、娱乐等多重使命，同时又承担了许多风险②。最为关键是，可以大大节省培养专家、开发选题、造势宣传和节目研发的高昂成本，从而在这场看不见硝烟的文化斗争中占得市场先机，获取商业利益的最大化。但长此以往，受众就会形成审美疲劳，这势必影响国学电视栏目的公信力与品牌建设，更会打击栏目创新的积极性，形成恶性循环。

---

① 姜锦铭，李坤晟，张书旗.《中国诗词大会》激活国人诗心［N］.新华每日电讯，2017-2-10：9.
② 杨洪涛.当代电视的冷与热［M］.北京：中国广播电视出版社，2012：62.

第三节　国学电视传播的优化策略

面对国学电视传播中显现的问题，社会各界忧心忡忡，批评之声不绝于耳，但是，从国学传播的长远来看，"我忍不住梦想一种批评，这种批评不会努力去评判，而是给一部作品、一本书、一个句子、一张思想带来生命；它把火点燃，观察青春的生长，聆听风的声音，在微风中接住海面的泡沫，再把它揉碎。它增加存在的符号，而不是去评判；它召唤这些存在的符号，把它们从沉睡中唤醒。也许有时候它也把它们创造出来——那样会更好"①。针对问题，本节遵循既要注重对国学电视传播规律的思考，又要给出具体怎么做的思路，探寻国学电视传播的改进策略。

一、整合传播渠道，在媒介竞争中强化融合传播

当前，一场深刻的革命正在传统的广电业中发生，这就是媒体融合。媒体融合，即在数字化平台上，内容生产高度集中，通过对资源的个性加工，生产出不同形式的资讯产品，通过不同的传播渠道传播给受众②。在媒介融合的传播环境下，没有任何一类精神文化消费品能够仅靠单一的媒体类型传播而获得成功，国学电视节目更是如此，其需要一种跨媒体间融合联动的发展理念。媒介融合背景下，作为传统传播媒介的电视利用新媒体进行频道和节目的包装与推广早已是大势所趋。

（一）国学以电视媒介为主体的融合传播是应对媒介竞争的策略选择

互联网在中国的扩张有目共睹，近年来随着新科技的进一步发展，手机互联网一体化的传播迅速地蚕食着传统媒体的受众，尤其是年轻受众。不仅

---

① ［法］福柯.权力的眼睛——福柯访谈录［M］.严锋译.上海：上海人民出版社，1997：104.
② 石长顺.电视话语的重构［M］.武汉：华中科技大学出版社，2010：212.

如此，日渐活跃的社交媒体比如微博、微信和手机客户端正在吸引越来越多的社会精英①。被誉为"当代第一媒体"的电视，千家万户曾经的"宠儿"，似乎正在不经意间被人们冷落，面临着被各种网络视频、微博、微信、"今日头条"、直播 App 等挤压生存空间的严峻局面②。

电视机在中国从 50 年前的奢侈品、30 年前的必需品、20 年前的消费品到现在的辅助品，眼见要沦为"后网络时代"的老人用品③。相比于电视观众的老龄化趋势，视频网站、移动终端用户更为年轻，他们的喜好与传统电视观众是截然不同的。可以说，谁掌控了新兴媒体，谁就掌控了未来的媒体市场。

在当今各种传媒既是竞争又合作的关系中，任何一种传媒都不可能完全取代另一种传媒，只有在充分开拓自己生存发展空间的同时，不失时机地加强与其他传媒的合作，才能使自己立于不败之地④。

网台融合、多屏合一、全媒体布局成为当下实现融合的代名词。这场声势浩大的媒介融合的实践方兴未艾，是影响未来电视节目发展的重要因素⑤。在当前电视节目市场环境下，传统电视台与新媒体充分发挥各自优势，进行节目的联合制作和跨屏传播将会成为未来台网互动的主要方向。

事实上，国学电视节目主动打破传播壁垒，积极扩展传播路径，形成全方位立体化的传播圈，借助新媒体发起话题以增加节目的关注度，以及借助社交媒体平台让观众与嘉宾进行实时互动，既能拓展传播格局，也是扩大节目影响力的重要手段。浙江卫视的《汉字风云会》制作了多个短视频节目"考你个字"，每条视频都有上千万次的点击转发⑥。这种媒介融合的传播模

---

① 黄鸣刚.电视传播与影响力 [M].北京：中国广播电视出版社，2017：序言1.
② 萧盈盈.互联网时代电视的变革与迁徙 [M].北京：知识产权出版社，2016：序言1.
③ 陈虹.电视节目形态：创新的观点 [M].上海：复旦大学出版社，2013：10.
④ 孙宝国.中国电视节目形态通论 [M].北京：中国传媒大学出版社，2011：216.
⑤ 于烜.转向：中国电视生活服务类节目之变迁 [M].北京：清华大学出版社，2013：122.
⑥ 康薇薇.文化类节目从火一阵到一直火 [N].光明日报，2017-11-14：15.

式，从某种意义上讲更融合了受众与国学的心理隔膜。

（二）国学以电视媒介为主体的融合传播是适应受众接受的现实所需

社会环境的变化和媒介生态的变迁，使得受众单一接触某一种媒介的时代已经完结，同时也造就了电视受众收视行为与收视偏好的迁移。从 2002年至 2014 年，全国城乡居民家庭平均每户可以收看到的电视频道数量由 23.7 个增加到 64.8 个，全国电视观众人均每日收视时间却从 179 分钟下降至 161 分钟，为历年来最低。在电视开机率的持续走低同时，我国的网民队伍和网络视频用户的规模却维持稳定扩大的态势，网民的人均周上网时长为不断增长。2018 年 1 月 31 日，中国互联网络信息中心（CNNIC）发布第 41次《中国互联网络发展状况统计报告》。报告显示，截至 2017 年 12 月，我国网民规模达到 7.72 亿，互联网普及率为 55.8%；网民的人均周上网时长为27 小时[①]。由此可见，在新媒体环境下，社会大众不是不看视频节目了，而是他们的收视行为和收视偏好逐渐向互联网迁徙，这一趋势在移动互联网崛起后尤为明显[②]。

媒介技术的革新使得人们在信息渠道的选择上呈现出多元化、新兴化的趋势，特别是伴随着数字技术变革和互联网发展成长起来的青年受众群体，其生活状态、思维方式、消费理念、情感需求等都深受科技革新与互联网浸润生活的影响[③]，他们在资讯获取方面更倚重于网络等新媒体，而传统媒体受众呈现明显的老龄化趋势。为了增强国学电视节目的受众黏性，制作方应创新性地开展与其他媒体形式的合作来进一步满足受众接受心理，多维度促进电视端节目本体的发展[④]。媒介资源的充裕使得传受双方的地位发生位移。以

---

① 中国互联网络信息中心.第41次中国互联网络发展状况统计报告［R］.北京：中国互联网络信息中心，2018.

② 陈波.话语流变与社会变迁——中国电视谈话节目研究［D］.武汉大学博士学位论文，2017：128.

③ 孔朝蓬.文化类真人秀节目中传统文化传播策略探析［J］.中国电视，2016（11）：19.

④ 石微.电视类古诗词节目的发展之道［J］.出版广角，2017（17）：68.

往被动接收讯息的受众现在拥有更多的媒介选择权，并且热衷于参与到传播进程中。这种改变客观上要求媒介必须做好与受众的互动，而"两微一端"（微信、微博和客户端）等新媒体具有高互动特性。国学电视节目可以凭借新媒体即时通信、双向互动的特点，实现内容生产的优化升级和受众互动模式的转变，并通过内容的创新和渠道的拓展让受众及其观点融入节目中，并积极与其他受众进行互动和分享，实现受众、节目、被影响受众的多向互动[①]。

（三）国学以电视媒介为主体的融合传播的实施路径

发挥新媒体的优势，营造国学电视节目热度。移动互联时代的到来，使受众对微博、微信等社交属性较强的新媒体青睐有加。电视传播国学应注重与新媒体融合，在国学电视节目未正式播出之前，先通过微博、微信、QQ订阅号、头条号等渠道发布节目的片花、精彩片段、制作花絮以及参与节目的明星等，引起大众的广泛关注。在被与节目有关的话题吊足胃口后，观众自然会对节目形成收视期待并且主动观看。因此，国学的电视传播要借势而为，运用新媒体为国学节目造势，形成深度话题聚焦效应，"通过国学电视节目在新媒体平台的持续升温来拓展传播力，从而吸引更多的受众，提升节目的影响力"[②]。

迎合"碎片化"特征，实施国学电视节目的多屏传播。受众文化消费习惯的"碎片化"有两个层面：其一，受众接受信息时间的碎片化，现在受众很难有集中的时间完整看完一档节目；其二，受众接受信息媒介的多元化，受众看一档节目可能会利用多种媒介。从当前荧屏上存在的国学电视节目来看，一期节目至少在半个小时左右。面对受众这种"碎片化"阅读习惯，需要国学在传播过程中丰富传播载体，重构表达形式。因此，多屏传播是解决困局的现实路径。多屏传播实现了不同屏幕间的缝合和对接，不仅能够提高

---

① 黄鸣刚.电视传播与影响力［M］.北京：中国广播电视出版社，2017：139.
② 万佳.文化类电视节目的价值坚守和突围策略［J］.视听界，2017（5）：95.

受众对国学电视节目的黏性，还加深了传播的深度。

追求传播效益的最大化，实施国学电视节目的跨屏传播。从目前电视屏幕上"叫好又叫座"的国学电视节目来看，"节目对受众多能发挥的影响主要源于自身较为精良的制作，基本属于依靠节目本体所创造的传播效应"①。跨屏传播是使电视媒介的内容得到最大限度使用的路径。国学电视节目的跨屏传播，不是以"复制"的心态把原本电视上的节目放在其他媒介平台上播放，而是要根据不同媒介屏幕的特点生产独特性的国学内容，做到不同媒介的"内容特制"，使"各终端推送的内容各有所长、形成互补，发挥跨屏传播的聚合效应"②。

深化媒体联动，打造国学电视传播矩阵。媒体联动不仅仅是实现国学电视节目在电视媒体和以互联网代表的新媒体平台的联合传播，而是"找到'台'与'网'之间联动的内在逻辑……赋予观众节目观赏者和主导者的双重身份"③，让观众主动参与国学电视节目传播，为国学传播构建一个电视和新媒体联动的立体传播体系。同时以优质的国学电视节目为核心，开发与之相关的图书、音像制品以及国学知识闯关游戏等，在巩固国学电视传播效果的同时，形成以国学电视节目为核心的国学传播矩阵，让优质的内容生发更大的传播力与影响力。

二、注重价值引领，在文化认同中坚守内容为王

电视节目内容是吸引电视观众的核心，也是电视节目的本体。无论传播技术有多么发达，接受信息的终端有多么便捷，最终决定传播效果的还是传播内容。内容是媒体的灵魂，生产内容也是电视媒体运营的重要环节。在电

---

① 石微.电视类古诗词节目的发展之道［J］.出版广角，2017（17）：68.

② 张红军.论多屏时代电视内容生产和传播策略［J］.中国出版，2015（14）：35.

③ 李翔.电视综艺节目的"数字化生存"——2014年电视综艺节目运营策略的观察与思考［J］.
中国电视，2015（2）：28.

视传媒数字化的发展趋势下，电视的频道容量大增，而内容已经成为中国数字电视发展的最大瓶颈。国学是滋养中华民族发展的精神源泉，也是为中华民族提供价值取向的文化金矿，她珍贵而丰饶，是电视节目取之不竭、用之不尽的优质资源。只有不断地在内容上下功夫，高举"内容为王"的旗帜，在当下社会大变革中与时俱进地从国学中汲取文化素养，才能打造出定位准确、特色鲜明、制作精良的精品节目、品牌栏目[①]。也只有这样的节目，才能与国外强势媒体的优秀节目竞争。

在全球化趋势加剧的背景下，维护本土文化的自主性和文化疆域，增强文化认同感和民族的凝聚力，已经迫在眉睫。国学大师钱穆先生曾说："故欲其国民对国家有深厚之爱情，必先使其国民对国家以往历史有深厚的认识。欲其国民对国家当前有真实之改进，必先使其国民对国家往历史有真实之了解。我人今日所需之历史知识，其要在此。"[②]钱先生在其《国史大纲》引论中的这番话告诫我们，每位中华儿女要在深刻理解国家历史文化的来路中坚定文化自觉。

电视作为大众媒介，在传播国学时更应谨慎权衡。历史证明，对于国学的传播，其主要意义在于对文化认同的塑造和对文化价值的探索。

（一）在提升文化认同中传播国学

信息技术的革新营造了"流动的空间、压缩的时间"这样一种新时空。新时空中个人能力大幅度增长，人们在虚拟的数码文化的漂流中体验到解放和自由的感觉。与此同时，新时空中时间节奏加快、人际交往抽象化、社会的极度组织化，导致了广泛而严重的自恋、孤独和原子化的个人主义。人们在社会普遍失去控制的焦虑和无力感中丧失了历史深度和特殊的地区认同。于是，人们迫切找到一种凝聚的力量，能够在传统家庭解体、社会关系日益

---

① 张建，夏光富.电视节目解析［M］.重庆：重庆大学出版社，2015：52.
② 钱穆.国史大纲（修订本）［M］.北京：商务印书馆，1994：9.

消解、文化与信仰遭受冲击的情况下，驱除无力感，焕发创造力①。国学是中华传统文化的精华，是中华民族精神的源泉。重振国学对于传承中华文明，实现文化认同与民族认同意义重大。国学的传播应该服务人们如何在国学中寻找精神凝聚和民族认同的文化力量。

在全球化压倒性的发展进程中，文化被置于激烈碰撞与错杂交融的新的语境之中，人们的民族性和主体意识受到强烈的冲击和深度的熏染，民族文化认同和精神向心力遭到削弱。国民的文化认同是国家安全的文化基础，如果没有长期以来形成的多民族统一的中华民族文化的自我认同，中国这样一个多民族的国家就有可能在全球化的浪潮中、现代化的过程中被"化"掉②。在实现中华民族伟大复兴的征程中，担当凝聚民族意志，培育民族精神的电视媒介应把中华优秀传统文化作为战略资源，对国学予以"创造性转化、创新性发展"。这既是社会主义核心价值观的落地需要，也是电视文化建设的重心所在③。

（二）在增强文化自觉中传播国学

社会学家费孝通先生于1997年在其《人文价值再思考》一文中首次提出了"文化自觉"的概念。他认为："文化自觉，只是指生活在一定文化中的人对其文化有'自知之明'，明白它的来历，形成过程，所具有的特色和它发展的趋向……文化自觉是一个艰巨的过程，首先要认识自己的文化，理解所接触到的多种文化，才有条件在这个已经形成中的多元文化的世界里确立自己的位置，经过自主的适应，和其他文化一起，取长补短，共同建立一个有共同认可的基本秩序和一套各种文化能和平共处，各抒所长，联手发展的共处守则。"④

---

① 韩辰辰.别让信息时代迷失方向——评《信息时代三部曲：经济、社会与文化》[N].环球时报，2003-7-7：22.
② 郭齐勇.重视国学教育 加强文化认同[N].光明日报，2015-3-11：006.
③ 陈文敏.电视诵读类节目的意义取径与范式重构[J].现代传播，2017（7）：94.
④ 费孝通.论人类学与文化自觉[M].北京：华夏出版社，2004：208.

全球化、信息化社会下，各民族国家发展造成激烈的竞争——争夺市场，争夺受众，争夺消费者。媒介即信息，信息即认同；信息创造认同，信息创造真实。因此，这种争夺实质上是争夺文化的认同感①。可以说，伴随全球化进程的加速，中国文化的主体性地位正遭遇前所未有的强势挑战。经济全球化的发展态势亦带来文化全球化的社会现实，在此背景下，文化主体性地位的确立之于社会政治、经济、文化的多元发展都发挥着深刻而有力的作用②。文化"是（民族间和民族内）个永恒的角斗场，因而我们不能把民族文化的'成果'看作是一劳永逸的任务，其实已经'完成了'的任务可能跟'没完成'一个样"③。因此，在传播全球化时代，我们要更加有意识地不断寻找或明确自己的文化身份，积极传播弘扬中华优秀传统文化，以守护自己的文化版图。

电视文化学家哈特立认为，"电视从根本上是民族的"④。国学是一个国家、民族从远古传承下来、经过长期修炼的文化、文明，是溶于民间、深入人心的民族之魂。⑤因而，电视媒体传播具有民族性的国学时，应从增强文化自觉的高度选择国学资源，合理地予以表达和阐释，让国学的营养像春雨一样慢慢地沁入心田，为当代中国文化建设增添思想资源及提供价值选择。

（三）国学电视传播实施内容为王策略的具体路径

深挖国学内蕴，把好国学电视传播内容的出口关。加强对电视传播国学内容的把关，首先要坚守三个底线：一是不能在国学电视节目中传播错误的国学知识。国学电视传播简言之就是要在电视媒介平台传播国学知识，实现

① 徐瑞青.电视文化形态论——兼议消费社会的文化逻辑［M］.北京：中国社会科学出版社，2007：9.
② 颜梅，何天平.电视文化类节目的嬗变轨迹及文化反思［J］.现代传播，2017（7）：89.
③ ［英］戴维·莫利，凯文·罗宾斯.认同的空间：全球媒介、电子世界景观与文化边界［M］.司艳译.南京：南京大学出版社，2001：59.
④ ［英］J·哈特立.看不见的虚构物——论电视的受众［J］.胡正荣译.世界电影，1996（3）：51.
⑤ 刘中一.探寻国学［M］.北京：人民出版社，2014：519.

国学在大众传媒时代的创新性表达，但在用媒介言说知识的同时，要警醒一些不良倾向。首当其冲的就是要防止"知识谬误"。知识通过言说方式的变换从学术场转移到电视场，在这一过程中，知识可能被改造有时甚至是面目全非[①]；二是国学传播不是探秘盗墓。中华文明中积淀的国学知识丰富，包罗万象。电视在传播国学时不能一味盲目地迎合受众，围绕逸闻趣事、宫廷秘史、恩怨情仇等大做文章，让"揭秘""正说"等内容充斥荧屏。而要深耕国学经典中的文化魅力，让国学典籍不再只是硕儒大师的高头讲章，不再只是古典的文献资料，而能够为当代大众提供丰富的精神给养，提供为人处世的道德规范；三是国学传播不只是提供"心灵鸡汤"。以儒家文化为主要构成的国学，其所蕴含的仁、义、礼、智、信、忠、孝、勇、和、恭、俭、让等价值观一直是中国人的精神信仰。作为主流传播媒体的电视以及电视知识分子在传播国学时决不能停留在抚慰心灵，削弱焦虑的层面。英国社会学教授弗兰克·富里迪在其著作《知识分子都到哪里去了》中提出："艺术家和知识分子不是着手生产顾客需要的东西，而是追求实现更高远的目标。"[②]

其次，国学传播内容的优化要提升传播者的国学素养。没有精于国学的传播者，内容为王的战略就无从实现。国学与一般文化知识不同，没有真才实学只能望国学而兴叹，一般泛泛而谈者也只可能触及皮毛而不得精髓。面对国学复兴的需要，传播主体要坚持潜心研究与大众传播相结合。一方面要求传播者倾心钻研，注重提高国学修养，做到真学真懂真用；另一方面，国学领域的专家学者在获得真知后，也要积极走出书斋，走向大众，用心传播自己的成果，尽力做到薪尽火传。对于国学电视传播中出现的失真现象，真正的学者也负有一定责任，不能只破不立，只批判不扶持，而是要尽最大努力去传播他们的研究成果，用正品、优品占领市场，让伪劣的国学没有生存

---

① 易前良. 透析"电视讲坛"现象［J］. 中国电视，2007（3）：41.

② ［英］弗兰克·富里迪. 知识分子都到哪里去了［M］. 戴从容译. 南京：江苏人民出版社，2005：12.

空间①。传播内容是电视节目的核心价值。山东卫视国学电视节目《国学小名士》出品人吕芃在接受采访时也说"终端为王，渠道为王，不管什么王，好内容永远是王中王"②。电视媒介对产生于中国特定文化语境下的国学进行传播，不能仅仅停留在对表征国学的符号予以浅表性解读，更要深挖国学内蕴，这样才能体现国学之于家国文化的重要意义，也才能实现电视传播国学的终极目的。正如郭齐勇先生所指出的，"对于祖国传统文化的价值理念、生存智慧、治国方略，我们体认得越深，发掘得越深，我们拥有的价值资源越丰厚"③。

制作精品国学节目，提升国学电视传播的吸引力。所谓"精品"国学节目，既指所传播的内容是纯正的国学，也指内容的呈现形式，如对国学内蕴的挖掘、节目制作水准等。虽然媒介技术的升级和媒介信息的充裕并不必然带来受众审美水准的提高，但是粗制滥造的节目已很难入观众的"法眼"。国学电视节目的生产要瞄准"大制作"，做到"精准的画面语言、精致的舞美设计、精巧的叙事策略、精细的后期制作、精美的节目包装"④，从而提升国学电视传播的吸引力。目前电视荧屏上反响较好的国学节目，如《中国诗词大会》《国家宝藏》等都是走节目精致化制作之路。打造精品国学电视节目，"不仅是电视媒体在日渐艰难的发展进程中寻求到的有效路径，也是如何把继承和弘扬中华优秀传统文化落实到实践层面的有效路径"⑤。

运用大数据技术，制作与受众兴趣更加吻合的国学电视节目。每一次技术革新都会带来人们生活方式和信息接受方式的改变。大数据时代的浪潮已经奔涌而至，面对新的传播环境，国学电视传播要充分发挥大数据的优势，

---

① 包礼祥. 数字时代国学研究的大众化与保真问题［J］. 江西社会科学，2007（8）：25.

② 《新周刊》微信.《国学小名士》成爆款！吕芃：好的内容永远是王中王［OL］. https://baijiahao.baidu.com/s?id=1584297834701042854&wfr=spider&for=pc.

③ 郭齐勇. 国学有什么［N］. 光明日报，2007-5-17：009.

④ 张红军. 论多屏时代电视内容生产和传播策略［J］. 中国出版，2015（14）：35.

⑤ 王源. 中华传统文化的具象化传播：原创性电视节目发展的新路径［J］. 西南大学学报（社会科学版），2017（6）：154.

挖掘大数据的价值。通过大数据分析探寻文化消费市场中受众对国学的潜在需求和电视观众对国学节目的兴趣点，对不同形式国学电视节目的主流受众群体进行画像，减少低效传播，避免低质传播，进而实现国学电视节目的精准传播。

发挥创新精神，坚持国学电视节目的差异性。从国学电视节目与其他类型电视节目的比较来看，国学电视节目具有原创性，这是国学电视节目的价值体现。但是，国学电视节目之间也存在着形式的雷同和内容的重合。同质化的国学电视节目不仅会造成内耗，还会让受众产生审美疲劳，对国学更加疏远。面对竞争愈加激烈的媒介生态环境，国学电视节目与其他电视节目一样，只有保持差异性和个性化才能"突出重围"。中国历史源远流长，中华文化丰富多彩，广博深邃的国学犹如百花园。国学电视节目在选题上要避免重复和撞车。不能你讲诗词，我也围绕诗词做文章；你讲老子，我就讲《道德经》。近代史学家汪荣祖先生在评价中国史学时曾说："长久以来，在一统的中央史观下只见中国之一致性，而模糊了中国的多样性，使地方色彩隐而不彰，造成整个国史不够周延的缺憾，以及容易产生对中国历史的片面性了解，甚至误解，以至于忽略了民族与文化的多元性。"[①] 当今的国学电视节目要以此为鉴，应通过电视这种大众传播媒介展现国学的五彩斑斓，要深入挖掘国学的精髓，对国学中浩瀚的内容进行科学合理的选择、阐释与剪裁，紧跟时代脚步，用电视人的创造力激发出国学的生命力。

三、围绕受众特点，在时代语境中创新传播方式

无论电视节目传播的内容多么有意义，只有被"看"，才能发挥体现价值。受众至上的理念就是要明确观众的需要，从观众的视角审视节目，瞄准目标受众，考虑目标受众群的特点、喜好，以及工作性质和生活形态。工作

---

① 汪荣祖. 史学九章［M］. 北京：生活·读书·新知三联书店，2006：109.

性质决定收视习惯，生活形态决定休闲方式。只有做到贴近观众，围绕观众创作节目，节目才能有市场和收视率，观众也才能树立对节目的忠诚感。叙事学认为：叙述的魅力不仅在于讲述了什么内容，还在于这些内容是怎样被讲述的，电视栏目激烈的生存竞争……使得节目的讲述方式即"怎么说"往往比"说什么更重要"，通常情况下，一档高品位的电视栏目用什么样的表达方式去适应电视观众的需求，往往是制作者首先应该考虑的[①]。

（一）国学电视传播方式创新是国学价值实现的必由之路

人们对于国学怀有特殊的情感，正是因为国学是中华民族在时间的长河中积淀的文化精髓。对于"时间"的概念，20世纪著名思想家汉娜·阿伦特有着精到的把握。在她的理解中，"时间不是一个单线性的向量，而是由过去、未来两大坐标纵横交错而成的合力，所谓'现在'，准确地说其实是过去未来之间。以这样的时间维度来审视国学，则今日国学复兴的意义实在于循本开弘、回到未来"[②]。

今天我们利用电视媒介传播国学，就是要从国学中发掘古老而厚重的智慧，为当代人的文化寻根，精神补钙，让国学在火热的现实生活当中发出耀眼的光芒。无论国学多么崇高，她能不能走出书斋，走出象牙塔，走到普罗大众中间，是实现其价值的关键。这客观上要求国学要改变过去那种只是作为学术研究之对象的身份性，试图从书本走向生活，从学堂走入社会，由学者说辩于口、皓首穷之的"材料"，变成大众默会于心、倏然从之的"行动"，从而成为一种鲜活的、有生命力的形式[③]。从目标导向来看，电视传播国学，要先了解电视观众收看国学电视节目时的心理期待，即摸清观众看这类节目背后的内在需求，进而找到创作理念与电视受众心理需求的契合点，

① 牛慧清.电视的理念［M］.北京：中国社会科学出版社，2016：289.
② 梁涛，顾家宁.国学问题争鸣集（1990-2010）［M］.桂林：广西师范大学出版社，2010：14.
③ 梁涛，顾家宁.国学问题争鸣集（1990-2010）［M］.桂林：广西师范大学出版社，2010：298.

创作出广大电视观众喜闻乐见的国学节目形式，让国学的文化营养像春雨一样沁入人的心田。

（二）国学电视传播方式创新是国学电视表达的应然之选

作为一种媒介，只有当传播的信息送达受众，为受众所接收。才算完成了一次成功的信息传播。尽管国学电视节目以对国学丰富厚重的文化内涵的承载为主旨，但是在传播方式上必须要尽量考虑电视观众的消费心理和兴趣倾向。

在一切都被贴上消费标签的当今社会，深受大众文化浸染的文化消费者更加钟情于游戏和娱乐。尼古拉斯·阿伯克龙比认为："电视主要是一种娱乐媒体，在电视上亮相的一切都具有娱乐性。"[1] 可见，从消费文化的角度建构国学电视栏目是应有之义。更为重要的是，"所有的精英文化在保持品质的同时都需要借鉴大众文化的生命力来改变本身的沉滞感"[2]。不过，创新传播方式不仅仅包括国学电视节目形式上是重娱乐，还是偏文化，是用真人秀或是用益智竞赛的手段来传播国学，更应包括国学电视节目传播观念的创新。国学内涵和精髓是永恒的，但是传播国学的形式和理念却可以是创新的。

电视媒体要结合时代特点和大众消费热点，根据受众所处的地域环境的历史沿革、生活经验、民风民俗等诸多因素，针对不同层次、类型的受众撷取不同的国学内容，以大众喜闻乐见的电视节目形式寓教于乐，不断推进国学电视栏目升级和改造，做到既有阳春白雪，又有下里巴人，满足受众多样化需求。最近火爆荧屏的《国家宝藏》就是很好的尝试。让大众熟悉的影视明星演绎文物陌生的前世，让古与今有了时间的隧道，让国宝文物的丰富意向层层展现。节目虽然展示的是一件件冰冷无声的器物，却时时传播着"圣人的教诲，君子的信仰，道法自然的境界，更有执两用中的智慧"[3]。观众在

① ［英］尼古拉斯·阿伯克龙比. 电视与社会［M］. 张永喜，鲍贵，陈光明译，南京：南京大学出版社，2002：6.

② 蔡尚伟. 电视文化战略［M］. 北京：中国市场出版社，2007：81.

③ 张焱."国宝说话"实现文化的轻传播［N］. 光明日报，2018-2-26：10.

了解这些宝藏前世今生的同时，民族自豪感油然而生。2018 年 2 月 11 日《国家宝藏》收官时，节目特邀嘉宾、台湾策展人陆蓉之先生用"曲高和众"来赞赏该节目。

（三）创新国学电视传播方式的实施路径

结合社会热点，制作有创意的电视节目适时应景地传播国学。这里所说的"社会热点"有两方面内容：一是舆论场中的热点信息；二是传统节日。首先，国学电视传播应该"放眼于宏观的媒体环境，把握整个社会信息舆论场的即时动态"①，借势当下最具热度的媒介话题，尤其是与影视热点相结合，巧妙地植入国学知识。这样便于缩小国学与受众接受心理的距离感，促进国学电视传播。其次，在传统节日如端午节前后，制作关于爱国诗人屈原的国学节目。一方面，可以把传统节日文化传承发扬；另一方面，可以挖掘节日背后的有关国学的文化内涵。当然，现在电视机构端午节期间也会制作与端午节主题相关的电视节目，但多数是吃粽子、赛龙舟的节目，回避或忽略了节目背后的文化意义。此时如果制作一些诸如《楚辞》中表达"民生各有所乐兮，余独好修以为常。虽体解吾犹未变兮，岂余心之可惩"思想境界的节目，既应景又便于受众理解。而且，这种节目可以设置为每年该时段的固定节目，既可以培养受众对节目的忠诚感，又可以把节目打造为"传统节日文化品牌栏目"②。

分析受众特点，制作适合不同年龄和层次人群的国学电视节目。从某种意义上讲，把受众分类分层是受众至上的本质。小众化传播也是未来传播趋势。国学电视传播的小众化至少可以从两个方面进行尝试：第一，要特别注重对青少年国学知识的普及，积极研发少儿国学电视节目；第二，"当代电视媒体领域的受众接受心理格局同样存在在'阳春白雪'与'下里巴人'的审

① 石微.电视类古诗词节目的发展之道［J］.出版广角，2017（17）：68.

② 韩永青，李芹燕.传播媒介对"象征性现实"的策略性重构——论电视媒体传播中国传统节日文化的路径［J］.新闻界，2009（2）：141.

美接受现象"①。针对有国学功底和精英文化需求的受众群体,制作精英文本的国学节目。从中国电视的目标受众构成来看,"中产阶层已经成为媒体消费的中坚力量,他们的价值观念主导着主流的电视内容产品的内容"②。从文化的流动性趋势来看,这种舆论场会影响甚至引领大众的文化消费,无形中扩大此类国学电视节目的传播力。

发挥名人效应,邀请具有圈粉优势的名人明星参与国学电视传播。这里所指的名人明星是宽泛意义上的各界知名人士,包括教育界、商界、演艺界甚至体育界等。"因为每一个明星背后都有数量庞大的粉丝队伍,虽然很多观众并不是某个特定明星的粉丝,但客观上也存在着明星的知名度、曝光率、个人性格特色、行业标签等因素对观众的天然吸引力。"③因此,名人明星的行为具有强大的示范效应。如果把名人明星的示范效应与国学的电视传播巧妙地结合在一起,会起到事半功倍的效果。目前参与国学电视传播的,具有一定影响力的嘉宾大都来自教育界,如易中天、王立群、郦波、钱文忠等。但这些教授、学者在国学电视节目中要么一个人从头讲到尾,要么作为点评嘉宾就题论题,缺乏对话和交流、切磋和碰撞。国学电视节目还可以请国学某一领域的"学术大咖"现场论道,让电视观众在争辩中获取真知,不仅能够提高收视率,还能让观众加深对国学的理解。

强化互动意识,为国学电视传播提供新思路。互动是实现传播效果的先决条件,互动或隐性或显性地存在于一切传播活动中。这里所指的互动有两层含义:第一层是在国学电视传播的过程中,通过各种媒介和形式与现场观众、场外观众所进行的互动;第二层是把互动行为前置,在策划国学节目时就做到与既定目标受众或各类社会机构的互动。国学电视节目的真正前景是靠有力的策划来实现的,要通过发动潜在受众和各类机构的主动性,实现对

---

① 石微.电视类古诗词节目的发展之道 [J].出版广角,2017(17):66.
② 冯琼."去媒体中心化"趋势下的电视内容生产转型 [J].视听界,2013(4):43-44.
③ 王源.中华传统文化的具象化传播:原创性电视节目发展的新路径 [J].西南大学学报(社会科学版),2017(6):150.

既有资源的有效整合，策划出形式活泼、富有特色的国学节目，达到既能体现电视媒体的主体意志，又能满足广大受众口味的效果。这里所说的社会机构既包括商业组织，还包括国学类的社团、协会以及其他公益组织。与其他类型的电视节目相比，文化类节目更需要开门做节目。此外，联合开发电视节目，尤其是制作精良的国学电视节目，需要雄厚的经济保障。寻求与社会机构的合作，既能广泛吸收社会智力，还能分担部分节目开发费用。

本章小结

本章剖析了国学电视传播中的文化消解、市场至上现象，并从文化与传播两个框架探讨了出现这些问题的原因。造成国学电视传播问题的成因彼此倚重，相互杂糅，"外在表现为一种表征，内里则包含着多重问题"[1]。

即使国学电视传播呈现出一系列问题，也引得多方质疑，但诸如《百家讲坛》《中国汉字听写大会》《中国诗词大会》等一批国学栏目毕竟引发了一波又一波收视狂潮，并且引得大众纷纷开始关注国学。针对国学电视传播中表现出的问题，笔者认为这些问题需要逐步解决，但无须对国学电视传播横眉冷对。如何在大众文化肆虐、视觉文化横行、娱乐精神泛滥的时代保持中华优秀传统文化的积存，培植和弘扬民族精神，实在是一个非常复杂的命题，而国学电视栏目勇于创新的迈出了第一步。

因此，只有以正确的心态来面对国学电视传播存在的问题，潜心研究，才能更好地思考发展的策略。毕竟，借由大众媒体来传播国学，重在普及，而非研究。正是基于这样的立场，本章提出了国学电视传播的优化策略：一是整合传播渠道，在媒介竞争中强化融合传播；二是注重价值引领，在文化认同中坚守内容为王；三是围绕受众特点，在时代语境中创新传播方式。

---

① 杨乘虎.中国电视节目创新研究［M］.北京：中国传媒大学出版社，2014：182.

余 论

国学电视传播的研究，既是一个颇有学术价值的课题，也是一项具有拓荒性质的工作。国学电视节目的发展，是国学电视传播研究的基础，但总体而言，我国目前四级电视台的国学传播，尚未形成百舸争流的态势和百花齐放的格局，而有价值的理论研究更是远远落后于实践发展。

国学电视节目隶属于电视节目的大范畴，必然受到电视媒体的特点以及电视节目传播规律的影响和制约。研究国学电视节目，要充分考虑传播内容也即国学的特点和特殊性，更要把国学放进电视文化的框架内，做到特殊性和普遍性的有机结合。电视文化在其构成上包含两个层次的含义：其一是作为"形象文化"的电视文化；其二是作为"消费文化"的电视文化。置身于这样的创作语境，目前的国学电视传播，确实萌发了这样或那样的问题，有些国学内容与我们最初想象的、理解的有所不同，选取的传播形式也是以娱乐化居多。

当然，之所以呈现这种面向，是社会文化环境的多重型塑。但是，国学电视节目因其特殊的功能与性质，值得学界对此展开进一步的反思。"作为负责的研究者，不应简单化地给其戴帽子或全盘否定"，而要"不畏浮云遮望眼"，从宏观的时代发展变化中去观察，"要以一颗平常心最大限度地包容国学的电视传播，视其为国学接受过程中再正常不过的变化，同时尽可能让更多人有机会窥见之前共时文化结构中国学经典的容颜。既知其然，又知其所以然，唯有如此，国学才不会仅是后人案头上的死句，而是可以无限汲取的充满升级的源头活水"①。

无论传播技术有多么发达，传播媒介形态有多么丰富，也无论传播内容有多重要，传者要达到目的，首先要回答施拉姆之问："你进行传播的目的是什么？我为什么要传播？"②在本书行将结尾处，有必要对为什么要传播国学、传播国学的介质将会怎样，以及国学电视传播未来的走向等问题做出明确回应。

一、传播内容的重要性：国学是文化软实力

国学尽管隐而不露，但她的神韵风华早已融入中华民族的血液中，塑造了民族灵魂，凝聚着民族精神，是中华文化的软实力。它关乎社会层面的文化认同、伦理共识与个人层面的终极关怀，是实现中国梦的重要精神支撑③。

在中国改革发展的转型期，人们一边享受着改革红利所带来的物质财富，一边却困惑于所处时代的精神状况——道德失范、精神缺钙、信仰迷失、文化空心等问题杂糅交织。若要解决这诸多问题，"只有辟出一条特殊的路来：同宗教一般的具有奠定人生勖懃志的大力，却无藉乎超绝观念，而成功一种不含出世倾向的宗教；同哲学一般的解决疑难，却不尽为知的一边事，而成功一种不单是予人以新观念并实予人以新生命的哲学。这便是什么路？这便是孔子的路"④。依照国学大师梁漱溟的观点，这是求仁的学问，更是中国的宝藏——国学宣露的时机。

————————

① 王伟.文化研究与中国问题［M］.上海：三联书店，2016：90.

② ［美］威尔伯·施拉姆，威廉·波特.传播学概论［M］.陈亮，周立方，李启译.北京：新华出版社，1984：23.

③ 郭齐勇.国学是文化软实力［N］.中国社会科学报，2016-6-22：008.

④ 梁漱溟.东西文化及其哲学（修订版）［M］.北京：商务印书馆，1999：200.

二、传播媒介的衰亡论：电视向融合与跨屏发展

本书的主题是探讨如何在电视媒介中传播国学，如果电视消亡了，本书的价值也将化为虚无。事实上，早在二十年前互联网刚刚问世时，"电视将死"的哀乐就已经奏响。只是，彼时曲调尚低沉和缓。不可否认，与曾经在媒介丛林中一家独大的霸主地位相比，电视如今已风光不再，电视的开机率逐年走低也是既定事实。一方面，信息技术的革新使得新媒体不断更新升级；另一方面，受众的媒介使用习惯逐渐被新媒体改变。在新媒体的围追堵截下，电视媒体面临的竞争压力前所未有。电视的瓶颈已经开始显现，放眼望去，全国一线卫视的收视率和影响力持续萎缩，更遑论地方电视台。

面对电视西山日落的预测，中央电视台杨继红的观点更为客观："我从来不是电视的唱衰者，但却是电视作为传输介质的唱衰者。"[①] 用户收视习惯的改变或颠覆，并不必然说明传统电视媒体已经被受众完全抛弃。现在传统电视感受到的寒意，其实是电视作为传输介质迎来的寒冬。对于电视媒体的未来，新媒介技术专家菲德勒早有预言："通过研究作为一个整体的传播系统，我们将看到新媒介并不是自发地和独立地产生的——它们从旧媒介的形态变化中逐渐产生。当比较新的传播形式出现时，比较旧的形式通常不会死亡——它们会继续演进和适应。"[②] 在后电视时代，电视将跨越传统意义上的传播介质——电视屏，向着跨屏与融合的方向不断前进。

不过，无论电视会不会"消亡"，多屏时代的到来已然使得电视的传统优势每况愈下。在新的媒介环境中，即使电视并非日薄西山，但"电视消亡论"应该成为行业持续发展的警钟，鞭策和警醒电视业在潜藏的危机中寻找转机，及早在电视内容生产及传播策略等方面做出调整。

---

① 朝明. 央视杨继红：我不是电视的唱衰者，而是电视作为传输介质的唱衰者［OL］.［2017-11-23］. http://www.sohu.com/a/206225420_351788.

② ［美］罗杰·菲德勒. 媒介形态变化：认识新媒介［M］. 明安香译. 北京：华夏出版社，2000：19.

三、国学电视传播的基调：提升是主旋律

国学是中华民族发展所积淀的宝贵财富，也是中华民族发展的文化源泉，需要保护、传播和弘扬。国学电视节目本身就是国学传播的产物。本书把国学电视传播囿于国学电视栏目，仅从字面理解就是传播国学的电视栏目，这种定义虽然过于粗浅，外界对国学电视节目的质疑也从未平复，但是国学电视传播的意义不容忽视。从曾经风靡全国的《百家讲坛》《开心学国学》到今日大红大紫的《中国诗词大会》《国家宝藏》，国学电视栏目不断刷新收视传奇。在竞争激烈的媒体变革大潮中，无数栏目举步维艰，折戟沉沙，但国学电视传播在不断创新中推动国学热持续升温的同时，还促进了国学相关文化产业的崛起。尽管有一些痼疾难以消除，电视媒介传播国学过程中存在的某些问题并非国学电视栏目独有。把历史性、精英化的国学通过电视媒介转化为大众易于接受的电视节目，是一件摸着石头过河的事情，也是一个需要完善和创新的过程。也许，国学电视传播要有像知名电影导演黄健中筹拍《笑傲江湖》（金庸小说）时的艺术追求："有神奇的想象力，迷人的故事，深邃的思想，通俗而不媚俗，通古也通雅，通今也博古。"[①] 这也是国学电视传播努力的方向。

最后，无论在什么时候，中国文化的发展必须根植于国学这块坚实的沃土上，国学的复兴是一条中国特色文化的重建道路。综合这些因素，国学传播本就是一个系统工程。因此，在建立文化自信的版图中，国学电视节目的发展和国学传播任重而道远，需要政府、消费大众、媒介从业人员以及国学研究学者共同支持，在包容中见证国学的传播弘扬，进而增进文化自信，助力实现中华民族伟大复兴的中国梦。

---

① 戴锦华. 书写文化英雄——世纪之交的文化研究［M］. 南京：江苏人民出版社，2000：149.

四、研究的不足

对一类正在探索和发展的电视节目进行研究远非当初想象得那般容易。限于学识和所掌握的资料有限，本书在写作中虽拼尽全力却也有诸多不足，主要体现在以下几点：

第一，中、日、韩三国拥有作为"汉字文化圈"成员的共同文化背景，有些国学知识在日本和韩国甚至传播得更加深入和广泛，但限于篇幅和精力，本书没有涉足国学在日、韩等国电视媒介中的传播情况，此为遗憾。

第二，受众对国学电视传播内容的接受机制是个深入的问题。尽管国学对受众的心智及精神有较好的影响和显著的积极意义，但若不能很好地被接受，一切都是空谈。本书仅探讨了受众的收看心理动机，却未触及受众对国学电视节目的具体接受机制。这或许可作为以后研究的方向。

第三，在本书研究初始，曾信心满满地要建构《国学传播大事年表》，但是在收集整理材料的过程中，发现国学传播的大事如同国学的定义一般见仁见智，虽在行文中做了大量与此相关的工作，却未能在本书中呈现，这不能不说是一大缺憾。

参考文献

一、中文著作（按作者姓氏汉语拼音排序）

B

［1］包亚明．文化资本与社会炼金术：布尔迪厄访谈录［M］．上海：上海人民出版社，1997．

［2］包亚明．在语言与现实之间［M］．上海：上海远东出版社，1998．

C

［3］蔡栋主编．说不尽的易中天［M］．长沙：湖南人民出版社，2006．

［4］蔡尚伟．电视文化战略［M］．北京：中国市场出版社，2007．

［5］陈壁生，石勇．国学热：十年人文热点对话录［M］．广州：中山大学出版社，2007．

［6］陈媛媛．社会转型时期的知识分子媒介形象研究［M］．武汉：湖北人民出版社，2009．

［7］陈旭光等．影视受众心理研究［M］．北京：北京师范大学出版社，2010．

［8］陈虹．电视节目形态：创新的观点［M］．上海：复旦大学出版社，2013．

［9］曹慎慎．互动与融合：全球化视野下的中国电视与网络媒体［M］．北京：中国社会科学出版社，2015．

D

［10］杜晓红．电视文化中的"快感"问题研究［M］．北京：中国书籍出版社，2013．

F

［11］费孝通 . 论人类学与文化自觉［M］. 北京：华夏出版社，2004.

［12］樊葵 . 媒介崇拜论：现代人与大众媒介的异态关系［M］. 北京：中国传媒大学出版社，2008.

［13］冯晓临 . 湖南卫视电视节目形态演变研究［M］. 北京：中国社会科学出版社，2015.

G

［14］高鑫 . 电视艺术学［M］. 北京：北京师范大学出版社，1998.

［15］郭敬宜主编 . 交锋人文：开坛·非常策划与当代中国［M］. 上海：学林出版社，2004.

［16］高金萍 . 西方电视传播理论评析［M］. 北京：中国传媒大学出版社，2008.

［17］高鑫，贾秀清 . 经济·文化与现代电视传媒［M］. 北京：北京师范大学出版社，2009.

［18］高广元 . 中国农业电视发展战略研究［M］. 北京：中国传媒大学出版社，2016.

H

［19］胡智锋 . 电视传播艺术学［M］. 北京：北京大学出版社，2004.

［20］黄辉 . 通晓电视［M］. 上海：学林出版社，2006.

［21］胡智峰，杨乘虎 . 电视受众审美研究［M］. 北京：北京师范大学出版社，2010.

［22］黄钊 . 国学与儒释道文化发微［M］. 北京：中国社会科学出版社，2011.

［23］韩震 . 全球化时代的文化认同与国家认同［M］. 北京：北京师范大学出版社，2013.

［24］胡智峰等 . 电视发展新论［M］. 北京：中国社会科学出版社，2016.

［25］黄鸣刚 . 电视传播与影响力［M］. 北京：中国广播电视出版社，2017.

J

［26］金元浦．文化研究：理论与实践［M］．开封：河南大学出版社，2004.

［27］金维一．电视观众心理学［M］．上海：复旦大学出版社，2005.

［28］靳智伟．电视受众市场研究［M］．北京：北京师范大学出版社，2010.

［29］蒋建国．消费文化传播与媒体社会责任［M］．北京：中国社会科学出版社，
2011.

L

［30］梁漱溟．东西文化及其哲学（修订版）［M］．北京：商务印书馆，1999.

［31］梁启超．论中国学术思想变迁之大势［M］．上海：上海古籍出版社，2001.

［32］刘连喜．电视批判：我们需要什么样的电视文化［M］．北京：中华书局，
2003.

［33］凌燕．可见与不可见——90年代以来中国电视文化研究［M］．北京：中
国传媒大学出版社，2006.

［34］刘澍心．语境构建论［M］．长沙：湖南人民出版社，2006.

［35］刘习良．中国电视史［M］．北京：中国广播电视出版社，2007.

［36］李琨．传播学定性研究方法［M］．北京：北京大学出版社，2009.

［37］陆扬．大众文化理论［M］．上海：复旦大学出版社，2009.

［38］梁涛，顾家宁．国学问题争鸣集（1990-2010）［M］．桂林：广西师范大学
出版社，2010.

［39］刘建鸣．电视受众收视规律研究［M］．北京：北京师范大学出版社，2010.

［40］刘建华，Cindy Gong．民族文化传媒化［M］．昆明：云南大学出版社，
2011.

［41］李法宝．电视竞争策略［M］．广州：中山大学出版社，2012.

［42］李辉．幻象的饕餮盛宴——西方马克思主义文化消费理论研究［M］．北京：
中国社会科学出版社，2012.

［43］赖黎捷等.媒体奇观视域下的中国电视娱乐文化转型研究［M］.广州：暨南大学出版社，2013.

［44］刘中一.探寻国学［M］.北京：人民出版社，2014.

［45］李绍元.消费时代的电视真人秀研究：基于表演学视角［M］.北京：中国书籍出版社，2016.

［46］李建中.中国文化元典与要义（上）［M］.北京：北京师范大学出版社，2016.

［47］李林容.把脉我国电视节目娱乐化"症候"［M］.北京：中国广播影视出版社，2017.

M

［48］牟钟鉴.走进中国精神［M］.北京：华文出版社，1999.

［49］孟繁华.众神狂欢：世纪之交的中国文化现象［M］.北京：中央编译出版社，2003.

［50］孟建，李亦中，［德］Stefan Friedrich.冲突·和谐：全球化与亚洲影视［M］.上海：复旦大学出版社，2003.

［51］孟建，［德］Stefan Friedrich.图像时代：视觉文化传播的理论诠释［M］.上海：复旦大学出版社2005.

［52］马千里.当《论语》遭遇于丹［M］.深圳：海天出版社，2007.

［53］马瑞芳.百家讲坛：这张魔鬼的床［M］.北京：作家出版社，2007.

N

［54］牛慧清.中国电视知识分子与电视媒体关系研究［M］.北京：中国传媒大学出版社，2010.

［55］牛慧清.电视的理念［M］.北京中国社会科学出版社，2016.

O

［56］欧阳宏生.21世纪中国电视文化建构［M］.成都：四川大学出版社，2011.

P

［57］彭祝斌，向志强，邓崛峰．电视内容产业核心竞争力研究［M］．北京：新华出版社，2010．

Q

［58］钱穆．国史大纲（修订本）［M］．北京：商务印书馆，1994．

S

［59］孙周兴．海德格尔选集·下卷［M］．上海：三联书店，1996．

［60］时统宇．电视影响评析［M］．北京：新华出版社，1999．

［61］石长顺．电视话语的重构［M］．武汉：华中科技大学出版社，2010．

［62］桑兵，张凯，於梅舫等编：国学的历史［M］，北京：国家图书馆出版社，2010．

［63］孙宝国．中国电视节目形态通论［M］．北京：中国传媒大学出版社，2011．

［64］邵培仁．传播学［M］．北京：高等教育出版社，2015．

T

［65］汤志钧编．章太炎年谱长编（上册）［M］．北京：中华书局，1979．

［66］腾守尧．审美心理描述［M］．成都：四川人民出版社，1998．

W

［67］汪荣祖．史学九章［M］．北京：生活·读书·新知三联书店，2006．

［68］王玉玮．民族主义话语与中国电视文化［M］．北京：中国社会科学出版社，2011．

［69］王岳川．中国镜像：90年代文化研究［M］．北京：中央编译出版社，2001．

［70］王伟．文化研究与中国问题［M］．上海：三联书店，2016．

X

[71] 许纪霖.中国知识分子十论 [M].上海：复旦大学出版社，2004.

[72] 徐瑞青.电视文化形态论——兼议消费社会的文化逻辑 [M].北京：中国
社会科学出版社，2007.

[73] 夏征农，陈至力.辞海 [M].上海：上海辞书出版社（第六版），2011.

[74] 邢虹文.电视、受众与认同——基于上海电视媒介的实证研究 [M].上海：
上海交通大学出版社，2013.

[75] 萧盈盈.互联网时代电视的变革与迁徙 [M].北京：知识产权出版社，
2016.

Y

[76] 余英时.中国思想传统的现代诠释 [M].南京：江苏人民出版社，1989.

[77] 袁行霈.国学研究（第一卷）[M].北京：北京大学出版社，1993.

[78] 余英时.现代儒学回顾与展望 [M].北京：生活·读书·新知三联书店，
2004.

[79] 余秋雨.观众心理学 [M].上海：上海教育出版社，2005.

[80] 鄢圣华主编.孔子很着急：从"于丹红"现象说起 [M].北京：科学技术
文献出版社，2007.

[81] 俞虹.电视受众社会阶层研究 [M].北京：北京师范大学出版社，2010.

[82] 殷乐.电视娱乐：传播形态及社会影响研究 [M].北京：中国社会科学出
版社，2011.

[83] 杨洪涛.当代电视的冷与热 [M].北京：中国广播电视出版社，2012.

[84] 杨状振.重组话语：新媒体时代的中国电视批评 [M].上海：上海交通大
学出版社，2012.

[85] 于烜.转向：中国电视生活服务类节目之变迁 [M].北京：清华大学出版
社，2013.

[86] 姚争.新兴媒体竞合下的中国广播 [M].北京：中国广播影视出版社，2014.

［87］杨乘虎.中国电视节目创新研究［M］.北京：中国传媒大学出版社，2014.

Z

［88］中国社会科学院外国文学研究所编.外国现代剧作家论剧作［M］.北京：
中国社会科学出版社，1982.

［89］宗白华.意境［M］.北京：北京大学出版社，1987.

［90］中共中央编译局编.马克思恩格斯选集（第2卷）［M］.北京：人民出版
社，1995.

［91］周宪.世纪之交的文化景观［M］.上海：上海远东出版社，1998.

［92］张三夕.通往历史的个人道路：中国学术思想史散论［M］.北京：社会科
学文献出版社，2001.

［93］郑蔚.中国电视媒体的管理和经营［M］.北京：中国广播电视出版社，
2006.

［94］周宪.文化表征与文化研究［M］.北京：北京大学出版社，2007.

［95］周宪.文化研究关键词［M］.北京：北京师范大学出版社，2007.

［96］张海潮.中国电视节目分类体系［M］.北京：中国传媒大学出版社，2007.

［97］张法，肖鹰，陶东风等著.会诊《百家讲坛》［M］.合肥：安徽教育出版
社，2007.

［98］赵化勇.中央电视台发展史（1958—2008）［M］.北京：中国广播电视出
版社，2008.

［99］张玉川.中国电视知识分子论［M］.成都：四川出版集团巴蜀书社，2011.

［100］周勇.理解电视：从理论到方法的路径［M］.北京：中国广播电视出版
社，2012.

［101］张隆溪.阐释学与跨文化研究［M］.北京：生活·读书·新知三联书店，
2014.

［102］张建，夏光富.电视节目解析［M］.重庆：重庆大学出版社，2015.

［103］张子扬.媒体融合 创新发展［M］.南京：江苏人民出版社，2016.

［104］中央人民广播电台记者中心编．变革中的广播［M］．北京：中国广播影
　　　　视出版社，2016.

二、中文译著（按国别和姓氏字母顺序排序）

［1］［英］安德斯·汉森．大众传播研究方法［M］．崔保国等译．北京：新华出
　　　版社，2004.

［2］［英］大卫·麦克奎恩．理解电视——电视节目类型的概念与变迁［M］．苗
　　　棣，赵长军，李黎丹译．北京：华夏出版社，2003.

［3］［英］戴维·莫利，凯文·罗宾斯．认同的空间：全球媒介、电子世界景观
　　　与文化边界［M］．司艳译．南京：南京大学出版社，2001.

［4］［英］戴维·莫利．电视、受众与文化研究［M］．史安斌译．北京：新华出
　　　版社，2005.

［5］［英］丹尼斯·麦奎尔．受众分析［M］．刘燕南，李颖，杨振荣译．北京：
　　　中国人民大学出版社，2006.

［6］［英］弗兰克·富里迪．知识分子都到哪里去了［M］．戴从容译．南京：江
　　　苏人民出版社，2005.

［7］［英］利贝斯，卡茨．意义的输出：《达拉斯》的跨文化解读［M］．刘自雄
　　　译．北京：华夏出版社，2003.

［8］［英］罗杰·西尔费斯通．电视与日常生活［M］．陶庆梅译．南京：江苏人
　　　民出版社，2004.

［9］［英］迈克·费瑟斯通．消费文化与后现代主义［M］．刘精明译．南京：译
　　　林出版社，2000.

［10］［英］尼古拉斯·阿伯克龙比．电视与社会［M］．张永喜，鲍贵，陈光明
　　　译．南京：南京大学出版社，2001.

［11］［英］R·W.费弗尔．西方文化的终结［M］．丁万江，曾艳译．南京：江
　　　苏人民出版社，2004.

［12］［英］史蒂文·康纳.后现代主义文化［M］.严忠志译.北京：商务印书馆，2002.

［13］［英］约翰·B.汤普森.意识形态与现代文化［M］.高铦，文涓，高戈等译，南京：译林出版社，2005.

［14］［英］约翰·汤姆林森.全球化与文化［M］.郭英剑译.南京：南京大学出版社，2002.

［15］［法］阿芒·马特拉，米歇尔·马特拉.传播学简史［M］.孙五三译.中国人民大学出版社，2008.

［16］［法］福柯.权力的眼睛——福柯访谈录［M］.严锋译.上海：上海人民出版社，1997.

［17］［法］雷米·里埃菲尔.传媒、知识分子与政治［A］.刘昶译.高晓虹.电视传播思想力［M］.北京：中国传媒大学出版社，2010.

［18］［法］米歇尔·福柯.规训与惩罚［M］.刘北成，杨远婴译.北京：生活·读书·新知三联书店，1999.

［19］［法］皮埃尔·布尔迪厄.关于电视［M］.许钧译.沈阳：辽宁教育出版社，2000.

［20］［法］让·拉特利尔.科学和技术对文化的挑战［M］.吕乃基等译.北京：商务印书馆，1997.

［21］［法］让·鲍德里亚.消费社会［M］.刘成富，全志钢译.南京：南京大学出版社，2008.

［22］［德］弗里德里希·席勒.审美教育书简［M］.冯至，范大灿译.上海：上海人民出版社，2003.

［23］［德］卡尔·雅斯贝斯.时代的精神状况［M］.王德峰译.上海：上海译文出版社，1997.

［24］［德］马克斯·霍克海默，西奥多·阿道尔诺.启蒙辩证法［M］.渠敬东，曹卫东译.上海：上海人民出版社，2006.

［25］［德］瓦尔特·本雅明.机械复制时代的艺术［M］.李伟，郭东 编译.重

庆：重庆出版社，2006.

[26][德]伊丽莎白·诺尔 – 诺依曼. 沉默的螺旋：舆论——我们的社会皮肤
[M].董璐译.北京：北京大学出版社，2013：71，64.

[27][匈]阿诺德·豪泽尔.艺术社会学[M].居延安译.上海：学林出版社，
1987.

[28][匈]贝拉·巴拉兹.电影美学[M].何力译.北京：中国电影出版社，
1986.

[29][芬]尤卡·格罗瑙.趣味社会学[M].向建华译.南京：南京大学出版
社，2002.

[30][美]爱德华·W.萨义德.知识分子论[M].单德兴译.北京：生活·读
书·新知三联书店，2002.

[31][美]丹尼尔·贝尔.资本主义文化矛盾[M].赵一凡，蒲隆，任晓晋译.
北京：生活·读书·新知三联书店，1989.

[32][美]大卫·波德维尔，克里斯汀·汤普森.电影艺术：形式与风格[M].
曾伟祯译.北京：世界图书出版北京有限公司，2008.

[33][美]戴维·斯沃茨.文化与权力：布尔迪厄的社会学[M].陶东风译.上
海：上海译文出版社，2012.

[34][美]大卫·E.莫里森.寻找方法：焦点小组和大众传播研究的发展[M].
柯惠新，王宁译.北京：新华出版社，2004.

[35][美]E·M.罗杰斯.传播学史：一种传记式的方法[M].殷晓蓉译.上
海：上海译文出版社，2002.

[36][美]罗伯特·麦基.故事：材质、结构、风格和银幕剧作的原理[M].
周铁东译.天津：天津人民出版社，2014.

[37][美]罗杰·菲德勒.媒介形态变化：认识新媒介[M].明安香译.北京：
华夏出版社，2000.

[38][美]梅尔文·德弗勒，桑德拉·鲍尔—洛基奇.大众传播学诸论[M].
杜力平译.北京：新华出版社，1990.

［39］［美］米切尔·J. 沃尔夫. 娱乐经济——传媒力量优化生活［M］. 黄光传,
　　　郑盛华译. 北京：光明日报出版社, 2002.

［40］［美］尼尔·波兹曼. 娱乐至死［M］. 章艳译. 桂林：广西师范大学出版
　　　社, 2004.

［41］［美］尼尔·波兹曼. 童年的消逝［M］. 吴燕莛译. 桂林：广西师范大学
　　　出版社, 2004.

［42］［美］尼葛洛庞帝. 数字化生存［M］. 胡泳, 范海燕译. 海口：海南出版
　　　社, 1997.

［43］［美］斯蒂芬·贝斯特, 道格拉斯·凯尔纳. 后现代转向［M］. 陈刚译. 南
　　　京：南京大学出版社, 2002.

［44］［美］威尔伯·施拉姆, 威廉·波特. 传播学概论［M］. 陈亮, 周立方,
　　　李启译. 北京：新华出版社, 1984.

［45］［美］约翰·R. 霍尔, 玛丽·乔·尼兹. 文化：社会学的视野［M］. 周晓
　　　虹, 徐彬译. 北京：商务印书馆, 2009.

［46］［美］约书亚·梅罗维茨. 消失的地域——电子媒介对社会行为的影像
　　　［M］. 肖志军译. 北京：清华大学出版社, 2002.

［47］［美］约翰·费斯克等. 关键概念：传播与文化研究词典（第二版）［M］.
　　　李彬译. 北京：新华出版社, 2004.

［48］［美］约翰·费斯克. 理解大众文化［M］. 王晓珏, 宋伟杰译. 北京：中
　　　央编译出版社, 2001.

［49］［美］约翰·费斯克. 大众经济［A］. 罗钢, 刘象愚主编. 文化研究读本
　　　［M］. 北京：中国社会科学出版社, 2000.

［50］［美］约翰·菲斯克, 约翰·哈特立. 解读电视［M］. 郑明椿译. 台北：远
　　　流出版事业股份有限公司, 1993.

［51］［美］约翰·菲斯克. 电视文化［M］. 祁阿红, 张鲲译. 北京：商务印书
　　　馆, 2010.

［52］［加］罗伯特·洛根. 理解新媒介——延伸麦克卢汉［M］. 何道宽译. 上

海：复旦大学出版社，2012.

［53］［加］麦克卢汉．理解媒介：论人的延伸［M］．何道宽译．北京：商务印
书馆，2000.

［54］［加］马歇尔·麦克卢汉．理解媒介：论人的延伸［M］．何道宽译．南京：
译林出版社，2011.

［55］［加］文森特·莫斯可．传播：在政治和经济的张力下［M］．胡正荣等译．
北京：华夏出版社，2000.

三、外文著作（按发表时间排序）

［1］The Commission On Freedom Of The Press. *A Free and responsible Press*［M］.
Illinois：The University of Chicago Press, 1947.

［2］BERNARD C. COHEN. *The press and foreign policy*［M］. Princeton：
Princeton University Press, 1963.

［3］E. Goffman. *Framing Analysis: An Essay on the Organization of Experience*
［M］. New York: Harper and Row, 1974.

［4］Hall Stuart. Encoding /Decoding. *Culture, Media and Language: Working Papers
in Cultral Studies（1972—1979）*［J］. London: Hutchinson, 1980.

［5］Debray. *Teachers，Writers，Celebrities：The Intellectuals of Modern France*
［M］. London：New Left Books, 1981.

［6］Joel C. Weinsheimer. Gadamer's Hermeneutics: *A Reading of Truth and Method*
［M］. New Haven: Yale University Press, 1985.

［7］Wilson. R. N. Experiencing Creativity［M］. New Brunswick: Transaction,
1986.

［8］David Kelley. The Art of Reasoning［M］. New York: W.W.Norton&Company,
1988.

［9］Guy Debord. The Society of the Spectacle［M］. New York: Zone Books, 1994.

四、硕博学位论文（分别按时间排序）

［1］曾志华.电视传播的本土化策略［D］.华中科技大学硕士学位论文，2004.

［2］弓伟波.论编播季的中国本土化之路［D］.华中科技大学硕士学位论文，2007.

［3］高晓瑜.国学传播中的舆论价值导向研究［D］.西北大学硕士学位论文，2008.

［4］朱晋.精英文化的电视传播初探——以央视《百家讲坛》栏目为例［D］.湖南师范大学硕士学位论文，2008.

［5］王静思.传统文化的电视媒介传播——以"百家讲坛"为例［D］.吉林大学硕士学位论文，2011.

［6］梅志俊.国学文化传播渠道研究［D］.新疆大学硕士学位论文，2013.

［7］张莹.中国传统文化的现代传播——以大众传媒上的"读经为例"［D］.复旦大学硕士学位论文，2013.

［8］纪腾飞.2013—2015年原创文化节目对传统文化的媒介建构［D］.浙江师范大学硕士学位论文，2015.

［9］刘春.国学经典漫画化传播研究——以蔡志忠《老子说》为研究对象［D］.云南大学硕士学位论文，2015.

［10］朱亚琨.文化消费视角下的"国学"电视节目研究［D］.四川师范大学硕士学位论文，2015.

［11］王丽君.文化类电视综艺节目互动传播研究［D］.河北经贸大学硕士学位论文，2015.

［12］袁春晓.传统文化竞赛电视节目的反馈效果分析［D］.山东师范大学硕士学位论文，2016.

［13］张驰.电视文化类节目的修辞研究［D］.郑州大学硕士学位论文，2016.

［14］薛华.中美电影贸易中的文化折扣研究［D］.中国传媒大学博士学位论文，2009.

［15］郭军.近代国学教育之困——国粹派教育思想研究［D］.华东师范大学博士学位论文，2010.

［16］陈红梅.电视场对学术场的介越研究［D］.华中科技大学博士学位论文，2012.

［17］赵娅军.传统文化参与中国电视文化身份建构的路径研究［D］.山西师范大学博士学位论文，2016.

［18］陈波.话语流变与社会变迁——中国电视谈话节目研究［D］.武汉大学博士学位论文，2017.

五、期刊文献（含报刊、统计报告等）（按发表时间排序）

［1］［英］J·哈特立.看不见的虚构物——论电视的受众［J］.胡正荣译.世界电影，1996（3）.

［2］魏鹏举.知识娱乐化：电视传媒对于历史与知识的改造［J］.文艺理论与批评，2002（5）.

［3］尹静媛.境界——有感于刘郎的电视艺术［J］.电视研究，2002（10）.

［4］时统宇.试论"电视知识分子"［J］.现代传播，2003（2）.

［5］杨华.传统文化电视再传播的制约因素及策略［J］.北华大学学报（社会科学版），2003（3）.

［6］张晶.审美文化视域中的国学内涵［J］.现代传播，2005（5）

［7］任中峰，彭薇.《百家讲坛》的"雅俗"变革［J］.传媒，2006（3）.

［8］靳翠萍.成功应对"文化折扣"——浅析韩剧在中国的传播［J］.新闻界，2006（4）.

［9］贾松青.国学现代化与当代中国文化建设［J］.社会科学研究，2006（6）.

［10］张立文.国学的度越与建构［J］.理论视野，2007（1）.

［11］张东光."百家讲坛"与史学变革［J］.社会科学战线，2007（2）.

［12］李中华.国学、国学热与文化认同［J］.北京行政学院学报，2007（3）.

［13］陈力丹，闫伊默．中国"电视讲坛"节目的生态分析［J］．现代传播，2007（3）．

［14］孔令顺．讲坛类节目面临深层危机［J］．当代传播，2007（3）．

［15］易前良．透析"电视讲坛"现象［J］．中国电视，2007（3）．

［16］周桂钿．国学精神与当代社会［J］．北京行政学院学报，2007（3）．

［17］张智华．文化类电视栏目评析［J］．中国电视，2007（5）．

［18］王俊棋．超越精英与大众的紧张——从于丹现象看传统文化的审美化传播
［J］．当代文坛，2007（5）．

［19］陈卫平．"国学热"与当代学校传统文化教育的缺失［J］．学术界，2007
（6）．

［20］包礼祥．数字时代国学研究的大众化与保真问题［J］．江西社会科学，
2007（8）．

［21］老愚．文化奶妈的时代［J］．当代青年，2007（21）．

［22］贾冀川．电视传媒的精英化渴望与文化精英的大众化想象——从《百家讲
坛》说开去［J］．中国电视，2007（12）．

［23］赵勇．学者上电视——以《百家讲坛》为例［J］．文艺争鸣，2008（1）．

［24］杨早．评价于丹：学术规范还是传播法则［J］．清华大学学报（哲学社会
科学版），2008（1）．

［25］袁行霈．国学的当代形态与当代意义［J］．北京大学学报（哲学社会科学
版），2008（1）．

［26］尤西林．古今之争：经典与大众文化［J］．西安交通大学学报（社会科学
版），2008（2）．

［27］王学谦．新国学运动：跨世纪的文化浪漫主义——对新国学的文化确认与
功能分析［J］，求是学刊，2008（2）．

［28］张义生．恐"国学快餐化"大可不必［J］．南京工业大学学报（社会科学
版），2008（3）．

［29］李宗桂．国学与时代精神［J］．学术研究，2008（3）．

［30］吴潮．电视讲坛类栏目资源选择与运作［J］．中国广播电视学刊，2008（5）．

［31］何爱国．人文与市场的纠结——第三次国学思潮反思［J］．福建论坛·人文社会科学版，2008（6）．

［32］叶勤.《百家讲坛》现象研究——对电视媒体的文化生产机制的反思［J］．社会科学论坛，2008（8）．

［33］佘贻鸣．构建社会文化记忆：2001—2005——《百家讲坛》栏目改版轨迹再分析［J］．中国电视，2008（9）．

［34］王美冬．中国电视迎来"季"播时代［J］．辽宁行政学院学报，2008（10）．

［35］杨翠芳．声像语境下的人文传播——以中央电视台《百家讲坛》为例［J］．湖北社会科学，2008（12）．

［36］韩永青，李芹燕．传播媒介对"象征性现实"的策略性重构——论电视媒体传播中国传统节日文化的路径［J］．新闻界，2009（2）．

［37］干春松．"国学"：国家认同与学科反思［J］．中国社会科学，2009（3）．

［38］赵林．"国学热"的文化反思［J］．中国社会科学，2009（3）．

［39］傅守祥．大众文化的审美品格与文化伦理［J］．文学评论，2009（3）．

［40］孙义清.《百家讲坛》的成功及其隐忧［J］．编辑学刊，2009（4）．

［41］王泽应．祛魅的意义与危机——马克斯·韦伯祛魅观及其影响探论［J］．湖南社会科学，2009（4）．

［42］赵玲玲．消费文化背景下的电视娱乐现象——由湖南卫视的快乐文化说开去［J］．内江师范学院学报，2009（5）．

［43］谭天、郑爽．新媒介生态下的电视传播模式——以《百家讲坛》为例［J］．国际新闻界，2009（7）．

［44］万卫.《百家讲坛》品牌形象的建设［J］．电视研究，2010（3）．

［45］康华．国学经典普及出版应处理好五大关系［J］．编辑之友，2010（4）．

［46］周文．传统节日：文化、仪式与电视传播［J］．中国地质大学学报（社会科学版），2010（5）．

［47］韩少功.重说道德［J］.天涯，2010（6）.

［48］萧盈盈.中国电视娱乐的产业动力与文化责任［J］.现代传播，2010（9）.

［49］魏淑清.谈《百家讲坛》的"以思想引领故事"——兼议高品位电视节目的收视之道［J］.电视研究，2010（10）.

［50］张薇，胡玉娟.娱乐国学的传播价值刍议［J］.前沿，2010（10）.

［51］施丁."百家讲坛"讲史平议［J］.史学史研究，2011（1）.

［52］滕乐.创造同质化竞争时代的主动受众——浅谈《百家讲坛》品牌形象的建设与维护［J］.中国广播电视学刊，2011（3）.

［53］陈来.新世纪国学热的发展［J］.北京大学学报（哲学社会科学版），2011（6）.

［54］丁亚琼.现代传媒对"国学热"的影响［J］.安徽文学，2011（6）.

［55］蒋建国.市场经济背景下我国电视消费文化的发展及其娱乐化特征［J］.社会科学战线，2011（6）.

［56］兴波，宋艳.少儿馆开展国学传播的文化价值及创新路径研究［J］.图书馆学研究，2011（10）.

［57］许祚.大众传媒时代国学形象的媒介传播方式［J］.新闻爱好者，2012（1）.

［58］黄玉顺.中国学术从"经学"到"国学"的时代转型［J］.中国哲学史，2012（1）.

［59］李荣、姚志文.传统文化电视传播的空间生产理论分析［J］.社会科学战线，2012（1）.

［60］陆耿.传统文化典籍大众传播的多渠道选择［J］.绍兴文理学院学报，2012（2）.

［61］徐国源，董丹.从"学术人"到"电视人"——《百家讲坛》"教授说书"模式探析［J］.新闻大学，2012（5）.

［62］刘秀哲.《百家讲坛》编辑活动与编辑策略转换透析［J］.中国编辑，2012（6）.

[63] 郭齐勇.国学的核心价值与人格养成 [J].中国德育，2012（21）.

[64] 何学森.浅析电视媒体传播传统文化的贴切性 [J].电视研究，2013（1）.

[65] 董恩林."国学"之争检讨 [J].中国文化研究，2013（3）.

[66] 何志鹏.新国学：中华文化的时代表达 [J].江西社会科学，2013（4）.

[67] 冯琼."去媒体中心化"趋势下的电视内容生产转型 [J].视听界，2013（4）.

[68] 高卫华.新媒介语境下中华民族传统文化资源的世界传播策略 [J].中南民族大学学报（人文社会科学版），2013（5）.

[69] 杨晖，唐剑聪.中国电视人文价值的构建——以央视综合频道《开讲啦》节目为例 [J].电视研究，2013（4）.

[70] 赵冬梅.百家讲坛与历史传播 [J].甘肃社会科学，2014（1）.

[71] 邱元前，冷冶夫.传统诗词文化的电视化呈现——浅析河北卫视《中华好诗词》节目 [J].中国电视，2014（1）.

[72] 杨晓红.从《百家讲坛》谈讲坛类电视节目的多模态语篇分析 [J].当代电视，2014（4）.

[73] 张爱凤.2013-2014国内原创电视文化节目建构的多元认同 [J].现代传播，2014（8）.

[74] 黄晓莉.经典图书：市场的风向标？——经典出版浪潮热的冷思考 [J].出版广角，2014（Z2）.

[75] 卓雅.大数据时代国学的网络传播研究初探 [J].五邑大学学报（社会科学版），2015（1）.

[76] 李冰.海外节目模式的"引进热"与"冷思考"——2014年电视综艺节目盘点 [J].中国电视，2015（2）.

[77] 李翔.电视综艺节目的"数字化生存"——2014年电视综艺节目运营策略的观察与思考 [J].中国电视，2015（2）.

[78] 卓雅.印刷、网络、大数据：国学研究与传播的技术三时代 [J].文化与传播，2015（3）.

［79］马自力.文化的馈赠：关于国学教育和传播的思考［J］.北京科技大学学报（社会科学版），2015（5）.

［80］张红军.论多屏时代电视内容生产和传播策略［J］.中国出版,2015（14）.

［81］江涛.国学经典解读类图书对大众文化的传播与思考［J］.出版广角，2015（9）.

［82］徐维玮,吉峰.娱乐化时代下的国学传播探析［J］.四川戏剧,2015（10）.

［83］魏然，王伟.能指过剩：叙事新变与文化症候［J］.福建论坛（人文社会科学版），2015（11）.

［84］蒋莹.过度娱乐或去娱乐化：国学经典出版的再反思［J］.中国出版，2015（20）.

［85］闫焱.中国传统文化的电视传播之路——以《最爱是中华》为例［J］.传媒，2015（21）.

［86］苑文刚."互联网＋"时代《百家讲坛》该如何创新［J］.当代电视，2015（12）.

［87］刘晓欣.电视文化节目综述［J］.中国广播电视学刊，2015（12）.

［88］徐国源.电视传播与学术法则的改写——以《百家讲坛》为例［J］.南京社会科学，2015（12）.

［89］郭齐勇.让国学"虚热"变"真热"［J］.孔学堂，2016（01）.

［90］刘宁.传统文化电视传播的策略研究——以《中国成语大会》为例［J］.传媒，2016（4）.

［91］刘娴.探析文化历史类电视节目的出路——兼谈《百家讲坛》［J］.当代电视，2016（7）.

［92］张利英.《中国诗词大会》：激活中华文明的生命力［J］.中国广播电视学刊，2016（9）.

［93］孔朝蓬.文化类真人秀节目中传统文化传播策略探析［J］.中国电视，2016（11）.

［94］梁悦悦.金砖国学经验与全球媒介研究创新——约瑟夫·斯特劳巴哈教授

访谈［J］.国际新闻界，2017（03）.

［95］胡智峰，邓文卿.中国电视类型节目的新探索——以《朗读者》为例［J］.
民族艺术研究，2017（4）.

［96］万佳.文化类电视节目的价值坚守和突围策略［J］.视听界，2017（5）.

［97］王源.中华传统文化的具象化传播：原创性电视节目发展的新路径［J］.
西南大学学报（社会科学版），2017（6）.

［98］颜梅，何天平.电视文化类节目的嬗变轨迹及文化反思［J］.现代传播，
2017（7）.

［99］陈文敏.电视诵读类节目的意义取径与范式重构［J］.现代传播，2017
（7）.

［100］石微.电视类古诗词节目的发展之道［J］.出版广角，2017（17）.

［101］韩辰辰.别让信息时代迷失方向——评《信息时代三部曲：经济、社会与
文化》［N］.环球时报，2003-7-7.

［102］叶嘉莹.小词中的儒家修养［N］.光明日报，2007-1-4.

［103］伍义林，黄月平.“文化独角戏”：中国文化传播的新路径［N］.北京日
报，2007-4-23.

［104］郭齐勇.国学有什么［N］.光明日报，2007-5-17.

［105］谢苏妮，齐雷杰.讲坛类电视栏目还能火多久？［N］.人民日报（海外
版），2008-1-28.

［106］王锟.国学的原义、演变及内核［N］.光明日报，2008-9-8.

［107］黄朴民.“国学”断想［N］.光明日报，2010-1-4.

［108］李中华.理性看待“国学热”［N］.人民日报，2010-6-29.

［109］坚定不移沿着中国特色社会主义道路前进 为全面建成小康社会而奋斗
［N］.光明日报.2012-11-18.

［110］郭齐勇.重视国学教育 加强文化认同［N］.光明日报，2015-3-11.

［111］董鲁皖龙.互联网＋国学教育，如何“加”［N］.中国教育报，2015-9-22.

［112］郭齐勇.国学是文化软实力［N］.中国社会科学报，2016-6-22.

［113］李耐儒.警惕、路径和抓手：国学传播和推广的三个关键词［N］.文汇报，2017-1-20.

［114］王卫朋.诗词大会带火相关图书销售［N］.劳动报，2017-2-10-09.

［115］姜锦铭，李坤晟，张书旗.《中国诗词大会》激活国人诗心［N］.新华每日电讯，2017-2-10.

［116］章琰.国学节目圈粉无数综艺迎来"文艺复兴"［N］.羊城晚报，2017-2-13.

［117］邢虹，李洋.《中国诗词大会》带火诗词类图书［N］.南京日报，2017-3-1.

［118］邢虹.高而不冷，原创文化节目亮眼［N］.南京日报，2017-6-16.

［119］魏沛娜."传统文化热"带动图书出版［N］.深圳商报，2017-8-7.

［120］卢敦基.让唐诗击中今人的痛点［N］.南方周末，2017-8-31.

［121］江南.以高度文化自觉突出主流价值引领［N］.人民日报，2017-11-2.

［122］曾楠.文化产品不能信奉"娱乐至上"警惕文化泛娱乐化侵蚀精神家园［N］.人民日报，2017-11-3.

［123］康薇薇.文化类节目从火一阵到一直火［N］.光明日报，2017-11-14.

［124］张焱."国宝说话"实现文化的轻传播［N］.光明日报，2018-2-26.

［125］中国互联网络信息中心.第41次中国互联网络发展状况统计报告［R］.北京：中国互联网络信息中心，2018.

六、网络文献（按时间顺序）

［1］朱国良.于丹的《论语心得》所感［OL］.［2007-1-23］.http://theory.people.com.cn/ GB/40538/5317555.html.

［2］傅光明.《百家讲坛》的台前幕后与电视庸俗化（1）［OL］.［2007-02-02］.http://blog.sina.com.cn/s/blog_4adc338c0100088u.html.

［3］王甫，梁悦悦.姓氏文化的趣味解读——湖南卫视《非常靠谱》节目特色分析［OL］.［2011-9-14］.http://media.people.com.cn/GB/22114/50421/230445/

15659129.html.

［4］华商晨报.上电视的学者对传播国学功不可没［OL］.［2012-11-2］.http://
news.ifeng. com/gundong/detail_2012_11/02/18762628_0.shtml.

［5］央视科教.《中国诗词大会》赛事规则［OL］.［2016-02-04］.http://kejiao.
cntv. cn/2016/02/04/ARTIw66bkQW8jfvDTzbN8c5Z160204.shtml.

［6］苟超.《中国诗词大会》成"网红"老少齐上阵选手年龄差48岁［OL］.
［2016-04-13］. http://ent.people.com.cn/n1/2016/0413/c1012-28272642.html.

［7］梁毓琳.车载收听是广播电台的主战场［OL］.赛立信媒介研究.［2016-9-
22］. http://www.bpes.com.cn/zh-CN/displaynews.php?id=4200.

［8］中国诗词大会收视率汇总分析［OL］.［2017-2-15］. http://tieba.baidu.com/
p/4982460070.

［9］中国出版传媒商报.诗词书热销背后的营销路径［OL］.［2017-2-28］.
http://www.etjbooks. com.cn/show.aspx?generalid=42685&nodeid=7.

［10］出版商务周报.2017年上半年出版业七大关键词［OL］.［2017-7-28］.
http://njsw. hbnp.gov.cn/plus/view.php?aid=20899.

［11］人民网.央视启动《国家宝藏》打造文化年新高度［OL］.［2017-8-23］.
http://ent.people. com.cn/n1/2017/0823/c1012-29489919.html?from=groupmess
age&isAppinstalled=0.

［12］《新周刊》微信.《国学小名士》成爆款！吕芃：好的内容永远是王中王
［OL］. https://baijiahao. baidu.com/s?id=1584297834701042854&wfr=spider
&for=pc.

［13］赵晓峰.电视讲坛还很兴盛 各种"讲坛"都很火爆［OL］. http://yule.
sohu.com/ 20081214/n261195759.shtml.

［14］朝明.央视杨继红：我不是电视的唱衰者，而是电视作为传输介质的唱衰
者.［2017-11-23］. http://www.sohu.com/a/206225420_351788.

后　记

呈现在读者面前的这本拙著，是在我博士学位论文基础上修改而成的。我清晰地记得完成论文那一刻的场景：当我在键盘上敲下最后一个字符时，窗外的曙光已经照临大地。彼时，那一抹曙光于我而言，预示着博士生涯即将画上句号，我将要开启新的人生旅程。此刻，当耗时一年有余的学位论文将要出版之际，心中五味杂陈。万语千言，沉淀的唯有感谢。

衷心感谢我的导师张三夕教授。还记得在第一次选题被导师们"温柔"地毙掉之后，心中一片黯淡，毕竟当时已经收集有近一米高的文献资料，心疼付出的心血将付之东流。张老师看我伤神的样子似有一蹶不振之势，他在百忙之中开导我，为我做起心理辅导，把"磨刀不误砍柴工"这个道理掰开来揉碎了灌输给当时陷入泥潭的我。在我焦虑彷徨之际，张老师与学科点导师彭涛教授、周晓明教授"合谋"，共同为我拟定了"国学电视传播"这个选题。张老师师从国学大师程千帆先生和张舜徽先生，得两位先生真传，是我国改革开放恢复学位制度后第一位历史文献学博士，有着深厚的古典文献学功底。在做好教书育人本职工作之余，老师担任华中师范大学国学院副院长和文化传播学博士点负责人，因此对于国学电视传播这个选题，张老师每次对我的点拨都如醍醐灌顶。站在老师的肩膀上，我可以看得更远，且少走许多弯路。在论文写作过程中，从概念界定、框架构思甚至摘要撰写，都倾注了张老师的大量心血。零点之后的一封封邮件和微信聊天记录，让我对老师的治学精神和学术追求无比敬佩，而这其中所饱含的老师对我的关心和培养，更值得我一生铭记。

感谢学科点导师周晓明、范军、江作苏、喻发胜、彭涛、孟君等教授三年来的关心与教诲，尤其要感谢彭涛老师和周晓明老师在选题调整方面给予的宝贵指导。开题时，老师们对选题价值和问题的分析一针见血，他们深厚的学术功底与宽广的学术视野让我深深折服。预答辩时老师们更是"治病救人"般地开出一整页问题修改清单。每次接受诸位老师们的审阅，我都会汗湿衣襟，这或许就是爱之深、责之切吧！正是得益于他们的严谨与高瞻远瞩，论文才能顺利通过外审及答辩。

感谢罗昌繁、李程、苏小露，三位青年才俊既是华中师范大学文学院教师，又是我的同门师兄。他们都具有古典文献学背景，每次与他们见面我都要问出一点"干货"才肯罢休。尽管他们教书科研工作繁忙，但凡是我开口请求，三位每次都欣然应允。祝他们都有美好的家庭、美好的前程，这些都应该为善良、勤奋、踏实、敬业的他们所拥有。

尤其要感谢我的同门师兄王光艳。在得知我做国学电视传播选题之后，作为湖北省影响力最大的国学电视栏目《问津国学》的制片人，他以丰富的业界经验毫不吝啬地提出论文大纲的修正意见，毫无保留地为我提供《问津国学》的所有资料，让我一开始就拥有资料充裕的底气。在论文的写作过程中，每每思路受阻，我都会找他请教，顺带吐槽一番，而他每次都不遗余力地帮助我、鼓励我、开导我。一路走来，我为有这样的同门师兄深感荣幸，他是师兄中的"战斗机"，更是我学习的榜样。

感谢我的同门和学友：李明勇、邬玲、秦琼、黄海燕、曾建辉、陈妮。微信"文传七侠"聊天群里的"互撕"让我们在思辨中充实学养，聚会餐桌上的"互捧"让我们在欢快中夯实友谊，希望以后这个群活跃如初。相爱相杀的我们虽来自不同的地方，桂子山求学的三载却肝胆相照，每个人对学术的追求都那么得干净纯粹，每个人对未来生活的期许都那么得坚实笃定。你们让我相信：生活尽管从不轻松，但只要不停歇，脚下的每一步都是迈向远方最大的一步。

感谢湖北经济学院领导和同事们对我学术追求的关心与支持，信息管理与统计学院原党委书记俞红多次关切地询问论文进展；感谢中国改革试点探索与评估协同创新中心湖北分中心副主任张耀峰教授在国学微信公众号数据挖掘方面提供的技术支持；感谢好友台湾政治大学刘芝庆博士在返台休假期间依然记挂着论文的写作，并从海峡对岸发来宝贵的修改意见；感谢湖北经济学院黄敦兵副教授逐字逐句地审阅全文，并把积累的学术经验坦诚分享。本书有幸得以正式出版，离不开湖北经济学院科研处的大力支持，谨表示衷心的感谢。

在这里，我还要感谢我的家人。在我攻读博士期间，家人承担起料理家务、照顾幼子的全部重担，她们是我远行的加油站。感恩之情无以言表，只能深埋心底，化为在学术道路上继续前行的动力。我爱你们，一如爱这初秋的朝阳。

由于学识有限，本书错谬之处，真诚地希望各位专家学者批评指正。

田全喜

2020 年 10 月 18 日于汤逊湖畔